suhrkamp taschenbuch
wissenschaft 468

AF204903

Anhand architekturgeschichtlicher Quellen, die von der Kunstwissenschaft bisher kaum ausgewertet worden sind, untersucht Martin Warnke die Anfänge öffentlicher Bautätigkeit im Hochmittelalter. In dieser Zeit steigen die Ansprüche an Größe und Ausstattung der Bauten. Der für die Errichtung von Kathedralen, aber auch für den Bau von Burgen, Stadtmauern und Brücken erforderliche Aufwand übersteigt die materiellen Möglichkeiten der einzelnen Bauherren. Diese sind in wachsendem Maße auf Zuwendungen aus anderen sozialen Gruppen angewiesen, auf die Beteiligung des Landesherrn oder des Bischofs ebenso wie auf die Spenden und Ablaßgebühren des Volkes. Auf diese Weise gerät der Bau in das Kraftfeld divergierender gesellschaftlicher Interessen. Während Bauplanung und -gestaltung bis dahin von einem Einzelwillen abhängig waren, tritt nun an die Stelle einer privaten Entscheidung die quasi öffentliche Beratung zwischen den beteiligten und interessierten Parteien. Vor diesem Hintergrund verändern sich auch die Argumentationen, mit denen die einzelnen Bauten legitimiert werden: nicht mehr zum Ruhm eines Herrschers, sondern zur höheren Ehre Gottes, nicht mehr aus eigennützigem Interesse, sondern im Hinblick auf ihre öffentliche Nützlichkeit werden die gotischen Bauten errichtet.
Martin Warnke, geb. 1937, ist Professor für Kunstgeschichte an der Universität Hamburg. Veröffentlichungen über Rubens, Bildersturm, Goya und Aby Warburg. Herausgeber von *Das Kunstwerk zwischen Wissenschaft und Weltanschauung* (1970) und *Politische Architektur* (1984). Mitherausgeber der Zeitschrift *Idea*.

Martin Warnke
Bau und Überbau

Soziologie der mittelalterlichen Architektur
nach den Schriftquellen

Suhrkamp

CIP-Kurztitelaufnahme der Deutschen Bibliothek
Warnke, Martin:
Bau und Überbau : Soziologie d. mittelalterl.
Architektur nach d. Schriftquellen / Martin
Warnke. – 1. Aufl. – Frankfurt am Main :
Suhrkamp, 1984.
(Suhrkamp-Taschenbuch Wissenschaft; 468)
ISBN 3–518–28068–6
NE: GT

suhrkamp taschenbuch wissenschaft 468
Erste Auflage 1984
© Autoren- und Verlagsgesellschaft Syndikat,
Frankfurt am Main 1976
Lizenzausgabe mit freundlicher Genehmigung der
Syndikat Autoren- und Verlagsgesellschaft
Suhrkamp Taschenbuch Verlag
Druck: Nomos Verlagsgesellschaft, Baden-Baden
Printed in Germany
Umschlag nach Entwürfen von
Willy Fleckhaus und Rolf Staudt

1 2 3 4 5 6 – 89 88 87 86 85 84

Inhalt

Inhalt

Vorwort

Weithin herrscht noch die Vorstellung, für unser Urteil über die mittelalterliche Architektur seien wir allein auf unser Sehvermögen angewiesen, da uns kaum zeitgenössische Zeugnisse über die Entstehungs- und Wirkungsbedingungen der mittelalterlichen Bauten überliefert seien. Auch der kunstwissenschaftlichen Forschung ist kaum noch bewußt, daß der Vielfalt der Formerscheinungen eine ebenso vielschichtige schriftliche Überlieferung zur Bauszene gegenübersteht. Die literarischen Stellen, die im Bewußtsein verblieben sind und die von Buch zu Buch weitergegeben werden, lassen sich fast an den Fingern abzählen. Die geistesgeschichtlichen und ikonographischen Methoden haben andersartige, vor allem theologische Quellen genutzt, den eigentlich baugeschichtlichen Quellenbestand jedoch kaum herangezogen. Die Kunstsoziologie, die noch zu sehr von den Vorleistungen anderer Methoden zehrt, hat nicht erkannt, daß mit den überlieferten Schriftquellen eine ihr spezifische Materialgrundlage zur Verfügung stand.

Die folgenden Studien möchten den Weg zu dem verschütteten Bestand schriftlicher Quellenüberlieferung zurückgewinnen helfen. Dieser Weg ist nicht weit, denn seit Schlossers Quellenbüchern (1892, 1896), die dann für Frankreich von Mortet und Deschamps (1911, 1929), für Deutschland und Italien von Lehmann-Brockhaus (1938) ergänzt und fortgeführt und für England ebenfalls durch Lehmann-Brockhaus (1955-1960) nahezu komplettiert worden sind, steht der Kunstwissenschaft eine unübersehbare Fülle schriftlicher Texte zur mittelalterlichen Architektur bereit. Daß die Editionen so gut wie ungenutzt blieben, liegt gewiß im wesentlichen daran, daß ihr Erscheinen in einen Zeitraum intensiver formgeschichtlicher und geistesgeschichtlicher Methodeninteressen fiel, in dem die Entwicklung der Kunstgeschichte zur Kunstwissenschaft stattfand, während die realgeschichtliche Dimension verlorenging, aus der allein die schriftliche Quellenüberlieferung sich erschließt. Ebenso ausschlaggebend für die Neutralisierung der Quellenmasse war jedoch, daß das seit dem 19. Jahrhundert nie völlig aufgegebene, aber doch etwas zurückgedrängte Interesse an der betrieblichen Struktur des mittelalterlichen Bauwesens, an den materiellen, technischen und organisatorischen Grundlagen, vor allem der Bauhütte, der Komplexität der Quellen nicht gerecht zu werden vermochte. Gerade in den letzten Jahren hat man Teile des Quellenbestandes neu gesichtet – so Aubert in der Aufsatzfolge von 1960/61; dabei wurde dessen Ergiebigkeit jedoch zu sehr auf den Bauplatz eingeengt, so als sei dieser ein autarker, abgeschirmter Bezirk gewesen. Handwerksgeschichtliche Sozialutopien aus dem 19. Jahrhundert haben das Gesichtsfeld dieser Forschungsrichtung eingeschränkt und die Bewegungsvielfalt sozialer Beziehungen im mittelalterlichen Bauwesen auf den Geist verschworener Bruderschaften verpflichtet.

Ein weiteres Hindernis auf dem Wege, den Quellen einen den Formphänomenen angemessenen Grad von Komplexität abzugewinnen, haben die Editoren selbst aufgebaut, indem sie in der Regel die Quellen nach lokalen Gesichtspunkten geordnet haben. Die kunstgeschichtlich relevanten Passagen ein und derselben Chronik sind unter den verschiedensten Ortsnamen verstreut und dort mit ganz andersartigen Nachrichten gemischt. Auch die sorgfältigsten Wort- und Sachregister können nicht verhindern, daß der Eindruck entsteht, die Quellen seien in erster Linie für ein lokalhistorisches und provinzielles Interesse ergiebig, – welches sie denn auch am eindringlichsten genutzt hat.

Ich benutze die genannten Quellenwerke ebenso dankbar wie skrupellos. Daraus erwachsen dieser Arbeit Grenzen, die benannt werden müssen.

Ich verlasse mich in textkritischer Hinsicht und, was vielleicht gewichtiger ist, in Hinsicht auf Umfang und Charakter der Auswahl ganz auf die unschätzbare Vorarbeit der genannten Herausgeber. Nur selten sind neuere Texteditionen und nur selten auch die kontextuellen Zusammenhänge, denen die kunstgeschichtlich für ergiebig gehaltenen Stellen entnommen sind, herangezogen worden. Deshalb zitiere ich fast ausschließlich jene Quellenwerke selbst. Damit soll nicht nur das Nachlesen und Nachforschen erleichtert werden, es soll auch bewußt gehalten werden, daß die Erschließung der mittelalterlichen Quellen auch für die Kunstgeschichte noch lange nicht abgeschlossen ist. So zuverlässig sich mir dort, wo ich es nachgeprüft habe, die Auswahlarbeit vor allem von Lehmann-Brockhaus, die sich unmittelbar an dem Gesichtsfeld eines Percy Ernst Schramm geschult hat, auch darstellt, so sehr muß doch betont werden, daß gerade eine sozialgeschichtlich interessierte Fragestellung in der Quellenüberlieferung noch ein aussichtsreiches Arbeitsfeld finden könnte.

Nicht so vertrauensselig war ich bei der Einschätzung des Aussagewertes im Gegenstands- und im Zeitbezug der Quellen. Die Nachrichten über einen bestimmten Bau sind oft geprägt von Vorstellungen oder Vorgängen an anderen Bauten. Die Bauberichte bedienen sich durchaus einer Topik, die einen spezifischen, auf das Lokalgeschehen eingeschränkten Aussagewert relativieren. Diese strukturelle Bestimmtheit, die übergreifenden Normvorstellungen, welche die realen Bauvorgänge, wie sie sich vom Baubestand her heute darstellen, überlagern können, stehen im Vordergrund der folgenden Untersuchungen.

Es wird dem Leser auch nützlich sein, zu wissen, daß ich grundsätzlich den Aussagewert der Quelle nur für denjenigen Zeitraum in Anspruch nehme, in dem sie niedergeschrieben wurde; daß ich also eine Aussage von 1150 über einen Bauvorgang, der sich um 1050 abgespielt hat, primär für ein Zeugnis aus der Zeit um 1150 nehme. Zahlreiche Fehlurteile sind dadurch zustandegekommen, daß man die Zeitdistanz und die entsprechenden Interessenverschiebungen nicht in Rechnung gestellt hat. Leider leisten unsere Quelleneditionen dem Eindruck, sie böten zeitgenössische Berichte, Vorschub dadurch, daß sie durchweg auf die Angabe der Entstehungszeit der Texte verzichten. Allein Lehmann-Brockhaus gibt wenigstens in einem Quellenverzeichnis im Anhang Hinweise zur Datierung. Bis zu einem Zeitabstand von einer Generation habe ich die Quellen gewöhnlich für zeitgenössische Aussagen genommen; in diesen Fällen ist die Entstehungszeit nicht besonders angegeben. Bei größeren Zeitabständen, die in der Regel, soweit möglich, angegeben worden sind, können bereits ganz neue Vorstellungen ins Spiel gekommen sein, so daß kaum mehr ein Rückschluß auf die tatsächlichen Verhältnisse im Geschehenszeitraum gestattet ist. Diesen Sachverhalt deutlich vor Augen zu haben, ist wichtig nicht nur, weil es die Lektüre erleichtern kann, sondern auch, weil es hilft, die gerade in der kunstgeschichtlichen Literatur gerne gepflegte Auffassung zu zerstreuen, es ließe sich das Mittelalter historisch und geistesgeschichtlich als eine Art Block-veranstaltung ansehen, der ein ungebrochenes Konzept, meist das einer problemlosen Ordovorstellung, unterstellt werden könne. Die Schriftquellen, die oft Rechtfertigungsschriften sind und immer wieder neue Standpunkte zum Baugeschehen beziehen, können lehren, daß die Kategorien Zeit und Raum, Bewegung und Wandlung aus der Geschichte auch auf die Bauvorgänge übergreifen.

Der Versuch, für eine erweiterte Sicht mittelalterlichen Baugeschehens die mittellateinischen Schriftquellen zu reaktivieren, muß dem Leser Schwierigkeiten zumuten, deren er bei kunstgeschichtlichen Darstellungen gewöhnlich enthoben ist. Diese verlangen, wenn sie gut sind, ein geschultes Auge, das mitvollzieht, was unmittelbar als geformte Materie erscheint. Die Barrieren, die demgegenüber eine auf Texten gegründete Darstellung setzt, sind nicht zu umgehen. Dennoch habe ich mich bemüht, diese Schwierigkeiten durch eine zweischichtige Präsentation zu verringern. Jacob Burckhardt hat in seiner *Baukunst der Renaissance in Italien* (1867), die übrigens eine bis heute nicht wieder erreichte Masse an Quellenkenntnissen verarbeitet (und wohl deshalb so selten konsultiert worden ist), in den Haupttext Zwischentexte eingeschoben, in denen das Material ausgebreitet wird. Mir scheint dies noch immer eine Möglichkeit der Darstellung zu sein, wenn einerseits die hermetische Gelehrsamkeit vermieden, andererseits auf wissenschaftliche Fundierung nicht verzichtet werden soll. Mein Haupttext enthält diejenigen Quellenstellen in Übersetzung, die ich für wesentlich und unentbehrlich hielt. Die Zwischentexte dagegen bringen im Originalzitat solche Stellenbelege, die den im Haupttext entwickelten Gesichtspunkten eine breitere, strukturelle Grundlage geben können, während Varianten und Weiterungen des Argumentationsganges oder Auseinandersetzungen mit Meinungen oder Standpunkten der Forschung den Anmerkungen vorbehalten bleiben. Es bleibt dem Leser überlassen, ob er sie mitberücksichtigt. Der Haupttext ist jedenfalls so konzipiert, daß er auch ohne die Zwischentexte gelesen werden kann.

Die Aufarbeitung der mittelalterlichen Quellentexte hatte ich ursprünglich als Vorarbeit für eine Darstellung der Organisation und Entwicklung der Hofkunst in der Renaissance konzipiert, die im wesentlichen abgeschlossen war, als ich das Studium mittelalterlicher

Quellen begann. Diese Orientierung an einem späteren Entwicklungsstand öffentlicher Bautätigkeit wird man der Arbeit in vielen ihrer Aspekte noch ansehen. Ich denke, daß sie ihr zugute gekommen ist, da sie eine Konzentration auf wenige, mir wesentlich erscheinende Gesichtspunkte ermöglicht hat.

Den Anstoß dazu, daß aus einer Einleitung in ein Spezialphänomen der Renaissance eine Einführung in die mittelalterliche Architektursoziologie wurde, verdanke ich meinen Studenten. Sie haben sich semesterlang mit den Texten plagen müssen, doch ihre wachsende Einsicht, daß sich von den Quellen her Fragen beantworten lassen, die ohne sie unbeantwortet bleiben, hat mich ermutigt, eine breitere und grundsätzlichere Darstellung zu wagen. Wenn am Ende in vielen der Studenten das Bedürfnis erwacht ist, wieder Formen zu sehen und zu analysieren, dann war dies eine Wirkung, die ich mir auch für diese Publikation allgemein wünsche: daß wir beim Umgang mit ästhetischen Formen ein gutes Gewissen zurückgewinnen, daß wir also wieder begründen können, warum wir es eigentlich tun.

Während der Jahre, da ich mich mit den mittelalterlichen Problemen beschäftigte, arbeiteten und lehrten neben mir zwei ausgewiesene Kenner mittelalterlicher Architektur, meine beiden Marburger Kollegen Heinrich Klotz und Hans-Joachim Kunst. Unter diesen Umständen sah ich mich als glücklichen Nutznießer einer wahrhaft kollegialen Atmosphäre der Offenheit und Toleranz, in der ich mich immer bestärkt und gefördert fühlen konnte.

Dem Verlag habe ich für die mutige Einschätzung, der Text dieses Buches solle und könne einer breiteren Leserschaft zumutbar sein, ebenso zu danken wie für die mühevolle und sorgfältige Betreuung des Manuskriptes.

MW   Marburg, Mai 1976

Einleitung
Das überregionale Anspruchsniveau

1. Als praktischer Bauzwang

Als ein kunstgeschichtliches Anspruchsniveau sei der Umfang baulicher oder künstlerischer Leistungen bezeichnet, der es in einer geschichtlichen Epoche Individuen oder Gruppen ermöglicht, ihre soziale Stellung und Funktion sichtbar zu bestimmen oder zu erfahren.[1]

Ein Anspruchsniveau wirkt sich als Zwang aus, wenn neue, allgemeine Bedürfnisse von den herkömmlich zuständigen Gruppen oder Hoheitsträgern seine Einlösung fordern.

Die Bedürfnisse, über die ein Anspruchsniveau an die maßgeblichen Instanzen herangetragen wird, können zunächst als praktische Erfordernisse erscheinen. Eine der Bauaufgaben, die sich im Mittelalter als praktischer Bauzwang entwickeln und auswirken konnte, war der *Brückenbau.*

Um das Jahr 1035 nennt ein Abt in Albi in einer Darlegung der Umstände, die ihn zum Bau einer Brücke über den Tarn veranlaßt hatten, die verschiedenen Intervenienten, die sich für dieses Projekt eingesetzt hatten: Nach Mahnungen, Verfügungen und wiederholten Bitten des Bischofs von Albi, des Vizegrafen von Nîmes sowie dreier weiterer Bischöfe und auch nach demütigem Bitten und Ersuchen der Bürgerschaft von Albi und vieler anderer Leute, welche die genannten Bischöfe aus angrenzenden Burgbezirken und Höfen herbeigeholt hatten, um ihr Verlangen zu unterstützen, – nach all diesen Willensäußerungen habe der Abt, gemeinsam mit seinen Verwaltern und Kanonikern, zugestimmt und verfügt, daß zur allgemeinen Weiterentwicklung der Stadt und zum Nutzen der ganzen Gegend auf einem Allodialgut des Klosters eine Brücke über den Fluß zu bauen sei. Damit ein so großes Vorhaben besser vorankomme, habe man aufgrund der eindringlichen Bitten aller Genannten die Einnahmen aus dem Hafen zur Verfügung gestellt (M 103 f.).

Offensichtlich sind der Abt und sein Kapitel unter einen Handlungsdruck geraten, den benachbarte Grundherren auch mit Hilfe ihrer Untertanen, der Hörigen und Bürger, verstärkt haben. Der Brückenbau ist ein Erfordernis des wirtschaftlichen Verkehrs geworden, der an wichtigen Nahtstellen keinen Rückstand duldet. Das praktische Anspruchsniveau wird hier von einem überregionalen Bedarf her geltend gemacht, der die Gegend von Albi in den allgemeinen Entwicklungsgang einbeziehen möchte.

Ist in Albi die Einlösung des praktischen Baubedarfs das Ergebnis eines unmittelbaren Drucks von neben-, über- oder untergeordneten Gruppen, so erscheint um das gleiche Jahr 1035 in Tours die Erfüllung der gleichen Bauaufgabe in der Form einer herrschaftlichen Setzung: Der Graf von Blois und Tours weiß sich »von Gott unter die Mächtigen seiner Zeit« gestellt. Er fühlt sich verpflichtet, eine siebenundzwanzigbogige Brücke über die Loire bei Tours zu bauen, weil er seinen »himmlischen Lohn nicht durch irdische Gewinnsucht verwirken« möchte. Er gewährt freien Übergang, der für alle Menschen gilt, »seien sie Fremde oder Einheimische, Pilger oder Kaufleute, Arme oder Reiche, kämen sie zu Fuß oder beritten, beladen oder unbeladen«.[2] Im Blick auf wirtschaftliche Bewegungsenergien innerhalb und außerhalb läßt der Graf sein Hoheitsgebiet öffnen; er ermöglicht und intensiviert einen Verkehr, der aus vielen Richtungen andrängt.

Gegenüber der gleichen Bauaufgabe differenzieren sich die Positionen der Hoheitsträger: Der Graf erfüllt sie aktiv und vermag auch weitergehende Konzessionen zu geben. Der Abt dagegen erfüllt sie reaktiv, unter dem Druck der Träger und Förderer eines wirtschaftlichen Bedarfs. Einen anderen Weg sind zwischen 1038 und 1048 zwei Äbte im Languedoc gegangen, als sie einen Vertrag über einen gemeinsam zu erstellenden Brückenbau über den Hérault schlossen: Der eine soll das Material heranschaffen, wenn der Bischof zustimmt. Der andere soll die Hälfte der Bauarbeiten und den Unterhalt des Baumeisters tragen. Keiner von beiden jedoch soll auf der Brücke eine Kirche oder eine Befestigung erhalten, und keiner von beiden soll Gebühren erheben dürfen (M 109 f.). Die Kooperation zugunsten eines notwendigen Brückenbaus hat zu einer Art von herrschaftlichem Freiraum geführt, in dem die Parteien ihre Verfügungsrechte neutralisiert haben.

Der wachsende Bedarf an Brücken ist ein Symptom für den wachsen-

den, die Landschaften verbindenden, auf überregionale Tauschbeziehungen angelegten wirtschaftlichen Verkehr. Dieser Verkehr macht
aus der Brücke, sei es unmittelbar durch Zölle, sei es mittelbar durch
den nun zunehmenden Handel, eine ertragreiche Einnahmequelle. Zugleich ist die Brücke eine Mittlerin zwischen dem lokal eingegrenzten Verfügungsbereich und den überlokalen Bedürfnisstrukturen.
Über sie setzen sich lokale Hoheitsbefugnisse überlokalen Einflüssen
aus und binden sich an übergreifende Zusammenhänge.
In den drei genannten Beispielen beziehen sich diese Zusammenhänge
auf eine ganz bestimmte Gruppe von Adressaten. In jedem der Fälle
rechnet man mit einer reisenden Schicht von Hörigen, die entweder
als künftige Nutznießer sich schon zu Fürsprechern eines Brückenbaus gemacht haben oder denen ein Anschluß an den Verkehr erst ermöglicht werden soll. In jedem Fall entspricht der Bau der Brücke
dem Postulat einer wirtschaftenden Vernunft, die von einer aktiven
Nutzung durch untergebene Schichten ausgeht. Der Graf von Blois
und Tours sieht seinen Brückenbau als ein gottgefälliges Werk an,
und ausdrücklich verzichtet er auf unmittelbare Abschöpfungsmög-
lichkeiten. Seine Brücke erscheint als Ausfluß der ihm aufgetragenen
Fürsorge. Auch von nicht bauwilligen Herrschaftsträgern konnte gefordert werden, die Bautätigkeit in den Kanon ihrer herrschaftlichen
Pflichten aufzunehmen.
Honorius von Regensburg erinnert zu Beginn des 12. Jahrhunderts
alle Reichen und Mächtigen an ihre Fürsorgepflicht gegenüber den
Bedürftigen und nennt in diesem Zusammenhang auch die Brücke:
»Da ihr eure Reichtümer ohnehin andern hinterlassen müßt (Psalm
49, 11), beeilt euch, himmlische Schätze durch die Hände der Armen zu sammeln ... Stattet die Kirchen mit Büchern, Kleidern und
Schmuck aus, erneuert zerstörte oder verlassene Kirchen ... Baut
Brücken und Straßen und bereitet so euren Weg in den Himmel.«[3]
Die Erfüllung eines objektiven Baubedarfs erscheint hier als morali-
sche Forderung, die von der nicht-interessierten, göttlichen Instanz
gedeckt ist. Aus dieser Sicht kann es zu einem Legitimationskrite-
rium für eine Herrschaftsinstanz werden, ob und inwieweit sie imstande ist, irdische Gewinnziele objektiven Bedürfniszielen zu opfern
und die subjektiven Motivationen und Interessen in übergeordneten
Erfüllungspflichten aufzuheben. Die von außen gesetzten Bauzwänge

15

treten als normative Sollwerte auf, deren Einlösung über die Anerkennung einer hoheitlichen Verfügungsberechtigung mitentscheidet.

In den »Gesetzen der Angelsachsen« verpflichtet der König zur Instandhaltung auch der Brücken, eine Bestimmung, die dann zwanzig Jahre später, zwischen 1027 und 1034, unter Androhung von Strafen wiederholt wird (LBE Nr. 5613, 5618). Der Graf Fulco von Anjou läßt 1028 eine Steinbrücke, mit Mühlen in den Bögen, über die Mayenne bauen (M 73, Anm. 2). Der Bischof Reginard von Lüttich hat 1034 »pontem super Mosam magno sumptu« errichtet (LB Nr. 1835). Eine Vita aus der 2. Hälfte des 12. Jahrhunderts malt diese Tat aus und spricht von drei Brücken. Der Bischof habe das überaus schwierige Werk begonnen »invia paludum et aquarum voraginem quibusque commeantibus revera utilius consternendo et itinera coequando, quam coequavit voraginem civitatis David patris sui Salomon, dum edificaret Mello« (LB Nr. 1836; vgl. 2. Sam. 5, 9; 1. Kö. 9, 15-24). – Im 12. Jahrhundert tritt dann die neue Bezugsgruppe unmittelbar hervor: Der Graf von Anjou erlaubt um 1150 in Angers, daß die Bürger Läden auf der Brücke unterhalten, »ut autem liberum civibus commeatum offerret« (MD 80). Der Graf von Toulouse und Herzog der Narbonne bestimmt in den Pflichten und Rechten, die er für die Bewohner der neu gegründeten Stadt Montauban 1144 festlegt, daß, wenn er es verlange, die »habitatores predicti loci faciant pontem super Tarnum fluvium« (MD 62). Reinhard von Dassel hatte bereits 1150 in Hildesheim »pontem laude dignum et valde necessarium in palustri transitu« gebaut (LB Nr. 599), bevor er dann, »quoniam voluntas eius ad omne quod tendebat mirabilem effectum et prosperitatem habuit, adiuvantibus civibus Coloniensibus proposuerat construere pontem lapideum supra Renum« (LB Nr. 730).

Die Erwartungen, in denen die Umwelt die unumgänglichen Baubedürfnisse an den zuständigen Hoheitsträger heranträgt, können integrativ genutzt werden, wenn sie erfüllbar sind. Wo sie aber nicht befriedigt werden können, entstehen tendenziell Krisen, die die Verfügungsautonomie des Hoheitsträgers in Frage stellen können. Die interessierten Gruppen können zur Selbsthilfe schreiten, sie können sich auch an eine andere, höhere oder mächtigere Instanz wenden. Das Dekret vom Jahre 1162, in dem der englische König Heinrich II. als Herzog der Normandie in Saumur die Rechte an der dortigen Brücke neu regelt, bietet das Muster einer solchen Konfliktauflösung. Der Herzog gibt bekannt, die Bürger und Ritter von Saumur hätten zum Wohl ihrer Seelen eine Holzbrücke gebaut. Ob dieses guten Werkes sei er bei seiner Ankunft höchst erfreut und dankbar gewesen. Doch sei der Abt von Saint-Florent bei ihm vorstellig geworden und habe geltend gemacht, daß einst der Graf von Anjou dem Kloster die

16

Brückenzölle übertragen habe. Da nun er, Heinrich, das Kloster nicht um seine Rechte und Einkünfte bringen wolle, bestimme er, daß Händler, die mit ihren Waren auf Eseln die Brücke passieren wollen, eine Gebühr zu entrichten haben, daß aber die Ritter und Bürger von Saumur, weil ja sie das so nützliche Werk vollbracht hätten, zollfrei bleiben sollen. Dafür aber sollen die Mönche verpflichtet sein, die Holzbrücke allmählich durch eine Steinbrücke zu ersetzen, und zwar so, daß sie jährlich einen Bogen der Brücke aufführen lassen (MD 105 ff.). Die selbsttätige Initiative der Ritter und Bürger hat zu einer Umlenkung der alten Klosterrechte geführt. Die Einnahmen an der Brücke werden dem gemeinnützigen Bauwerk zugeführt. Zugleich erwuchs der überlokalen herzoglichen Instanz aus dem lokalen Konflikt eine Schiedsrichterrolle. Das Unvermögen eines Amts- oder Hoheitsträgers, dem objektiven Anspruch gerecht zu werden, hatte eine Aufweichung der intermediären Verfügungsrechte zur Folge, da interessierte Gruppen ihre eigenen Möglichkeiten mobilisiert und sich dabei des Schutzes des mächtigeren Oberherren bedient haben. Ein überregionales Anspruchsniveau arbeitet, wenn es im lokalen Bereich die sozialen Antriebskräfte findet, einer Zusammenfassung der Befugnisse auf überlokaler Ebene zu.

Die einem Hoheitsträger durch einen überregionalen Anspruch zugewachsene Bauaufgabe ist eine objektive Notwendigkeit, deren Einlösung nicht mehr völlig von der persönlichen Willensentscheidung eines Herrschaftsträgers abhängig ist. Der Bischof von Passau unternimmt im Jahre 1143 den Bau der Innbrücke, weil es ihm scheint, daß es »unter den allgemeinen Bedürfnissen keines gibt, dessen Erledigung nützlicher wäre«. Gegen die lokale Zuständigkeit eines Abtes errichtet der Herzog von Kärnten in Villach die Draubrücke und erklärt sie um 1220 »zum allgemeinen Nutzen des Volkes«[4] für zollfrei. Der herrscherliche Wille ist bestimmt und begrenzt durch Notwendigkeiten, die aus einem allgemeinen Nutzen entspringen. Die Bauaufgabe ist gleichsam der persönlichen Verfügungssphäre entzogen und zu einer öffentlichen Leistungspflicht des Amtes geworden. Schon der Graf von Blois und Tours hatte bekundet, daß er die persönlichen, irdischen Gewinnziele gegenüber den objektiven Bedürfniszielen zurückstellen wolle. Die subjektiven Motivationen und Interessen, die verselbständigten Herrenrechte, heben sich auf in übergeordnete Pflichten, in abgeleitete Amtsaufgaben. Ein überregionales Anspruchsniveau treibt die Bauziele von der personal begründeten Entscheidungsebene auf eine allgemeiner begründete Bedürfnisebene.

Diese Entwicklungen lassen sich am deutlichsten in der Sphäre der Mittelbeschaffung verfolgen und belegen. Wo man imstande war, »in den Einkünften des Amtes eine Entschädigung für übernommene Pflichten«[5] zu sehen, dort mußte sich die patriarchale, persönliche Autorität auch in den baulichen Vorgängen als ein Organ übergeordneter Normen darstellen. Wo sich aber ein herrschaftlicher Bauentschluß auf die Stufe persönlicher Gnadenzuwendung zurückstellt und eine entsprechende Dankeshaltung der Nutzer erwartet, dort kann die Bezugsgruppe den praktischen Nutzwert möglicherweise leugnen und das Angebot eher ausschlagen, als daß sie sich in die Rolle des Wohltätigkeitsempfängers drängen läßt: In Andres hatte um 1178 ein Abt aus dem Vermögen der Kirche eine Brücke »zum Wohl seiner Holden« gebaut. Doch diese erwiesen sich als »undankbar«, denn die Waschfrauen zerstörten die Steine, und man ließ die Brücke verfallen. Als jedoch wenig später der Verlust der Brücke nach einer Überschwemmung schmerzlich spürbar wird, entsenden sie Adlige und Honoratioren des Ortes zu dem Nachfolger jenes Abtes und fordern von ihm, »so als sei es seine Pflicht«, daß er die Brücke wieder aufbaue. Ja, sie wollten, da jener Abt auch Anrechte am Ortszehnt erworben hatte, dem Kloster ihre Forderungen »als Gesetz auferlegen«.[6] Die hoheitliche Stellung berechtigt nicht zu einer karitativen Verteilerhaltung, sie hat sich vielmehr als Umschlagstelle allgemeiner Bedürfnisse zu verstehen. Ähnlich haben dann auch 1255 die Bewohner von Egginton auf einen Brückenbau des Abtes von Burton reagiert: Da sie »von einer gnadenhalber hergestellten Brücke nichts wissen wollten«, versuchten sie im Hinblick auf die Folgekosten, »die Wohltat in eine Pflicht zu verwandeln«.[7] Die Abwehr des grundherrlichen Gnadengestus sieht in dem Hoheitsträger den Treuhänder, der die ihm zufließenden Mittel dem allgemeinen Bedarf verfügbar hält. So jedenfalls haben es die Pfarrholden zu Andres im Jahre 1197, zwanzig Jahre nach jener Auseinandersetzung um die Brücke, gesehen: Sie mahnen den Abt, das Hospital zu bauen, für das seit langem große Geldbeträge bereitstanden, die man aber »teils

18

nützlich, teils unnütz wegfließen sah«. Daher glaubte man sich berechtigt, mit größtem Nachdruck die Erstellung des Gebäudes »mit den Geldern, von denen man wußte, daß sie vorhanden waren«, zu fordern.[8]

Ein anhaltender Bedarf an Bauten stellt an die lokalen Hoheitsträger Leistungsanforderungen, denen sie in unterschiedlichem Maße gewachsen sind. Der Brückenbau ist nur eine unter den zahlreichen fiskalischen Maßnahmen, die dem mittelalterlichen Hoheitsträger als Handlungspflicht auferlegt werden können. Auch Mühlen und Fremdenheime, Lager- oder Markthallen[9] gehören zu den Bauaufgaben, die möglicherweise als Anspruchsniveau weiterwirken. Meist zum Zweck einer intensiveren wirtschaftlichen Nutzung im lokalen Rahmen erstellt, weisen aber auch sie über dessen Grenzen hinaus, da sie diejenigen Kräfte voraussetzen und fördern, die auf eine überlokale Tauschsicherung angewiesen sind. Der Kommentar eines englischen Mönches zum Bau eines Dammes in Ely im Jahre 1125 zeigt, daß die erweiterte Fähigkeit der Naturbeherrschung ins Bewußtsein getreten war und daß die neuen technischen Möglichkeiten als eine Befreiung aus vorgegebenen Grenzen erlebt werden konnten: »Erst unser Zeitalter besiegte geschickt die Natur, indem es die von Sümpfen umgebenen Äcker über festen Boden zugänglich machte und die Insel zu Fuß erreichbar werden ließ.«[10] Der abgeschirmte Ort, an dem man vielleicht einmal Schutz gesucht hatte, feiert jetzt seine Öffnung zur Außenwelt.

Zu den Bauzwängen, die über ein Anspruchsniveau wirksam werden, sind nicht nur die Bauaufgaben zu rechnen, die als Forderungen an die überkommenen Verfügungsinstanzen herangetragen werden; dazu gehören vielmehr auch solche Bauaufgaben, durch die jene Verfügungsverhältnisse erst gesichert werden sollen. Während die Herrschaftsgebiete durchlässig und attraktiv gemacht werden, können lokale Hoheitsträger ihre Stellungen durch Festungen und Burgen abschirmen. Gleichzeitig mit den öffnenden Brückenbauten und den verkehrsfördernden Anlagen entstehen die Höhenburgen, die nicht mehr als Fliehburgen, sondern als ständige Wohnburgen angelegt sind.[11] Sie können als Folgewirkung des mobilisierten Verkehrs, als Indizien einer defensiven Herrschaftsstellung, sie können aber auch als eine der Voraussetzungen angesehen werden, die die Hoheitsträger in den

Stand setzen, eine wirtschaftliche Erschließungspolitik voranzutreiben und zu sichern.

Der notwendig und nützlich gewordene Anschluß an einen überregionalen Verkehr fördert die Energien, deren Träger die Erfahrung eines überregionalen Anspruchsniveaus auf den lokalen Bereich zurückwirken lassen. Sie konfrontieren den lokalen Verfügungsrahmen mit Normen, die eine Erweiterung seiner Aufgabenbestimmungen vorantreiben.

2. Als repräsentativer Bauzwang

Der wirtschaftlich bestimmte Bauzwang, den ein überregionales Verkehrssystem nach sich zog, war begleitet von einem repräsentativ bestimmten Bauzwang, der sich über ein überregionales Statussystem durchsetzte. Auf dieser Ebene wird das Anspruchsniveau auf dem Weg über einen Vergleich wirksam, der festzustellen erlaubt, inwieweit ein Individuum, eine Institution oder eine Gruppe ihren Rang in der Gesellschaftspyramide behaupten oder beanspruchen kann.

Um 1030 meinte der burgundische Mönch Rudolf Glaber rückblickend, um das Jahr 1003 habe man beinahe auf der ganzen Erde, insbesondere aber in Italien und Frankreich, damit begonnen, Kirchengebäude zu erneuern; dabei sei, ohne daß ein wirklicher Bedarf bestanden hätte, jede christliche Gemeinde bemüht gewesen, den übrigen eine würdigere Kirche entgegenzustellen: »Es war, als ob die Welt sich heftig geschüttelt, ihr Alter abgeworfen und allenthalben ein glänzendes Kleid von Kirchen angelegt hätte.« Um die gleiche Zeit soll einem bekannten Bericht zufolge der Abt Gauzlin von Fleury, ein Halbbruder des französischen Königs, dem leitenden Baumeister auf die Frage, wie ein neu zu errichtender Kirchturm aussehen solle, die Antwort gegeben haben: »So, daß er ganz Gallien ein Beispiel sei.«[12] Der Abt Airard von Saint-Remi in Reims hat mit »scharfem Sinn« wahrgenommen, daß sich um 1030 die meisten Kirchenhirten Frankreichs darum bemühten, »ihre alten Kirchen in einen größeren Maßstab zu bringen«. Deshalb begann er einen Bau, der viel aufwendiger und ehrgeiziger war »als alle anderen im Reich«, so daß er ihm und seiner Zeit unvollendbar blieb.[13] Wenn sich der Abt

Suger († 1151) die Frage stellt, warum der unter König Dagobert († 638) errichtete Vorgängerbau in Saint-Denis so bescheiden angelegt worden sei, und zu dem Schluß gelangt, jenem König habe es gewiß nicht an Frömmigkeit und Willenskraft gemangelt, es habe vielmehr zu jener Zeit vielleicht keine größere und vergleichbare Kirche gegeben, so spiegelt sich auch in seinen Überlegungen ein zeitgenössischer Anspruchsdruck, der noch seinen eigenen Kirchenbau hochgetrieben hat.[14] (Vgl. Abb. 2)

Dort, wo ein Bau unter Legitimationsdruck entsteht, wird der Bauherr bestrebt sein, ihn so zu dimensionieren, daß er in seinem unmittelbaren Wirkungsbereich über jeden Vergleich erhaben, also nach innen dominierend ist. Doch die oft so auffällige Maßstabsdifferenz zwischen einem mittelalterlichen Großbau und seiner Umgebung ist nicht das einzige Bezugsfeld der baulichen Demonstration. Ebensowenig ist die offensichtliche Kluft zwischen Nutzwert und Größe für sich allein aussagekräftig. Die Diskrepanz ergibt sich vielmehr auch daraus, daß der Bau in einen Außenbezug gestellt ist, daß er mit Bauten außerhalb der Herrschaftsgrenze konkurriert.

Die mittelalterlichen Quellen enthalten eine differenzierte *Vergleichstopik*, die Bauwerke auf ein Niveau überregionaler Geltung bezieht. Wenn König Robert II. zwischen 1010 und 1029 den Chor von Saint-Aignan in Orléans »ähnlich« wie den der Kathedrale von Clermont errichten läßt[15], dann wird der Vergleich im Sinne einer Nachahmung verstanden. Maßgebend für einen solchen präzisierten Vergleich ist nicht notwendig eine kunstwissenschaftlich zu erhärtende »Abhängigkeit«, sondern eher eine gezielte, ranggerechte *Äquivalenz*, deren Bezugsobjekt unter gewandelten Bedingungen auch wechseln kann: In Bremen hat Bischof Bescelin († 1045) mit »großem Ehrgeiz und Eifer« den Dombau nach dem Maßstab des Kölner Doms angelegt. Sein Nachfolger Adalbert aber wollte, als Rivale des Kölner Erzbischofs Anno, den Bau »nach dem Muster des Domes zu Benevent« fortgeführt wissen.[16]

Ein legitimationsstützender Vergleich kann, gerade dort, wo Neuerungen einen geschichtlichen Anknüpfungspunkt suchen, historische Erinnerungen und Assoziationen wecken, über die eine Beziehung zu zeitübergreifenden Maßstäben hergestellt wird. Im Mittelalter können diese *Traditionsvergleiche* die Bauten mit antiken oder karolingischen Vorbildern oder Leistungen in Verbindung bringen. Die Berufung auf einen allgemein anerkannten Traditionsbestand stellt Kriterien zur Verfügung, die für die Herrschaftsträger Geltung besitzen und an denen sich die herrscherliche Praxis messen läßt. Um 1050 heißt es in Cluny scherzhaft, man sei von einer Bauleidenschaft »nach dem Vorbild des Augustus« erfaßt worden.[17] Nachdem die Taten Wilhelm des Eroberers um 1073 ausführlich mit denen Caesars verglichen worden waren, erschienen einem Autor um 1100 auch die Grabdenkmäler, die der Eroberer Robert Guiscard 1059 seinen Brüdern in Vanusa setzen ließ, in einem Glanz, wie er »seit Karls des Großen oder gar Caesars Zeiten« nicht mehr gesehen worden sei (LB Nr. 1922). Der aus Lothringen gekommene Bischof Robert († 1095) baut in Wales eine Kirche nach dem Muster der Aachener »Basilika«.[18] London versteht sich um 1130 als Hauptstadt, die »nach dem Muster und im Gedenken an das alte, große Troja gegründet« worden sei.[19] Die Bauherren selbst werden manchmal mit Salomon, Caesar oder Konstantin verglichen.[20]

Kann ein Traditionsvergleich noch Pflichten und Grenzen hoheitlicher Befugnis bezeichnen, so enthält der *Rangvergleich,* in dem sich niedergeordnete Hoheitsträger mit einer oberhoheitlichen Aura ausstatten, leicht usurpatorische Züge. Zahlreiche Rangvergleiche, die mittelalterliche Autoren zu imperialen oder königlichen Bauten ziehen, suchen oberhoheitliche Befugnisse in eine abgeleitete Verfügungsberechtigung einzubringen. Von der Befestigung des Klosters in Saint-Trond wird um 1120 gesagt, daß sie »wie eine hohe Burg inmitten der Stadt emporragte, fast ein Berg, so wie es in damaliger Zeit (um 1086) weniger einem Kloster als einer kriegerischen Stadt oder einem königlichen Kastell ziemte« (LB Nr. 1988). Eben diesen Übermut beobachtet Suger auch an dem Grafen von Roncy, der in Spanien mit einem Heer einrückt, so groß, »wie es allein Königen zukommt«.[21] Über das dem Burgbezirk der Grafen von Flandern zugehörige Westwerk von Saint-Donatien in Brügge sagt 1127 ein Chronist, es rage »in seinem würdevollen Glanz wie eine Königsresidenz empor« und signalisiere nach allen Seiten hin machtvoll gesichertes Recht (M 376). Auch der Erzbischof Konrad († 1147) hatte sich in Salzburg eine Festung gebaut, »die eher das Gebäude eines Kaisers als das eines Bischofs zu sein schien« (LB Nr. 405).

22

Solche Rangvergleiche setzen ein Bewußtsein davon voraus, daß bestimmte Bauansprüche nach Herkommen und Recht eigentlich nur dem König, der Spitze der Gesellschaftspyramide, zukommen. Der konkurrierende Vergleich geht davon aus, daß dem König ein auratischer Vorrang eingeräumt wird. Der vielfach gedemütigte König Stephan von England († 1154) hat aus seiner Schwäche heraus doch Argumente entwickelt, die für das königliche Amt zurückforderten, was seine Großvasallen usurpiert hatten: In seiner Umgebung wird 1139 die Entfaltung einer prunkvollen, Machtansprüche dokumentierenden Bautätigkeit der englischen Bischöfe so gedeutet, daß sie »die ganze Pracht ihrer Schätze, die ganze Stärke ihrer Mannschaften zu ihrer eigenen Prahlerei und zu ihrem eigenen Vorteil, nicht aber zur Ehrerbietung gegenüber der Krone innehätten, und daß sie die hochgerühmten Kastelle, die hochbefestigten Türme und Gebäude nicht errichtet hätten, um dem König das Reich zu sichern, sondern allein, um sich mit ihnen den königlichen Rang heimlich zu erstehlen und der Würde seiner Krone aufzulauern«.[22]

Ein ostentatives Eintreten in ein hochgeschraubtes Anspruchsniveau sucht den Abstand zu konkurrierenden Machtträgern zu sichern; dieser ist nicht durch Rechtsnormen, sondern allein durch Willensbehauptung zu stützen. Es zählt nicht nur die Absicht, sondern auch die zügige Verwirklichung. Die *Eile*, mit der, wie behauptet wird, Bauvorgänge oftmals in die Wege geleitet und vorangetrieben werden konnten, stellt selbst einen Ranganspruch dar: In Cluny beginnt man um 1088 die größte Kirche der Christenheit in einer Eile, die »auch aller Bewunderung wert gewesen wäre, wenn ein Kaiser sie in so kurzer Zeit vollendet hätte« (M 273).

Für Auxerre heißt es schon vor 876, man habe das »immensum opus incredibili celeritate« vollbracht (Schl. 1892, Nr. 602). Dann baut der Erzbischof Heribert von Köln († 1021) in Deutz, nach dem Einsturz des Erstbaus, »mirabili velocitate« die Kirche neu (LB Nr. 270). Der Bischof Adalbold von Utrecht († 1026) hat ein neues Kloster »miro ingenio« und »mira celeritate paucis annis« vollendet (LB Nr. 1475). Um 1050 hat Bischof Burchard in Worms den Dom »magna celeritate paucis annis pene ad perfectionem perduxit, ut non videretur aedificando constructum esse, sed quasi exoptando subito ibi constitisse« (LB Nr. 1550). Zur gleichen Zeit hat Bischof Godehard von Hildesheim allenthalben Kirchengebäude »summa celeritate distrahere, renovare et meliorare« lassen (LB Nr. 566). Der Abt Thietmar von Toul († 1125) hat eine Kirche »inopinabili celeritate« fertiggestellt (LB Nr. 1977). Offensichtlich wird Eile zu einem Kriterium hoheitlicher Leistungsfähigkeit – unbeschadet der Tatsache, daß sich die Bauvorgänge in Wirklichkeit lange hinziehen konnten. Vgl. Aubert Bd. 119, 193 ff., 202 ff. Im 12. Jahrhundert begegnet man dem Topos kaum noch.

Die Ausbreitung des kirchlichen Großbaus seit dem 11. Jahrhundert setzt allenthalben Zeichen und normative Anhaltspunkte, an denen Ansprüche und Abstände erfahrbar wurden. Zurückgesetzte Gruppen konnten auf jene Abstandsverteidigung z. B. mit *Neid* reagieren. Zu der Großzügigkeit, mit der der Bischof Otto von Bamberg († 1139) den Bau von Sankt Michael förderte, merkt der Biograph an, daß »die große Geldverschwendung alle in Staunen versetzte, viele aber auch neidisch machte«.[23] Der Bischof von Winchester stattete zwischen 1129 und 1171 seine Kathedrale so prunkvoll aus, daß »selbst Könige hätten Neid empfinden« müssen (LBE Nr. 4745). Der Bischof Roger von Salisbury († 1139) war nach dem Urteil eines Geschichtsschreibers vom Ende des 12. Jahrhunderts »in prahlerischer Weise darum bemüht, daß seine Kastelle ohne Vergleich im Reich blieben«, und nur, »um den Neid auf solches Bauen zu zerstreuen«, habe er auch Klöster errichtet.[24]

Der Abstandsneid ist eine Reaktionsform grundsätzlich gleich befugter, faktisch jedoch nicht gleich befähigter Konkurrenten. Die Verwirklichung eines repräsentativen Anspruchsniveaus bedeutet auch eine Demonstration der Fähigkeit, erhebliche Kräfte und Ressourcen auf ein Bauwerk zu konzentrieren. Solcher Demonstration hätte es nicht bedurft, wenn die soziale und politische Stellung eines Hoheitsträgers durch ein System tradierter Normen noch ausreichend abgesichert und bestimmbar gewesen wäre. Die in den mittelalterlichen Schriftquellen ausgebreitete Vergleichstopik muß von einem allgemeinen Rezeptionsvermögen ausgegangen sein, das nicht mehr selbstverständlich zur Verfügung stand, sondern gleichsam wahlfähig geworden war. Ein überregionales Anspruchsniveau setzt mobile Trägerschichten voraus, die befähigt sind, den Rang eines lokalen Bauwerkes überlokal einzuschätzen und darüber mitzuentscheiden, ob ein demonstratives Angebot eine entsprechende Rangeinstufung rechtfertigt. Eine Architektur, die überreden und beweisen will, erfordert einen gewissen Grad von rezeptiver Mündigkeit, die sich die Annahme oder Ablehnung der angebotenen Normwerte vorbehält.

24

Die *Urteilsfähigkeit* eines überregionalen Publikums wird nicht selten ausdrücklich als Bezugsebene genannt. Von der Kirche Saint-Étienne in Caen, die Wilhelm der Eroberer hatte errichten lassen, meint um 1073 Guillaume de Poitiers, die meisten Fremden, auch wenn sie schon oft Schätze vornehmer Kirchen gesehen hätten, würden sie für sehr prächtig halten: »und käme auch ein byzantinischer oder arabischer Fremder vorbei, so wäre sein Wohlgefallen an ihr nicht geringer«.[25] Eine nahezu panische Empfindlichkeit gegenüber der öffentlichen Wirkkraft künstlerischer Darstellung zeigt Friedrich Barbarossa. Im Jahre 1157 äußerte er die Meinung, der päpstliche Primatanspruch habe »mit einem Gemälde begonnen«, das etwa seit 1140 am Lateranspalast den Kaiser in Huldigungsstellung vor dem thronenden Papst zeigte, und es erregte sein »heftiges Mißfallen«, daß das Gemälde und seine Inschrift »unter den Getreuen des Reiches verbreitet war«; die gleichzeitige Kölner Chronik führt den Streit Barbarossas mit dem Papst in erster Linie auf jenes Wandbild zurück.[26] Dieser eklatante Fall zeigt, wie sehr die örtlichen Leistungen und Ansprüche sich auf ein überlokales Netz kommunikativer Beziehungen angewiesen wußten. Der Abt Wiricus ließ 1169 die Klostergebäude von Saint-Trond so ausstatten, daß sie »alle Paläste unseres Landes überragten«, und der zeitgenössische Chronist hat sich »sowohl von den Einheimischen als auch von denen, die aus entfernten Gegenden kommen«, beteuern lassen, daß ein vergleichbares Steingebäude »nirgendwo sonst zu finden ist« (Schl. 1896, 248). Es entspringt nicht einem ziellosen Protzentum, wenn von einem Kapitelhaus gesagt wird, es sei im ganzen Königreich nichts Vergleichbares zu finden (M 23), oder von einem Klosterbau, keine Stadt des Landes könne sich Ähnliches leisten (LB Nr. 2282). Vielmehr ergibt sich die Hervorhebung der Leistungskraft daraus, daß ein Legitimationsnachweis, der nicht mehr allein aus überkommenen Rechtstiteln erbracht werden konnte, sondern einer allgemeineren Beglaubigung bedurfte, notwendig geworden war.

Daß die Vergleichstopik eine Zuordnung vornehmen kann, setzt voraus, daß ihr *Kriterien* zur Verfügung stehen, die es erlauben, eine Rangbestimmung repräsentativer Bauten vorzunehmen. Wenn das Kriterium der Angemessenheit bewußt geworden ist und diskursiv geltend gemacht werden kann, entfaltet es auch kritische Virulenz.

Bernhard von Clairvaux († 1153), der die kirchlichen Sinnenveranstaltungen für das »gemeine Volk« wieder positiv reflektiert (M 367), hat gegen den Repräsentationsbedarf der Bischöfe eigentlich nichts einzuwenden, nur hält er daran fest, daß »die Bischöfe andere Gründe haben als die Mönche«: Diesen ziemt es nicht, »die Steinwände mit Gold zu überziehen, wenn die Armen nackt gehen müssen, auch wenn es, wie durch einen geheimnisvollen Pakt, so ist, daß Geld Geld anzieht«, daß »durch den Anblick von Pracht die Menschen zum Geben angeregt werden«.[27] Um 1153 meint auch Hugues de Fouilloy, die Gebäude würden verschiedenen Rangansprüchen gehorchen: Die Könige müssen sich große Päläste bauen, auch wenn es nach Psalm 49 ihre Gräber sind; Bischöfe müssen sich Amtsgebäude bauen, die die Größe von Kathedralen erreichen. Hugo weiß vor allem auch, daß dem Bauboom ein Zwang zugrundeliegt, der dadurch erzeugt wird, daß die Großen den weniger Mächtigen die Maßstäbe aufzwingen: »Die einen bauen aus bloßer Freude und aus Überfluß, die anderen jedoch aus schierer Not und aus Angst vor Unterdrückung durch die Mächtigen.« Die Klöster wenigstens sollten einfach sein.[28] Petrus Cantor († 1197) meinte, daß die übertriebene Bautätigkeit, nicht anders als übertriebene Kleidung und übermäßiges Essen, ein natürliches Bedürfnis in eine Schuld verwandle. Wenn man wirklich an ein Weltende glaubte, würde man nicht himmelhohe Steinmassen hochführen. Der in die Kirchen investierte Aufwand vermindere das Mitleid und die Gebefreudigkeit gegenüber den Armen (MD 157). Wohl unter dem Eindruck der Einwände gegen die Bauleidenschaft wird von dem Klosterbau in Pavia versichert, daß der Bischof ihn »nicht aus bloßer Lust, sondern aus Notwendigkeit, nicht aus Leichtfertigkeit, sondern aus Erwägung der Nützlichkeit heraus« errichtet habe (LB Nr. 2336). Die Zisterzienser wenden sich gegen alles, »was nicht dem Zweck, sondern nur dem Willen« entspringt, was »keinen Nutzwert, sondern nur Blendwert« besitzt. Und sie müssen gewußt haben, daß dieses Kriterium der Zweckbestimmtheit einen gemeingefälligen Rahmen anbot, wenn sie bestimmen, daß in ihren Kirchen nur Bischöfe und Könige begraben werden sollen.[29] (Vgl. Abb. 1 u. 5)

Mit einem repräsentativen Bau setzt sich ein Hoheitsträger einem überregionalen Vergleichszusammenhang aus, in der Erwartung, daß die vergleichsfähigen Gruppen ihm seinen Prestige- und Legitimationsanspruch bestätigen. Die Kriterien und Normen jedoch, nach denen eine solche Bestätigung erfolgt, sind variabel und revidierbar. Die Zielgruppen können eine Wertskala entwickeln, die eine beanspruchte Rangeinstufung nur dann vornimmt, wenn bestimmte Ziele erfüllt worden sind. Bescheidenheit oder Zweckrationalität ist dabei nur ein moralischer Zielwert, vielleicht auch nur ein Versuch, dem repräsentativen Wettbewerb zu entrinnen. Weitaus geläufiger und zwingender war die Setzung eines Maßstabes, durch den ein gewöhnlicher kirchlicher oder weltlicher Hoheitsträger überfordert wurde.

Das baugeschichtliche Grundphänomen der Epoche zwischen 1000 und 1250 ist ja bekanntlich die Vielzahl kirchlicher Großbauten, deren Dimensionen in den nachfolgenden Jahrhunderten nur selten noch überschritten worden sind. Zunächst gilt es, die sozialgeschichtlichen Voraussetzungen und Konsequenzen dieser Grundtatsache zu rekonstruieren. Entgegen geläufigen Vorstellungen, die davon ausgehen, daß die Großbauten des Mittelalters auf eine intakte, ungebrochene Herrschaftsstruktur schließen lassen, wird sich zeigen, daß mit den aufwachsenden Großbauten Verfügungspositionen nicht gefestigt, sondern Schritt um Schritt zurückgenommen, aufgeweicht wurden; daß es mit der Steigerung des Anspruchsniveaus zu einer Erweiterung auch der Beteiligungsstruktur kam.

I
»Voluntas Propria« und »Voluntas Communis«

1. Eigenmittel und Fremdmittel

Keinem anderen Sektor der Bautätigkeit widmen die mittelalterlichen Quellen eine so differenzierende Aufmerksamkeit wie dem der Mittelbeschaffung und -verteilung. Sie läßt erkennen, daß in diesem Bereich die Verfügungsverhältnisse an den Bauten in Frage standen.

Bauen war im Mittelalter grundsätzlich an eine hoheitliche Befugnis gebunden, die einer Person eigen war. Im Begriff des Bau-Herren sind hoheitliches Amts- und persönliches Herrenrecht verschmolzen. Die Amtseinkünfte waren »Eigenmittel« und der mit ihnen erstellte Bau Ausfluß einer persönlich wahrgenommenen Amtsstellung. Wo solche Voraussetzungen ohne Einschränkungen gegeben waren, blieben Baugeschehen und Bauziele unproblematisch.

War jedoch ein Hoheitsträger baulichen Ansprüchen ausgesetzt, für deren Einlösung die privatisierten Amtsmittel nicht mehr ausreichten, dann konnten jene Grundbestimmungen in Bewegung kommen. Der Amtsträger mußte oder konnte versuchen, anderweitige, hoheitlich nicht gebundene Mittelquellen zu erschließen. Wo aber »Fremdmittel« Eingang in das Baugeschehen fanden, wurde auch eine Verrechnung und eine Neubestimmung der Interessen- und Verfügungsanteile möglich: Der herrschaftliche Bau wurde tendenziell zum »öffentlichen« Bau, der Bauherr zum amtlichen Sachwalter allgemeinerer Bedürfnisse, die er nicht mehr willkürlich bestimmen konnte. Die starke Aufmerksamkeit, die die mittelalterlichen Quellen dem Wechselspiel zwischen Eigen- und Fremdmitteln widmen, gilt einer Entwicklung, in der sich ein ausgeweitetes Gesamtinteresse gegen ein partikular eingeengtes Interesse durchzusetzen sucht.

Die Quellen erwähnen gelegentlich, wie beschämend es nach Lukas 14, 28-30 für einen Bauherrn ist, wenn er anhebt zu bauen, ohne die Kosten überschlagen zu haben, so daß er den Bau nicht hinausführen kann.[30] Der Nachfolger jenes Abtes Airard von Saint-Remis (s. o. S. 20) stand hilflos vor dem im Hinblick auf einen höchsten Vergleichsmaßstab begonnenen Bauvorhaben, zu dem ihm alle Mittel fehlten. Deshalb ruft er Berater zusammen, die ihm empfehlen, den Bau in bescheidenerer Form aufzuführen (s. u. S. 50). Der Versuch, die höchsten baurepräsentativen Zielwerte zu erreichen, war gescheitert. Um den Preis einer abgeschwächten Verfügungsautonomie kann ein neuer Anlauf genommen werden, der auch mit der Unterstützung der zu Rate gezogenen Parteien rechnen kann.

Wenn die Quellen hervorheben, ein Bauwerk sei ganz aus *Eigenmitteln* erstellt worden, dann versuchen sie, damit ein ungeschiedenes Anteilsrecht und einen Besitzanspruch des Stifters deutlich zu machen.

Die Schenkungsurkunde der Äbtissin von Milz an Fulda um 800 spricht von dem Kloster, »quod ego ipsa proprio labore construxi et aedificavi« (Schl. 1892, Nr. 394). Ludwig I. macht an das Kloster von Neuville-sur-Sarthe eine Schenkung, weil der Bischof es »proprio sudore et labore . . . construere studuit« (Schl. 1892, Nr. 736), wodurch er offenbar ein Sonderrecht gegenüber oberhoheitlichen Ansprüchen erworben hatte. Die Chronik von Montecassino (12. Jahrhundert) schreibt die Klostergründung von 718 drei »nobiles viri Beneventani« zu, die »de propriis sumptibus construere ceperant, cum essent potentes ac divites« (Schl. 1896, 192). Lambert von Hersfeld registriert in seinen Annalen um 1075 mehrere Fälle: Der Mainzer Erzbischof Liupoldus († 1059) wird in dem Kloster St. Jakob beigesetzt, das er »propriis impensis extruxerat« (LB Nr. 853). Von Erzbischof Adalbert heißt es, er habe die Propsteien in Bremen »ex bonis, quae ipse adquisivit« gebaut (LB Nr. 234); von Erzbischof Anno, daß er in Köln »ex integro propriis impensis«, sodann in Siegburg, in Saalfeld a. d. Saale sowie in Westfalen »ex suo« Klöster eingerichtet habe (LB Nr. 718); von Bischof Hermann, er habe in Bamberg »propriis impensis« St. Jakob gebaut (LB Nr. 110). Aus der ersten Hälfte des 12. Jahrhunderts stammt die Nachricht, daß in Wycombe ein »vir Swertlin surnomine« eine Kirche »sumptibus suis« errichtet habe. (LBE Nr. 4945) Der Graf von Calw ist 1099 beigesetzt worden »in monasterio quod ipse de propriis bonis construxit« (LB Nr. 615). In Lyon hat der Erzbischof Josserand († 1118) »suis propriis rebus fieri fecit chorum« (M 269). Wie Wilhelm der Eroberer nach Guillaume de Poitiers (Lib. II, cap. 42, S. 256) St. Etiénne in Caen »modo specieque admirabili suis impendiis« baute, so ließ Roger I. von Sizilien († 1154) in der von ihm gegründeten Stadt Cefalù die Salvatorkirche »pulcram satis et speciosam suis sumptibus« erbauen (LB Nr. 2165). Der Graf von Lacy hat 1154 »ipse totam ecclesie fabricam impensis propriis« errichtet (LBE Nr. 2232). Wenn ich mich nicht täusche, wird diese Wendung seit dem 12. Jahrhundert, zugleich also mit der Zurückdrängung des Eigenkirchenwesens, seltener gebraucht; doch auf kleinere Objekte, auch Ausstattungsstücke, wird sie immer noch angewendet (vgl. LBE Nr. 179, 2696, 2750, 2854, 3417, 3497, 3540, 3620, 4197, 4294). Eine dichterische Verarbeitung der Eigenleistung durch Girart de Roussillon ist zitiert bei Colombier 9.

Den demonstrativen Hinweisen auf eine autarke Mittelbeschaffung durch den Bauherren stehen jedoch zahlreiche Zeugnisse und Eingeständnisse eines Mitteldefizits gegenüber. Ein hoher Anspruch trifft oft nur auf ein begrenztes Vermögen. Daher entwickelt sich das Sammeln von *Fremdmitteln* zu einem besonderen baupolitischen Vorgang. Der Erzbischof von Aix gesteht 1070 in einem Spendenaufruf an alle Gläubigen: »Da wir die Kathedrale, die wir begonnen haben, ohne Euren Beistand in keinem Fall werden zu Ende führen können, bitten wir Euch, daß ein jeder, so viel er vermag, dazu beisteuere« (M 204). Das Eingeständnis des eigenen Unvermögens wird im 12. Jahrhundert zu einer Formel, die in jedem Spendenaufruf erscheint. Der Londoner Bischof Foliot († 1189) wendet die Not positiv, wenn er formuliert, »die Gemeinschaft« vermöge gewöhnlich mehr als »ein Einzelner«.[31]

Im Jahre 1100 schreibt der Bischof Ivo von Chartres an König Heinrich I. von England: »Non sufficimus ad decorandam vel conservandam domum Dei« (Bulteau Bd. 1, 71). – Einige Eingeständnisse der Mittelknappheit in Stichworten: 1109 »intuensque sui monasterii substantiam universam ad tantum opus minime respondere« (LBE Nr. 1183). Um 1110: »Et quoniam (abbas) de reparando monasterio propter vastitatem ejus desperabat et manus apponere propter paupertatem non audebat« (MD 7). Zwischen 1107 und 1133: »quod sine elemosynarum vestrarum auxiliis non poterit consummare« (LBE Nr. 2470). Zwischen 1163 und 1187: »quod quia per nos subministrare non possumus«, und: »fabricam suis non sufficiunt impendiis consummare« (LBE Nr. 2591, 3536). 1155: »quod sine caritate fidelium Christi et eleemosynis nunquam poterit consummari« (MD 96). Johannes von Bologna übernimmt die Wendung dann um 1280 in sein Formelbuch, wo es um einen Spendenaufruf zugunsten eines Brückenbaus geht: »nec ad id proprie suppetant facultates« (LBE Nr. 5810).

Die mittelalterliche Quellenüberlieferung erlaubt einen genaueren Einblick in die Art und Weise, wie sich fremde Mittelgeber an den großen Bauunternehmungen beteiligten, nur für den kirchlichen Bereich. Dieser war jedoch noch so sehr mit weltlichen Belangen verquickt, daß man den Bewegungen und Entwicklungen, denen er ausgesetzt war, paradigmatische Bedeutung auch für den weltlichen Sektor beimessen darf.

Für den Bau einer Kirche oder eines Klosters stand eine ganze Skala von Interessengruppen bereit, um die Gelegenheit einer Beteiligung wahrzunehmen. In der Aufzählung der Kräfte, die dem Bischof Robert († 1045) beim Neubau der Kathedrale von Coutances hilfreich zur Seite gestanden hatten, werden die beteiligten Gruppen genau abgestuft: »Bei der Gründung unterstützte ihn die Gräfin von Gonorra, die Frau des Herzogs der Normandie, es halfen ihm die Kanoniker, indem sie die Hälfte des Altarzinses dem Bau zuführten, und auch die Barone und Pfarrkinder trugen dazu bei.«[32] Ein kirchlicher Bauherr, der auf fremde Mittel angewiesen war, sah sich einem sozialen Spektrum von Mittelgebern ausgesetzt. Dabei konnte es wichtig für ihn sein, welche der Gruppen eine dominante Rolle bei der Mittelzufuhr übernahm.

Für die Gründung des Zisterzienserklosters in Silvanès 1136 werden als Beteiligte aufgezählt: »tunc illustres *viri et fideles* homines de rebus et possessionibus suis dare ei plurima ceperunt, et non solum vicini, sed etiam ex longinquis partibus, atque transmarinis, cujus etiam domus religio principes orbis non latuit, qui ob salutem et redemptionem animarum suarum sua illuc munera transmiserunt. Fecit hoc *imperator* Constantinopolitanus; hoc etiam Sicilie *rex* sive *dux* Rogerius, hoc et . . . *comes* Theobaldus . . .« Daneben spendeten viele andere, »inter quos precipue recensendus . . . *vir* quidam *nobilis* et dives Guillelmus nomine, qui de transmarinis partibus ad construendam Salvaniensem ecclesiam misit ducentas marchas argenti . . . Sed et vir quidam nobilis et predives *civis* Lodovensis, nomine Petrus Aibrandi, fecit dormitorium ad quod opus faciendum centum marchas argenti obtulit. Filius vero ejus, Aibrandus, fecit refectorium« (MD 46). Für Clairvaux um 1140 heißt es: »Audivit hoc sanctae memoriae nobilissimus *princeps* Theobaldus, et multa in sumptus dedit, et ampliora spopondit subsidia. Audierunt *episcopi* regionum, et viri inclyti, et *negotiatores* terrae, et hilari animo sine exactore ultro ad opus Dei copiosa contulere suffragia« (MD 26). Vgl. auch die aufgeschlüsselten Mittelkanäle für St. Denis oder für Paris bei Simson 133 ff. und Aubert Bd. 118, 243.

Einen guten Einblick in die Struktur des Mittelspektrums kann man auch aus dem Zeremoniell der Grundsteinlegung gewinnen, wie es Peter von Blois († um 1204) für die Abtei in Croyland im Jahre 1118 überliefert: Den ersten Stein legte der Abt selbst, dann »proximum lapidem orientalem posuit inclytus *miles* . . . Ricardus de Rulos, et super lapidem 20 libras operarii apposuit. Et iuxta illum, proximum lapidem orientalem posuit . . . *miles* Joffridus Ridel, et super lapide 10 marcas dedit; iuxta illum, proximum lapidem orientalem posuit uxor sua domina Geva, offerens unum incisorem in lapidicina de Bernak per biennium suis sumtibus dicto operi serviturum«. Auf diese Weise folgen *Barone*, weitere Ritter und *Äbte*, und für die Westfassade führen zwei *Grafen* die Reihe an. Zur Grundsteinlegung der Langschiffpfeiler tritt jeweils ein Presbyter mit Hörigen heran: »Porro basim primae columnae muri borealis Huctredus *presbyter* de Depynges posuit, et alii *viri* de eadem villa numero 104, offerentes omni mense uno die labores suos usque ad dicti operis consummationem« (LBE Nr. 1188-1190). Ähnlich war auch das Zeremoniell unter Suger für St. Denis angelegt (Panofsky 1946, 96 ff.). Weitere Beispiele bei Aubert Bd. 119, 186; Salzman 87 f.

Im *Adel* darf man die eigentlich baurelevante Gruppe sehen, die im weltlichen Bereich die lokalen Hoheitsträger, im kirchlichen Bereich die Äbte, Bischöfe und Kanoniker stellte. Obwohl in sich differenziert und ständigen Konkurrenzkämpfen ausgesetzt, vereint diese Schicht doch alle temporalen und spiritualen Privilegien, die oft einander überlagern, auf sich. Als Amts- und Hoheitsträger, sei es im kirchlichen oder im weltlichen Sektor, sind die adligen Herren bestrebt, sich den feudalen Lehensbindungen zu entziehen, indem sie die Erblichkeit der Ämter oder andere Prärogativen für sich durchsetzen. Durch Mediatisierung anderer Lehensträger suchen sie sich zugleich eine eigene, feudalisierte Machtbasis zu schaffen. Was nach dem Zerfall der karolingischen Königsgewalt die hochadligen Hoheitsträger auf lokaler und regionaler Ebene an eigenen Leistungen erbracht hatten, »sei es durch Verteidigung des Landes ohne Hilfe der Zentralgewalt, sei es durch Rodung und innere Kolonisation, sei es durch Gründung von Kirchen und Klöstern, die sie aus Familiengut dotierten, ging eben weit über das hinaus, was ihnen die Amtspflicht als solche auferlegt hätte und verschaffte ihnen den Anspruch auf größere Selbständigkeit«.[33] Mit dem überlieferten Eigenkirchensystem, das den Unterhalt der Kirchen, aber auch die Einnahmen dem weltlichen oder geistlichen Gründer überließ, hatte sich der Adel die private Nutzung kirchlicher Mittel gesichert. Vielleicht nicht ohne Rücksicht auf die Anteilsansprüche neuer Gruppen hat die gregorianische Reform zunächst im Bereich der Hochkirchen, seit dem 12. Jahrhundert auch im Bereich der Niederkirchen, das Eigenrecht an Kirchen und Klöstern abzubauen versucht. Schon die Lateransynode von 1059 bestimmte, daß »kein Geistlicher oder Priester umsonst oder für Entgelt von Laien eine Kirche entgegennehmen soll«. Das Eigenkirchenrecht wird zu einem Patronatsrecht gemildert; der Eigenherr vom Besitzer der Kirche zu einem Anteilseigner zurückgestuft. Die weltlichen Großen übernehmen die Rolle von Spendern oder Stiftern, denen die kirchlichen Gegenleistungen nicht mehr ungeteilt zur Verfügung stehen. Wenn auch die altüberlieferte Selbstverpflichtung weltlicher Herren, »die Gotteshäuser so auszustatten, daß sie alle künftigen Zeiten überstehen können« (M 14), einer der grundlegenden Faktoren des Kirchenbaus blieb, so konnten die Stifter doch nicht mehr ohne weiteres damit rechnen, auf Empfänger zu stoßen, die sich entsprechend einseitig rückverpflichtet fühlten. Als der Graf von Nevers um 1084 den Kartäusern von Grenoble reiche Geschenke machen wollte, erhielt er sie zurück mit dem Bescheid: »Wir ziehen es vor, sowohl in Bezug auf unsere persönlichen Bedürfnisse, als auch in Bezug auf die Ausstattung der Kirche, uns von allem, was von außen kommt, freizuhalten« (M 267).

Das Auseinandertreten weltlicher und geistlicher Gewalten, die Emanzipation der Kirche von der weltlichen Herrschaft, macht sie zugleich ausgeweiteten Bedürfnisansprüchen zugänglich. Der Kirchenraum öffnet sich breiteren Interessen. Dem Wunsch nach einer Grablege im Kirchenraum, der das Institut der Eigenkirche ursprünglich motivierte, wird auch weiterhin Rechnung getragen, doch stellt die Kirche den Dienst am Seelenheil breiteren Kreisen zur Verfügung und sichert sich durch ihr Begräbnisangebot eine erhebliche, langfristig angelegte Einnahmequelle.[34]

Aus den zahllosen Beispielen, die bezeugen, daß die Gruppe der weltlichen Herren die wichtigste unter allen Beitragsgruppen blieb, seien hier nur einige herausgegriffen: In Ramsey baut der Bischof Oswald (961-992) »cum egregii ducis Aethelwini auxilio, in cuius erat ille locus praedio« (LBE Nr. 3548). Nach einem Bericht aus dem 12. Jahrhundert hat in Muri zwischen 1032 und 1055 die Gräfin Ita von Klettgau dem Probst geholfen »in omnibus, que potuit, tam cementarios acquirendo et illos hic pascendo et mercedem dando, quam in vestibus et in aliis rebus huc dando« (LB Nr. 965). Von Hasnon heißt es um 1070, da die Größe des Klosters nicht mehr ausgereicht habe, sei der Graf von Flandern bereit gewesen, es zu erweitern (LB Nr. 1762). Der Abt von Pegau hat 1101 die Klostergebäude wiederhergerichtet und »potiora coepit construere, quae ex proprii laboris industria, liberalitate quoque domni Wicberti (de Groitsch) per omnia fretus, perduxit ad unguem« (LB Nr. 1073). Zwischen 1132 und 1139 mahnen »seniores terrae«, als sie erfahren, daß das Kloster für die wachsende Zahl der Prämonstratenserabtei in Vicogne zu klein werde, ein steinernes Oratorium zu bauen, und versprechen dem Abt »Hilfe bei der Beschaffung und Erhaltung der Handwerker« zu leisten (MD 19). Nach dem Brand im Kloster St. Bertin 1152 haben viele dem Abt »de suis elemosinis operantem juvare ceperunt, et precipue vir nobilis, Willemus de Ypra, filius Philippi, fratris R. comitis, qui plus quam Yram, rex Tyri, non solum in incisione marmorum, lapidum et lignorum, Salomonem nostrum juvit, sed etiam in auro, argento, plumbo et diversis muneribus totius operis non tam adjutor quam cooperator extitit« (M 120). – Nach dem Konzil von Melfi 1086, das die Klöster den Bischöfen unterstellt, kommt es vor,

34

daß Äbte, bevor sie von Laien Geschenke annehmen, zunächst den Bischof befragen (Lot/Fawtier Bd. 3, 44, 60 ff., 109 ff.), ein Vorgang, der im 12. Jahrhundert eine Ergänzung wohl darin findet, daß Vasallen, bevor sie Güter an die Kirche verschenken, von ihrem Lehnsherren eine Erlaubnis einholen mußten (vgl. Boutruche Bd. 2, 287 ff.).

Im Bereich der Baumittel treten sich zunächst innerhalb der kirchlichen Institution die adligen, hierarchisch gestuften Amtsträger als Mittelparteien gegenüber, die ihre Spenden gegeneinander verrechnen. In den *Domkapiteln,* denen ausschließlich Adlige als Regular- oder Säkularkanoniker angehörten, organisierte sich am deutlichsten ein baurelevanter Anteilswille. An den Pfarr- und Stiftskirchen sind es die Kollegiate, in den Klöstern die Konvente, die kontrollierend und konkurrierend in die Rolle bautragender Instanzen hineinwachsen und die Alleinzuständigkeit der Bischöfe oder Äbte zurückdrängen. Die Nachrichten, die ein materielles Engagement der Domkapitel belegen, sind vor dem 12. Jahrhundert noch selten. Der Grund- und Güterbesitz der Kapitelangehörigen hatte sich seit dem späten 10. Jahrhundert von dem des Bischofs abgesondert, wobei die Bestimmung und Abgrenzung baulicher Pflichten zunächst offen geblieben zu sein scheint.[35] Dann aber werden die Kapitel mit ihrem Potential an eigenen Mitteln und vor allem auch an eigenen Verwaltern und Beamten ihre Kompetenzen sehr energisch gegen die bischöflichen zur Geltung bringen und faktisch das gesamte Bauwesen in ihre Regie übernehmen. Man kann hier von einem Entzerrungsprozeß sprechen, der die Anteilsansprüche der Kapitel oder Konvente einerseits und der Bischöfe und Äbte andererseits auseinandertrieb.

Im Jahre 1028/29 erlaubt der Bischof von Nevers auf Bitten der Kanoniker, daß diese zwei Altäre in der Kathedrale übernehmen, unter der Bedingung, daß sie eine Wand der Kathedrale aufführen (M 79; vgl. Crozet 25). In Chartres ist im 11. Jahrhundert ein starkes Engagement des Kapitels an der Innenausstattung, dann auch an der Westfassade festzustellen (Bulteau Bd. 1, 75 ff.). – Eine Übereinkunft zwischen 1087 und 1090 in Durham besagt, »ut episcopus ex suo ecclesiam, monachi vero suas ex ecclesiae collectis facerent officinas« (M 287). Wenn die Handschrift aus dem 13. Jahrhundert die Chronik des Klosters Abingdon authentisch überliefert, dann hat dort der Abt Faritius († 1115), der Sohn eines »civis« aus Arezzo, von dem es heißt, er sei von »seculari prudentia, quod hoc tempore regimini ecclesiarum pernecessarium fit«, gewesen, das Beitragsangebot der Mönche ausgeschlagen: Als nämlich einer der Mönche ihm anbot, ein Viertel der Einnahmen der Mönche zur Verfügung zu stellen, da die Anlage des Fundamentes voraussehen lasse, daß der Abt den Bau allein nicht vollenden könne, versprach dieser eine baldige Antwort. Sie lautete, er wolle die Einnahmen und die Rechte der Mönche nicht antasten, sie sollten stattdessen den Betrag, den sie ihm angeboten hatten, den Bedürftigen zur Verfügung stellen (LBE Nr. 36, 39). Da diese Antwort als schlaue List hingestellt wird, darf man vermuten, daß der Abt mit ihr eine Einmischung der Mönche abwehren wollte. Von dem Kloster Saint Trond heißt es um 1160, es sei das Werk »abbatis et fratrum, qui cooperatores ejusdem operis erant« (MD 11). Vor 1168 hat der Propst der Kollegiatkirche zu Loches gebaut, und zwar »partim ex redditibus ecclesiae, partim ex suo sensu, quia multum potens erat«; andere Gebäude ließ er aufführen »partim ex suo sensu, partim ex pecunia quae quidam tunc facti cononici praebuerunt ad hoc opus« (MD 117 f.). In Bury St. Edmunds gab der Abt Samson (1182-1211) ein »exemplum largitatis«; dem wollten die Mönche folgen, nahmen dann aber auf Empfehlung des Sakristans doch davon Abstand (LBE Nr. 529). Zur Rolle der Kapitelbeamten s. u. S. 103 ff.

Wollte oder konnte ein Bauherr die benötigten Fremdmittel nicht allein von gleich- oder nebengeordneten Gruppen, also nicht auf der sozial gesehen horizontalen Ebene einholen, so bestanden immer noch die Möglichkeiten *vertikaler Verknüpfungen*. Sie konnten sich nach oben, im Höchstfall zum König, sie konnten sich aber auch nach unten, zu den Gläubigen und Hörigen, hin entwickeln. Die sich daraus ergebende doppelte Eingriffsmöglichkeit von oben und unten reflektiert um 1200 ein Chronist, der berichtet, wie sich der Abt von Andres seine Unabhängigkeit bewahrte: »Niemals hat er, wie es bei einigen Kirchen und Klöstern Sitte ist, von hier einen Prediger ausgesandt, der gewinnsüchtig Geld herbeigeschafft hätte. Niemals erbettelte er von Fürsten und Mächtigen Hilfe und fand sich dennoch, nachdem der Bau vollendet war, als Einzelner reicher als vorher« (M 391). Reicher und mächtiger war dieser Abt nach der Fertigstellung des eigenfinanzierten Bauwerkes, weil er nicht durch Annahme fremder Hilfe von oben oder unten gezwungen worden war, Anteilskonzessionen zu machen.

Wenn die Kartäuser von Grenoble die Geschenke des Grafen von Nevers zurückweisen (s. o. S. 34), um unabhängig zu bleiben, und wenn man in Morigni 1109 betont, die dortigen Gebäude seien allein aus Beiträgen der Gläubigen erstellt und »kein König, kein Graf oder irgendein Magnat« habe etwas dazu beigetragen, dann deutet dies darauf hin, daß man besonders angesichts der *Hilfe von oben* Einschränkungen befürchten konnte. Schon der Abt, der die Hilfe eines

Bischofs in Anspruch nahm, konnte dadurch einer Straffung der bischöflichen Oberaufsicht Vorschub leisten. Insbesondere die Bischöfe waren aufgrund ihrer Doppelrolle in weltlichen und geistlichen Funktionen Ansprüchen von oben ausgesetzt: Die *Könige* betrachteten sich kraft der Tradition ihres Amtes als Stifter und Gründer der Bistümer und der großen Reichsabteien. Diese waren »Pertinenz«, Amtsgüter des Reiches, deren Obhut den Bischöfen übertragen war und deren Verwaltung die Könige durch eigene Vögte besorgen lassen konnten. Wenn ein Bischof, der zeitgemäß bauen wollte, die Hilfe des Oberherren anrief, erinnerte er an dessen Kompetenz. Ein König, der sich als Mittelgeber in Szene setzen konnte, aktualisierte seine oberhoheitlichen Schutz- und Hilfsrechte. Das Ergebnis des Investiturstreites, das der weltlichen Gewalt die Zuständigkeit für die weltlichen Belange der Bistümer beließ und diese ihrem Schutze anempfahl, hat den Königen offensichtlich auch die Möglichkeit belassen, durch eine Beteiligung an den Bauangelegenheiten ihrem Präsenzanspruch Nachdruck zu verleihen. Dennoch scheint diese Beteiligung selten so eindeutig gewesen zu sein, daß die Rede von »Kaiserdomen« oder »Königskathedralen« gerechtfertigt wäre. Die Bischöfe haben schon früh Formen von Mittelbeziehungen entwickelt, die geeignet waren, die Folgen einer einseitigen Mittelprovenienz zu neutralisieren. Eine Möglichkeit, die prekäre Konstellation einer Abhängigkeit von oberherrlichen Mitteln zu vermeiden, bestand darin, mehrere Könige um Spenden zu bitten und dabei weniger die königliche Schutz- und Fürsorgepflicht als vielmehr die königliche »Freigebigkeit« und »Großherzigkeit« anzusprechen.

Ein frühes Beispiel für den Aufbau solcher mehrseitigen *Bittbeziehungen* bieten die Briefe, die der Bischof Fulbert von Chartres verfaßt, nachdem 1020 seine Kathedrale niedergebrannt war, und in die er Klagen und Bitten einfließen läßt. In Schreiben an den normannischen König Robert und an den Herzog von Aquitanien teilt er mit, daß ihm alle Mittel zum Wiederaufbau fehlen; daß, wenn er bauen könne, wie er wolle, man wohl Anlaß haben würde, ihn ob seines Leichtsinns zu tadeln. Schließlich versichert er dem Herzog von Aquitanien, die Schätze, die dieser für die Erneuerung der Kathedrale bereitgestellt habe, würden ihm nicht nur ungeschmälert, sondern um ein Vielfaches vermehrt von Maria im Himmel zurückerstattet. Wir wissen, daß der Bischof von Schleswig, Wilhelm der Eroberer, der König von Frankreich, wie auch der Graf von Chartres für Fulberts Bauvorhaben gespendet haben. Wenn es aber von dem Kathedralbau heißt, Fulbert habe ihn »durch eigenen Fleiß, mit vieler Mühe und großem Aufwand« in den »Rang höchster Würde und Schönheit« emporgeführt, so vielleicht deshalb, weil die Mittel der verschiedenen Potentaten gleichsam auf Fulberts eigenes Konto gingen, indem es ihm gelungen war, ein hohes Anspruchsniveau mit fremder Hilfe zu erfüllen, ohne die bischöflichen Eigenansprüche preiszugeben. Von einem seiner Amtsnachfolger, dem Bischof Ivo, heißt es um 1100 ausdrücklich, er habe es vermieden, beim König von Frankreich um Mittel und Hilfe nachzusuchen.[36]

Das Verfahren Fulberts setzt voraus, daß die auswärtigen Adressaten ein Interesse daran entwickelt haben, außerhalb ihres Hoheitsgebietes als Mittelgeber in Erscheinung zu treten. Gewollt oder ungewollt konnten solche Spendenaktionen von außen dazu beitragen, Abhängigkeiten oder Verpflichtungen zu erzeugen und das Netz herrschaftlicher Beziehungen zu beeinflussen oder neu zu gewichten. An jede Mittelspende konnte sich mit vielleicht noch höherer Verbindlichkeit als im allgemeinen zwischenhöfischen Geschenkverkehr die Frage anschließen: »Ließ sich nicht aus einer Gabe, die ein mächtiger König einem anderen macht, aus einer Krone, einem Königsgewand, einem Schwert, folgern, der Beschenkte sei von ihm abhängig?«[37]

Tendenziell bedeutete jede fremde Mittelspende auch eine Einschränkung der bauherrlichen Verfügungsfreiheit. Deshalb wird man eine gewisse Behutsamkeit bei der Wahl der Mittelgeber voraussetzen müssen. Um 1072 hat in Durham der Graf als bischöflicher Lehnsmann ein Kastell gebaut, »in dem der Bischof mit den Seinigen sich vor Überfällen gesichert wissen konnte«; im Grunde war der Graf hierzu verpflichtet. Wenn nun aber der Chronist den Zusatz macht: »denn sie waren sehr miteinander befreundet«, so gibt er zu erkennen, daß solche Hilfsbeziehungen auch problematisch sein konnten, besonders dann, wenn keine Leistungspflicht bestand. Ein unter Bauzwang geratener Bauherr wird deshalb versuchen, die notwendigen Fremdmittel möglichst ohne oder mit überschaubaren Folgewirkungen heranzuschaffen. Von einer Möglichkeit, solche Fremdbestimmung zu vermeiden, ist im Jahre 1109 die Rede. In Morigni, so heißt es, seien, trotz großer Hungersnot, »alle Gebäude, die man da findet, von den Spenden der Hörigen errichtet worden, und kein König, kein Graf, kein Großer hat irgendetwas davon gebaut« (M 341). Die Mittellieferung von unten gerät hier fast zu einer Demonstration der Unabhängigkeit gegenüber den höheren Instanzen.

Mit der Mobilisierung der *Mittel von unten,* die in den Quellen immer deutlicher zum Ausdruck gebracht wird, kommt ein neues Element in das System der Mittelkanäle, ohne das bestimmte Veränderungen in der Struktur der Beteiligung an mittelalterlichen Bauwerken schwer zu erklären wäre. Das Nekrologium von Chartres kehrt um 1120 die Rangfolge der Mittelparteien schon um: »Von überall her trugen Bürger und Bauern Gaben herbei, und Päpste, Klerus und kleine Ritter halfen ebenfalls.«[38]

In der Regel ergaben sich die Bauleistungen der Hörigen aus deren persönlichen Dienst- und Abgabepflichten, die auch durch Geld ablösbar waren. Ihre Inanspruchnahme entsprang dem Nutzungsrecht des Grund- oder Eigenkirchenherren. Sie fallen unter die Kategorie der außerordentlichen Fronden, die von den ordentlichen Zwangsfronden als »Bittfronden« unterschieden werden. Sie sind noch dem Potential der bauherrlichen Eigenmittel zuzurechnen.

Der Kosten- und Anspruchsdruck, unter dem die Bauten seit dem 11. Jahrhundert standen, hat diesen überlieferten Zumutungsrahmen offensichtlich überfordert. Sehr eindringlich beschreibt diese Überforderung ein Autor aus der zweiten Hälfte des 11. Jahrhunderts, als er über den Baueifer der Bischöfe von Eichstätt in der ersten Jahrhunderthälfte zu berichten hat: »Dieser Bischof (Heribert) und seine Nachfolger bauten entweder neue Kirchen oder neue Paläste, ja Kastelle. Und indem sie dies auf einen Schlag ins Werk setzten, schwächten sie das Volk, das ihnen zu dienen hatte, durch äußerste Armut. Denn es wurde dem Volk sogleich auferlegt, während der Zeit des Düngens, des Pflügens, der ganzen Landbestellung auch noch sämtliche Steine heranzuschaffen. So geschah es, daß, obwohl der geschuldete Dienst mit aller Härte geleistet wurde, der einstige Überfluß in Armut und die höchste Freude, die unter den vorangegangenen Bischöfen geherrscht hatte, in tiefste Trauer umschlug« (LB Nr. 337). Den Chronisten leitet die Erkenntnis, daß die Bautätigkeit zu Lasten einer Erschließungswirtschaft ging, deren Intensivierung ja auch im Interesse des Grundherren lag; so konnte sich die Verpflichtung der Bauern zur Teilnahme am Bau dysfunktional auswirken, wenn sie willkürlich auferlegt wurde. Es entsprach deshalb gewiß dem beiderseitigen Wunsch, daß die Baubeden in Geld umgewandelt und bemessen, d. h. quantifiziert wurden.

Die Einwohner von Huy erhalten 1066 ihren berühmten Freibrief vom Bischof von Lüttich auch unter der Bedingung, daß sie ein Drittel, dann die Hälfte ihres mobilen Gutes »ad sumptus ecclesiae necessarios« abgeben (M 200 Anm. 4; vgl. Aubert Bd. 118, 254). In dem in Poitiers abgeschlossenen Vertrag (conventio) von 1068 (oder 1070), in dem das Kapitel von St. Hilaire die Seelgeräte mit den Bauern so regelt, daß jeder Landnutzer, der zwei Ochsen besitzt, zwei Schillinge zahlt, wird auch die Bauleistung angesprochen: »Et illi omnes rustici convencionem pro eo habent, ut ecclesiam edificationis adjuvent« (M 200). Die Regelung, die zwischen 1077 und 1113 in der Abtei St. Bénigne in Dijon aufgrund von Beschwerden einiger »seniores« zustandekam, sieht für die einzelnen Ämter eine Ablösung der Sachleistungen durch Geld vor: »Statutum est, quoniam longinquiores et pauperiores sunt, quatenus ligni materiem ipsae non darent, sed ad clavellos emendos, quibus asseres configi debent, quinque solidos singulis annis persolvant« (M 245). Die Cluniazensordnung von Farfa (1097) differenziert die Leistungen so: Die Leute der verschiedenen Bezirke liefern eine festgesetzte Zahl von Steinen, die sie an Sonn- und Feiertagen herantransportieren sollen. Aus den Burgbezirken jedoch sollen wöchentlich 20 Männer kommen, eine Woche arbeiten und dann von weiteren 20 abgelöst werden (wälzende Fron). Ausgenommen sind von diesen Pflichten »bonorum hominum, idest equitum personas« (LB Nr. 2188). Anschaulich wird die Regelung von 1091 in Abingdon geschildert (LBE Nr. 31). Spätere Regelungen: St. Trond um 1110 (MD 3 ff.); St. Denis unter Suger 1125 (Aubert Bd. 118, 254); Straßburg nach 1129 (M 382); Monza 1163 (LB Nr. 2307); Chalons-sur-Marne 1189 unter Zugrundelegung der Straßburger Ordnung (MD 383 ff.); Arles 1196 (MD 171). Vgl. auch Kulischer Bd. 1, 112 ff., 119 ff.; Duby 206 f.; HDWSG Bd. 1, 186 f.

Auf der Grundlage festgesetzter Sach- und Dienstleistungen konnte sich bei den Hörigen ein Überschuß an Mittel- und Arbeitskapazitäten entwickeln, die sie freiwillig anbieten oder um die sie sich bitten lassen konnten. Durch diese freiwilligen Leistungen erlangten die Hörigen grundsätzlich den Status von Spendern. Da im Falle des Todes eines Hörigen der Nachlaß vielfach an den Herren fiel[39], mußte es dem Hörigen leichter fallen, sein angesammeltes Vermögen oder seine freie Arbeitskraft in ein Unternehmen zu investieren, das ihm Ansprüche auf kirchliche Gnadenmittel verschaffte, die ihm sonst nicht ohne weiteres zugänglich waren. Dies mag einer der Gründe für die *spontanen Hilfsaktionen* sein, von denen die Quellen gelegentlich berichten. Eine romantische Sicht, die die Volksseele möglichst unmittelbar in die großen Kulturleistungen hat einfließen lassen wollen, löste jene Nachrichten aus dem Gesamtspektrum der Mittelströme heraus und hat dafür gesorgt, daß sie für das allgemeine Bewußtsein bis heute die alleinige Leistungsgrundlage für die großen Kathedralbauten bezeichnen. Daß aber dieser »Kult der Karren« weit überschätzt wurde, geht nicht nur daraus hervor, daß er regional im wesentlichen auf Nord-Frankreich beschränkt blieb, sondern auch daraus, daß die Mittelzufuhr von unten, gemessen an der Menge der Nachrichten über andersartige Beitragsformen, ein Ausnahmefall war. Der Kern der Berichte über den begeisterten Volkszulauf besteht eigentlich darin, daß ein breites Interesse an einer Baubeteiligung vorhanden war und hierdurch nicht-gebundene, pflichtfreie Arbeitskräfte zum Einsatz kamen. (vgl. Abb. 4)

Einer der berühmtesten und detailliertesten Berichte über einen solchen Volkszulauf läßt erkennen, daß die Spontaneität sich erst unter bestimmten Voraussetzungen entwickelt hat: In Chartres, von wo aus schon 1145 eine allgemeine Bauhilfebewegung unter den Gläubigen ihren Ausgang genommen zu haben scheint (MD 63 ff.), hielten nach dem Brand in der Stadt im Jahre 1194 alle, Kleriker wie Laien, ihre eigenen Verluste nicht für erwähnenswert gegenüber dem Verlust der Kathedrale, weil man in ihr den Ruhm der Stadt, das Wahrzeichen der ganzen Region sah (specialem urbis gloriam, tocius regionis speculum). Dennoch regt sich ein allgemeiner Wille zum Wiederaufbau erst nach Einlösung zweier Vorbedingungen: Erst nachdem der anwesende päpstliche Legat den Bischof und das Kapitel erweicht (eorumdem animos emolliret) und dazu überredet hatte (ad meliora conversi), einen nicht geringen Teil ihrer Einkünfte zur Wiederherstellung der Kathedrale bereitzustellen, und erst als Bischof und Kapitel die stadtwirtschaftlich bedeutsame Tunikareliquie, die wunderbarerweise beim Brand verschont geblieben war, öffentlich herumgetragen und gezeigt hatten, jubelte das Volk auf und erkannte die Notwendigkeit an, daß eine ganz neue Kirche gebaut werden müsse (Carnotensi populo ... novam edificari ecclesiam necessitas imparet). Der Verfasser der Beschreibung dieser Vorgänge, in dem man einen Kanoniker des Domkapitels vermutet, läßt den stürmischen Baueifer des »populus Carnotensis« einsetzen, nachdem bestimmte Vorfragen – die des bischöflichen Eigenanteils und die der Verfügbarkeit des Reliquiensegens (dazu unten S. 71 f.) – geklärt worden waren. Der Text der *Miracula B. Mariae Virginis in Carnotensi ecclesia facta* am besten bei van der Meulen 165, Appendix B. Zu diesen Bedingungszusammenhängen, wie sie in Chartres und in anderen Städten in ähnlicher Weise wirksam wurden, s. u. S. 55 ff. – Für das 12. Jahrhundert lassen sich kaum zehn, für das 13. Jahrhundert etwa fünf Fälle namhaft machen; sie sind oft genug aufgezählt und kommentiert worden und müssen hier nicht nochmals dargestellt werden, vgl. etwa Colombier 19 ff., Aubert Bd. 118, 249 ff. Bei der Bestimmung des Wirklichkeitsgehaltes dieser Nachrichten sind auch topische Züge zu berücksichtigen. Zu diesen gehört etwa die Mitteilung, daß sich auch Vornehme, Adlige und selbst Könige, unter das arbeitende Volk gemischt hätten (M 44 f.; MD 66 Anm. 5, 110; LB Nr. 2055). Doch selbst bei der Schilderung der Spontaneitätserfahrung könnten ältere Überlieferungsmuster eine Rolle gespielt haben. So heißt es schon im *Liber pontificalis ecclesiae Ravennatis* um 839 über den Bau einer Basilika unter Bischof Ursus um 370: »Omnis autem populus quasi vir unus, spontaneus animus laborabat laetans et gaudens, et de caelis Deum cunlaudabat quia, prosperabatur salus in manibus eorum per intercessionem sui sacerdotis et confessoris« (Schl. 1896, 100). Auch die um 840 geschriebene Vita des hl. Benedikt von Aniane berichtet: »Concurrentibus undique et illius se certatim subiicere magisterio postulantibus et fabrica monasterii cito perficitur . . .« (Schl. 1892, Nr. 573; vgl. Abb. 4).

Für die Aufführung eines Großbaues war der körperliche Einsatzwille der Gläubigen weniger ausschlaggebend als die Anheuerung spezialisierter Arbeitskräfte, die nicht neben-, sondern hauptberuflich am Bau arbeiteten und die mit Geld bezahlt werden mußten (s. u. S. 98 ff.). Ein Faktor, der bei den Bauvorgängen immer mehr an Bedeutung gewann, war der Zufluß von Geld, dessen Herkunft sozial breit gestreut war. In den sich häufenden öffentlichen Spendenaufrufen wird ein Geldpotential angesprochen, das sich als überschüssiges, frei verfügbares Einsatzmittel auch bei einer breiteren Schicht von Gemeindemitgliedern angesammelt haben mußte. Wir erfahren von Opferkästen, die für ein Bauvorhaben überall in der Umgebung aufgestellt sein konnten.[40] Gehörte der Einsatz aller Formen von Fronabgaben noch zu den Eigenmitteln des Bauherren, so waren die Gelder, die in Form von Opfergaben oder gezielten Spenden einem Bauunternehmen zuflossen, Fremdmittel, durch deren Verwendung der Bauherr eine Verpflichtung gegenüber seinen Untertanen einging. Die Quellen erwähnen den Anteil der ›Armen‹ oder der ›Gläubigen‹ meistens ausdrücklich, und gelegentlich taucht auch die Wendung auf, ein Bau sei »allein aus den Beiträgen der Armen« finanziert worden; es ist dies gleichsam das Gegenstück zu der oben erwähnten Formel, die auf die Eigenfinanzierung durch den Bauherren hinweist.

Für den 1039 errichteten Klosterbau in Bec (Normandie) wird um 1070 festgestellt: »Infra sedecim annos, solis pauperum expensis, complevit (der Abt) monasterium

42

cum omnibus officinis, opus pulchrum et maximum« (M 47). Zwischen 1030 und 1070 baut der Erzbischof von Vienne eine Kathedrale »cum parochianorum suorum adjutorio« (M 86). Die Abteikirche in St. Martin-de-Tournay in Flandern wurde um 1100 »de donationibus fidelium« und »ex eleemosynis fidelium« gebaut (M 290 f.) Die Stadtmauer von Cambrai baut der Bischof um 1090 »civibus auxiliantibus« (LB Nr. 1674). Zwischen 1080 und 1116 baute der Abt in Petershausen »non ex reditibus, nec ex divitiis eiusdem loci, set ex donationibus fidelium« (LB Nr. 1101). Vom Bau der Abteikirche Saint-Père in Chartres wird kurz nach 1151 geurteilt, man habe sich darüber gefreut und gewundert, daß die Kirche »de minutis fidelium solis eleemosynis esse constructam« (MD 88 f.). Anschaulich die Schilderung von 1156 über das Kloster Petershausen bei Konstanz, wonach der Bischof Gebhard I. um 983 vier Säulen aus Holz anfertigen ließ und »urbanos Constantienses in unum congregavit eosque sic affatus ait: habeo, inquit, quatuor filias, quas me oportet nuptui tradere, sed non possum eas sine adiutorio vestro ornare«; er bittet um Beiträge und alle antworten, »se libentissime facturos, quaecumque ille praecepisset« (Schl. 1896, 232). Vor 1167 baut der Abt von Lorsch eine Brücke und setzt dafür »multa impensa tam sua quam Christi fidelium« ein; einen Rest von 50 Schilling verwendet er für das Kirchendach (LB Nr. 795, 796). 1167 schlägt auch Reinhard von Dassel in Köln vor, »adiuvantibus civibus Coloniensibus . . construere pontem lapideum supra Renum« (LB Nr. 730). In Evesham sind zwischen 1160 und 1190 vom Abt »acquaeductus et lavatorium multorum bonorum virorum adiutorio« gebaut worden (LBE Nr 1628). Der Propst zu Reichersberg am Inn errichtet 1189 »fontem aquae in claustrum fratrum labore suo et auxilio quorumque fidelium etiam extraneorum« (LB Nr. 1236). Vgl. etwa auch M 169, 342; LB Nr. 2896; MD 95; LBE Nr. 509, 1309, 1311.

Die Angaben über die Bereitwilligkeit der ›Gläubigen‹ oder ›Pfarrkinder‹ dürfen nicht so verstanden werden, als sei hier stets nur von unfreien oder halbfreien Hörigen die Rede. Man muß sich wohl auch den niederen Adel, die Ritter und Patrizier hinzudenken. Ebenso meint die Bezeichnung ›pauper‹ nicht unbedingt den materiell Armen, sondern mitunter auch den minder Berechtigten. Daß aber die Quellen gelegentlich, und seit dem 12. Jahrhundert immer häufiger, Einzelne mit Namen und Beruf nennen, kann als Indiz dafür gelten, daß die Schichten, aus denen solche Einzelne heraustreten, insgesamt an Bedeutung gewonnen haben.[41]

Bekannt ist die Stiftertätigkeit der adligen Kaufmannsfamilie Pantaleone aus Amalfi. Sie schenkte zwischen 1060 und 1077 nicht weniger als vier Bronzetüren, unter anderem auch nach Rom (vgl. Hahnloser 81; Ennen 80; Hyde 35 f.): Ob es Zufall ist, daß es sich bei diesen Schenkungen um Türen, also um Zugangssignale handelte? – Aus der 2. Hälfte des 13. Jahrhunderts stammt die Nachricht, ein »servus« des Herzogs von Lothringen habe 1056 in Longum-Mare eine Kapelle gebaut (LB Nr.

1812). Die im Mittelalter gefälschte Chronik von Croyland notiert für das Jahr 1091 eine Geldeinnahme, »quam Willelmus molendinarius dedit nobis (dem Kloster) ad nostrae ecclesiae reaedificationem« (LBE Nr. 1177). Aus dem 12./13. Jahrhundert stammt die Mitteilung, daß die Offizinen in Hirsau von einem »civis« aus Mainz, dem »vir denique honorabilis Wignandus nomine«, gebaut worden seien »ex eius proprio sumptu« (LB Nr. 614). Über das Bedeutungsfeld des Wortes »civis« vgl. Ennen 99. – Da fast alle diese Nachrichten über das 10. Jahrhundert aus dem 12. Jahrhundert stammen, darf man schließen, daß diese Erscheinung auch erst im 12. Jahrhundert häufiger wurde. Das Nekrolog von St. Michael in Bamberg erwähnt um 1121 einen »Heimo laicus«, der »ecclesiam nostram decenter ornavit fenestris et insuper dedit decem marcas« (LB Nr. 118). In Derby hat zwischen 1135 und 1143 »quidam burgensis nomine Towyus« ein Oratorium gebaut (LBE Nr. 1226). Die Stelle über eine Stiftung eines »nobilis et predives civis« für Silvanès, zu der um 1150 eine Spende in Höhe von 100 Mark seitens eines »vir Guillelmus« hinzukam, ist oben S. 32 zitiert. Der Abt Folcardus in St. Trond († 1145) bemühte sich, die Klosterwerkstätten fertigzustellen: »Cuius ... studium intuens Franco de Fuich, civis nostrae villae, induxit animo abbati in expensis operum anxie laboranti de facultate sua ... succurrere«. Nachdem er 6 Mark für ein »cellarium« und 5 Mark für eine Kapelle gestiftet hatte, »post aliquot autem annos uxor eius ... ante capitulum ... est sepulta« (LB Nr. 2013). Zu den Standardbeispielen deutscher Wirtschaftsgeschichten gehören die Nachrichten, welche die kurz vor 1185 entstandene *Vita Mariani scotti abbatis* für Regensburg gibt: Ein »vir industrius ... nomine Mauricius« hatte als klösterlicher Kaufmann in Kiew Waren verkauft und aus dem Erlös von 100 Mark können die »claustri aedificia, tectum quoque monasterii« erstellt werden (LB Nr. 1206). Das soll um 1120 geschehen sein, als nach der gleichen Vita der Klosterbau begonnen wurde, »civibus item ditissimis Ratisbonensibus, copiose fratribus victualia, praemia lapicidis, de propriis sumptibus suis ... administrantibus« (LB Nr. 1206). Die Stiftungsurkunde von 1179, worin ein »huius ecclesie familiaris Hartwic nomine«, der in Kiew wohnhaft ist und an St. Emmeram 18 Talente »in usum pauperum vel peregrinorum ecclesie« vermacht, bei Kroeschell Bd. 1, 229; vgl. auch Schulte 359 ff.

Eine sozialgeschichtliche Aufschlüsselung des Mittelspektrums, das mittelalterliche Bauunternehmungen tragen konnte, zeigt, daß die weltlichen und geistlichen Hoheitsträger, die als Bauherren auftraten, einen anspruchsgerechten Bau selten allein aus Mitteln erstellen konnten, die ihnen im Rahmen ihrer überkommenen Verfügungsrechte zustanden. Sie sind gezwungen, gegenüber einer oder mehreren, sei es gleichrangigen, sei es über- bzw. untergeordneten sozialen Gruppen die eigene Insuffizienz einzugestehen und deren Beteiligung zu fordern oder zu erbitten. Mit dieser Auffächerung der Mittelgrundlage, in der Kooperations- und Koalitionsangebote zwischen den beitragsfähigen Parteien eine einseitige bauherrliche Willensrichtung jederzeit zurückdrängen konnten, werden Bausinn und Bauziel gleichsam disponibel und einem ausgeweiteten Anspruchsdenken zugänglich gemacht.

2. *Auxilium und Consilium*

Wo ein überlokales Anspruchsniveau nicht mehr mit Eigenmitteln allein erreicht werden konnte, wo vielmehr Fremdmittel hinzugezogen werden mußten, dort war der individuelle bauherrliche Willensanteil am Bauwerk tendenziell begrenzt. Wer fremde Mittel in Anspruch nahm, hatte auch mit einer fremden Anteilnahme zu rechnen. In dem Maße, in dem ein Bau den individuell verfügbaren Mittelrahmen überschritt, wurde er vom Konsens der Mittellieferanten abhängig, wurden Bauzweck und Bauziel Gegenstand einer allgemeineren Willensbildung.

Die *Beratung* von Bauzielen jedoch, die seit dem 11. Jahrhundert im Bauwesen eine neue Rolle spielt, entstand aus einem rechtlichen Regelmechanismus, der vorgegeben war und der über die Mittelpolitik nur ausgeweitet wurde. Die Wechselwirkung zwischen Rat und Hilfe bildete ein Kernelement in jeder lehensrechtlichen Beziehung. Der Vasall, so erläutert 1020 der Bischof Fulbert von Chartres, schuldet seinem Lehensherren »Rat und Hilfe«, aber auch der Herr ist seinem Getreuen zu Hilfe und Rat verpflichtet.[42] Ein ausgehandelter Zielkonsens machte den Vasallen wie den Herren hilfs- und schutzpflichtig. Dieser Bedingungszusammenhang war auf allen Stufen der Lehenspyramide wirksam und regelte auch in der kirchlichen Hierarchie die Beziehungen der Amtsträger untereinander. Die Treuepflicht der Großvasallen und Barone gegenüber dem König etwa war von einem Konsultationsverfahren abhängig, dessen Mißachtung das Recht zum Widerstand oder zur Fehde gab. Dieses Verfahren, das vornehmlich für den Kriegsdienst galt, regelte auch die Bau-, vor allem die Befestigungsmaßnahmen, sofern sie den Bereich der Lehenspflichten und -rechte betrafen. In die Abtei Bury Saint Edmunds hat König Knut 1032 Mönche »aufgrund eines gemeinschaftlichen Rates der Erzbi-

schöfe, Bischöfe und Großen« eingesetzt (LBE Nr. 462). Wie König
Stephan die Stadt Bristol 1138 erst »nach Befragung und Beratung
mit den Baronen« angreift, so gründet er in Missenden eine Abtei
»mit dem Rat und der Zustimmung« des Erzbischofs von Canterbury und des Bischofs von Lincoln.[43] (vgl. Abb. 3)

Im kirchlichen Bereich haben sich *Domkapitel* und Mönchskonvente
gegenüber Bischöfen und Äbten schon früh Mitspracherechte gesichert, die im Bauwesen anscheinend erst relativ spät auch durch materielle und organisatorische Hilfe untermauert worden sind. Während in Auxerre der Bischof Gottfried († 1076) die Handwerker für
die Ausstattung der Kathedrale »mit dem Zuspruch und dem Beifall
des Kapitels« berief (M 93), wird der Erzbischof Adalbert von Bremen († 1072) dafür getadelt, daß er aufgrund eines »irreführenden
Rates« die Stadtmauer einreißen und deren Steine für den Dombau
verwenden ließ, der »übermäßige Kraftanstrengungen« erforderte
(LB Nr. 232). Während der Abt von Saint Albans zwischen 1119 und
1146 »mit dem Rat und der Einwilligung der Mönche« baut (LBE
Nr. 3831), wird der Abt Konrad von Petershausen († 1164) kritisiert,
weil er sich »gegen den Willen aller ein prachtvolles Wohngebäude
errichtete, als wir großen Mangel litten« (LB Nr. 1134). Das als Mit-
spracheorgan fungierende Kapitel beeinflußt und legitimiert durch
seinen Rat oder durch seine Zustimmung (consensus) die Bauziele des
Bischofs oder des Abtes.

Der Abt von St. Riquier baut zwischen 745 und 814 »una cum consensu fratrum
meorum« (Schl. 1892, Nr. 782). Der vor 845 geschriebenen Vita des hl. Eigil zufolge hatte dieser in Fulda »cum consilio et fratrum consensu ecclesiam parvam . . .
rotundam« gebaut; für die Frage nach der Orientierung »vocantur ad consilium
fratres«: Einige plädieren für »Romano more« und ihrem »consilio« wird allgemein
beigepflichtet (Schl. 1892, Nr. 365, 368). Solche Vorgänge häufen sich dann seit der
2. Hälfte des 11. Jahrhunderts immer mehr, wobei zu unterscheiden ist zwischen
einem schärferen »consensus« (Zustimmung) und einem milderen »consilium« (Rat),
vgl. LThK Bd. 3, 497. Um 1070 baut in Lunéville eine Äbtissin »cum consilio
fratris sui sub ponte iuxta castrum hospitalem domum«; weil ihr Kloster von Rittern angegriffen worden war, erfolgt die Verlegung »ex consilio sapientium virorum« (LB Nr. 1816). Zwischen 1095 und 1105 setzt in Tournai ein Abt »consilio
fratrum« drei als Konversen in das Kloster aufgenommene »milites« als Bauvorsteher ein. Für die Mitsprache des Kapitels bei der Besetzung von Ämtern lassen sich
häufiger Zeugnisse finden (M 290; MD 102, 136, 171 f., 284; LBE Nr. 42). Abt
Suger baut, nachdem der Wunsch zu einem Neubau bei einer Kapitelversammlung

geäußert worden war: »in capitulo generali quadam die, conferendo cum fratribus nostris tam de hominibus quam de privatis negotiis consederemus . . .« (Panofsky 1946, 40). Auf welche Weise der Bauentschluß Bernhards von Clairvaux »in consilio« mit den Fratres fällt, wird unten S. 59 wiedergegeben (MD 25 ff.). Zwischen 1194 und 1217 in Salisbury »saepius fuit inter canonicos . . . deliberatum, de ecclesia eadem usque ad locum liberiorem et commodiorem transferenda«; obwohl die »area fuisset communi consilio provisa«, kam der Bau nicht in Gang; 1218 aber ruft der Bischof die Kanoniker zusammen: »omnibusque . . . examinatis singulorum diligenter votis et voluntatibus ab omnibus et singulis concorditer fuit responsum, summe utile esse et expediens quod ad locum transferetur commodiorem«. Anschließend »de sumptibus et expensis quas . . . novae fabricae constructio desiderabat ibidem, et ab eisdem diligenter tractaretur; attendentes quod efficacius et celerius adimplet universitas quod inutiliter interdum conatur unitas (vgl. oben S. 31); promiserunt universi et singuli se ad novae fabricae constructionem pro facultatibus praebendarum suarum continue usque ad septennium libentissime et prompto animo subventuros« (LBE Nr. 4065, 4069; vgl. LBE Nr. 4144). Im 13. Jahrhundert wird das Konsultationsrecht, gemäß der ursprünglichen Regel Benedikts, auch kodifiziert, so 1279 in Bardney: »Utrum abbas requirat consilium a conventu in maioribus negotiis, praecique in collatione beneficiorum et constructione aedificiorum« (LBE Nr. 155). Entsprechende Vereinbarungen vgl. LBE Nr. 909, 306, 1789, 4069, 4259.

Auch das Verhältnis zwischen kirchlichen Amtsträgern und *weltlichen Großen* konnte die Formen der Ratsbeziehung in sich aufnehmen. In Schaffhausen glaubten um 1090 der Abt und der Graf, die Kirche sei »den eren und dem gute und den luten baidu ze klaine und ze unechtig«, woraufhin der Abt »mit dem rate graven Burkhardes« das Gebäude niederriß und ein neues errichtete (LB Nr. 1293). Der ›Rat‹ eines weltlichen Herren jedoch konnte eine Lehensabhängigkeit anzeigen oder eine Mediatisierung einleiten. Wilhelm von Hirsau jedenfalls, dessen bauherrliche Selbständigkeit ihn in den Ruf eines Baumeisters gebracht hat, bestand 1045 bei seinem Amtsantritt darauf, daß sein Kloster aus dem Eigenbesitz seines gräflichen Gönners entlassen werde.[44] Es entspricht vielleicht einem ähnlichen Distanzierungsbedürfnis, wenn die Ratsbeziehungen in den Quellen gelegentlich als beiläufige Unterhaltungen dargestellt werden. So geschieht es in einem Bericht aus dem 12. Jahrhundert über die Gründung der Kirche von Anlier im Jahre 1065, die als das Ergebnis eines »wechselseitigen Architekturgesprächs« geschildert wird: Nachdem der Abt von Saint-Hubert jenes Gespräch mit der Gräfin von Arlon geführt hatte[45], bot diese ihm eine Kirche zum Geschenk an. Als nun der Abt Steine der alten Stadtmauer, die für das Schloß bestimmt waren, herumliegen sah, erbat er sich die übrigbleibenden. Die Gräfin gewährte ihm nicht nur gerne diese Steine, sondern sorgte auch für Bauhandwerker, für deren Unterkunft und deren Verpflegung, so daß der Abt in den Stand gesetzt war, Kapitelle und Säulen von weither herbeizuholen und ein Oratorium nach dem Vorbild der Jerusalemer Grabeskirche zu errichten, das zudem von einem berühmten Glasmaler aus Reims ausgestattet wurde. Vielleicht hat der Investiturstreit den Chronisten dazu bewogen, die bindende Ratsbeziehung zu einer kooperativen Gefälligkeit abzumildern. (vgl. Abb. 6)

War unter gleichgeordneten Amts- oder Hoheitsträgern eine Beratung möglichst folgenlos zu halten, so begründete sie dort, wo hierarchische Abhängigkeitsverhältnisse bestanden, verbindlichere Konsequenzen.[46] Im Lehensrecht war Ratgebung ein Recht und eine Pflicht. In einer Notsituation konnte ein Lehensträger Rat und Hilfe vom Lehensherren erwarten; wurde aber ein Rat eingeholt, so bekräftigte dies das Abhängigkeitsverhältnis. Der Bischof von Avignon verbindet 1216 die Förderung eines von ihm als »dringende Notwendigkeit« anerkannten Klosterbaus mit dem Hinweis, es gehöre zu seinen Pflichten, »Kirchen und Klöster zu schmücken und bei deren Aufführung Hilfe, Rat und Beistand zu gewähren«.[47] Der von einer übergeordneten Instanz erbetene und gegebene Rat, der *Rat von oben,* der eine Hilfe zur Folge hat, beansprucht zugleich eine Zuständigkeit für die Baubelange des Petenten. Wenn ein Kloster Bauentschlüsse auf einen bischöflichen ›Rat‹ hin faßt, dann zeigt es sich der bischöflichen Aufsicht unterstellt. Der Rat von oben beschränkt die lokale Verfügungsautonomie.

Schon Hrabanus Maurus hat in Fulda Klöster und Kirchen »cum permissione episcopi sui« gebaut (Schl. 1892, Nr. 370). Zwischen 1005 und 1024 hat der Abt von Flavigny »cum consensu« des Bischofs von Verdun den Mons-latronum besetzt (LB Nr. 1719). Daß die zahlreichen Priorate des an sich exemten Klosters Marmoutier in fremden Diözesen der Baugenehmigung des betreffenden Bischofs bedurften, ist durch zahlreiche Beispiele bei Gantier 31 ff. belegt. Als 1049 der Bischof von Regensburg zu dem baufälligen, im übrigen aber um seine Freistellung von der bischöflichen Abhängigkeit kämpfenden Kloster St. Emmeran kam (vgl. Schulte 97 ff.), da hat er »abbati licentiam petenti, ut in ecclesiae huius plaga occidentali murus destrueretur, et auxilia, ut ibi edificium aliquod patrono (Dionysio) tanto dignum aptaretur, licentiam, sicut petebatur, dedit, auxilia promisit« (LB Nr. 1199). Die Genehmigung zur Errichtung einer Kapelle durch die Abtei von Noyon leitet 1125 der Bischof von Soisson mit der Wendung ein: »Loci nostri et officii ratio videtur exigere ut bene postulantium precibus annuentes aurem eis facilem prebeamus« (M 370). 1134 baut der Abt von Petershausen eine Basilika »adortatione« des Bischofs von Konstanz (LB Nr. 1115). In Admont baut 1152 ein Abt ein Nonnenkloster »consilio et auxilio« des Erzbischofs von Salzburg (LB Nr. 22a). Auch Klosteräbte konnten in ihrem Verfügungsbereich Genehmigungspflichten durchsetzen: 1162 muß der Prior des Klosters St. Martin-de-Londres vertraglich zusichern, daß er seine Kirche nicht »sine consilio« des Abtes befestigt (MD 108 f.; vgl. MD 100 f., 118 f.: LB Nr. 1426). Eine subtile Form der Ratsbeziehung begegnet in der Schilderung, wie der Abt Wilhelm von Saint-Chaffre-du-Monastier zwischen 1074 und 1086 Kontakt zum Abt Hugo von Cluny aufnimmt: Bei den Überlegungen, ob die Abteikirche, die auf unsicherem Baugrund stand, an anderer Stelle neu errichtet werden solle, schien es »consensu cunctorum« besser, den Standort zu wechseln. Während einige bereits Anstalten treffen, den Bau zu verlegen, erinnert sich Wilhelm der Empfehlung aus Sirach XXXII, 24: »Omnia fac cum consilio, et post factum non poenitebis«, und daß »consilium semper a sapiente quaerendum«. Deshalb schickt er Gesandte zu Hugo von Cluny und ihn »super hoc negotio . . . consuluit«. Hugo läßt ausrichten, daß der bisherige Standort der Ehrwürdigkeit und der dort ruhenden Toten wegen nicht aufgegeben werden sollte. Daraufhin ändern alle ihre Meinung (mutata voluntate). Hugo von Cluny aber hatte die Bitte um Rat vielleicht richtig verstanden, wenn er sich als »liberalis pater« erweist, da die Annahme der Ratgeberrolle auch die Anerkennung des Vorhabens als eines »necessarium opus« bedeutete und zur Hilfe verpflichtete. Jedenfalls meint der zeitgenössische Chronist: »et, ne solis hoc verbis dicere videretur, transmisit isdem liberalis pater non minimam auri quantitatem ad exercendum illud tam necessarium opus« (M 234 f.).

Zäher und formloser als die Ratsbeziehungen zwischen institutionalisierten Rechtspersönlichkeiten scheinen sich die *Ratsbeziehungen nach unten,* zu den hilfsfähigen Gruppen und Schichten unter den Hörigen und Gläubigen entwickelt zu haben. Zwar heißt es um 1100, »jeder Seelsorger muß wissen, daß er in kirchlichen Dingen nichts ohne Zustimmung und Rat der Untergebenen tun soll«, doch sofern damit auch die Pfarrholden gemeint waren, war es in das Belieben des geistlichen Herrn gestellt, wen von ihnen er als ratsfähigen Verhandlungspartner anerkannte. Es gab kein ›Volk‹, mit dem ein Hoheitsträger verbindliche Vereinbarungen hätte treffen können. Denn staatsrechtlich war das ›Volk‹ durch den Adel vertreten.[48] Andererseits mochte es manchem Bauherren vorteilhafter erscheinen, Rats- und Hilfsbeziehungen mit Hörigengruppen zu pflegen, die weniger stark verpflichteten als Austauschbeziehungen mit den hierarchischen Instanzen.

Jedenfalls bleibt deutlich erkennbar, daß sich ein außergewöhnliches, offenbar situationsbedingtes und nicht lehensrechtlich abgeleitetes Element der Mitsprache von unten immer stärker in die Bauvorgänge einmischt. So wie es immer auch von realen Machtverhältnissen abhing, in welchem Maße Rat und Hilfe auf der Lehensebene wirksam wurden, so konnte ein gesteigertes finanzielles Engagement der unteren Bevölkerungsschichten ein Recht auf Ratgebung in den Bauangelegenheiten begründen, das durch die überlieferten Umgangsregeln nicht abgedeckt war und den neuen mittelspendenden Gruppen den Zugang zu bisher verschlossenen Privilegienräumen eröffnete. Als der Abt Theoderich (1034-1045) ratlos vor der unvollendeten Kirche in Reims stand, die sein Vorgänger mit großem Ehrgeiz begonnen hatte, beriet er sich mit den Verständigsten unter seinen Leuten und den Großen aus der Reimser Provinz. Sie kamen überein, daß die Mauern eingerissen werden sollten und über den alten Fundamenten, die den Baumeistern noch brauchbar schienen, ein »zwar bescheideneres, deshalb aber nicht weniger würdiges Gebäude zu errichten sei«. In der Chronik erscheint dieses Beratungsergebnis als Voraussetzung dafür, daß einige Jahre später zahlreiche Gläubige von religiösem Eifer ergriffen wurden und »eifrig bemüht waren, das Bauwerk voranzutreiben«. Auch »einige Kirchenhörige leisteten Dienste mit willfähriger Bereitschaft und schafften mit ihren Wagen und Ochsen die notwendigen Lasten herbei«.[49] Hier hat der hinzugezogene Rat auch in die bauliche Struktur eingegriffen und deren Anspruchsniveau offensichtlich zurückgeschraubt oder ihm eine andere Qualität gegeben. Die Beratung weckt zugleich die Hilfsbereitschaft und verschafft dem Bauwerk auf diese Weise eine verbreiterte Berechtigungsgrundlage. Seit der Mitte des 12. Jahrhunderts bilden sich in England und Italien, seit dem 13. Jahrhundert auch in Frankreich die Kirchenpflegschaften heraus, die in den Städten Laien und Kaniker vereinigen, eine Kontrolle über die Baueinkünfte ausüben und ein Mitspracherecht in den kirchlichen Bauangelegenheiten wahrnehmen.[50] Solcher Institutionalisierung gehen Bestrebungen voraus, die Verfügungsfreiheit des Kirchenherren oder des geistlichen Amtsträgers stärker an allgemeine Willenstendenzen zu binden. Das Bild, das die Vita des hl.

Raimund von Toulouse im 13. Jahrhundert von einem kirchlichen Amtsträger entwirft, trägt dem Wunsch Rechnung, in diesem vornehmlich ein Organ der Untertanenbedürfnisse zu sehen: Raimund hatte als Kanoniker von Saint-Sernin zunächst »von seinen eigenen Einkünften« ein Fremdenheim gebaut und ausgestattet. Bald danach aber sah er, daß der Fluß Le Gers den Reisenden ein großes Hindernis war und beim Übersetzen nicht selten Menschen ums Leben kamen. Deshalb »beratschlagte er mit einigen Einsichtigen, was er wohl mit dem Geld anfangen könne, das er für die Armen gesammelt hatte. Als die Ratgeber ebenfalls jene Gefahren, sowie den fruchtbaren Boden bedacht hatten, der den Armen doch alles Nötige liefern könne, empfahlen sie, von jenem Geld eine Brücke zu bauen, und der Propst und Kanoniker errichtete, wie sie geraten hatten, von jenem Geld eine steinerne Brücke«.[51] Diese Beschreibung eines fast idyllischen Übergangs des Eigenwillens in den Gemeinwillen[52] ist im 13. Jahrhundert niedergeschrieben worden, als solche Beratungsvorgänge schon allenthalben institutionalisiert und auch im Bereich der weltlichen Herrschaften wirksam wurden. Seit dem 12. Jahrhundert hatten die Chroniken und Urkunden der Beratung mit den Gläubigen und Untertanen oder deren Vertretern einen festen Platz im Ablauf der Bauhandlungen eingeräumt und damit den Begriff eines gemeinnützigen Bauziels herauszubilden geholfen.

Der aus Frankreich nach England gekommene Bischof Gundolf († 1108) baut in Rochester »habito igitur cum *sapientibus* consilio, et maxime favente eius praebente in multis venerabili Anselmo archiepiscopo (von Canterbury)« (LBE Nr. 3017). Zwischen 1135 und 1140 baut in Morlaas ein »capellanus« eine Kapelle »cum voluntate et auxilio *vicinorum* et aliorum *fidelium*« (M 356). Der Markgraf von Österreich gestattet 1136 zwei Brüdern den Bau eines Oratoriums »consilio cum meis habito« (LB Nr. 681). Die Urkunde zur Gründung der Stadt Montauban, die 1144 der Graf von Toulouse ausstellte, legt die Pflichten der Bewohner fest, so auch den Bau einer Brücke; danach jedoch »dominus comes accipiat consilium cum *sex probis hominibus* melioris consilii habitantibus in predicto loco, qui usus ibi imponant . . .« (MD 62 f.). Nach anfänglichem Widerstreben erlaubt der Graf von Albon 1161 den Kanonikern und Bewohnern den Bau einer Stadtmauer: »consilio quorumdam *sapientium virorum* . . . et consilio Romanensium canonicorum . . . et burgensium aliquorum consilio . . . ita scilicet ut tam clerici quam laici . . . pro voluntate et utilitate sua, predictam murorum clausuram . . . ad decorem vel defensionem ville . . . libere et sine inquietudine faciant« (MD 103 f.). Als Jean de Monflour Bischof von Maguelone wurde (1159), sah er die verfallenen Kirchen und »cum

51

parochianis suis super ejus reedificatione locutus est«, woraufhin er einen detaillierten Finanzierungsplan aufstellt (M 91). Ein solches »Gespräch« hat sich auch in einer Vertragsurkunde von 1180 niedergeschlagen, in der der Prior den Entscheidungsprozeß um den Bau einer Lagerhalle in Madiran schildert: Nach einem Brand blieb noch ein »porticus« an der Friedhofsmauer, eine Art Lagerhalle, zu erneuern. Der Prior überlegte, wie das Gebäude wieder herzurichten wäre »et denuo cum *militibus* et aliis *proceribus populum* totius villae convocavit«. An alle richtete er die Bitte und die Mahnung (cummonuit ac rogavit), am Wiederaufbau teilzunehmen, und wollte ihnen dafür das Recht einräumen, jeder könne ohne Gegenleistung (sine tributo) sein Brot und seinen Wein dort abstellen; er versprach, daß auch er selbst, wenn alle ihr Bestes täten (si hoc facerent in quibus possent), einen Beitrag zum Bau leisten würde. Das Volk aber sah die große Hungersnot und die allgemeinen Gefahren (populus videns maximam tunc temporis famem invaluisse et mundi pericula circumquaque imminentia) und antwortete, es könne ein so großes Werk nicht erstellen (se ad tantum opus non posse sufficere respondit). Da der Abt erkannte, daß er das Volk nicht umstimmen konnte (per populum villae nullatenus peragi posse), beriet er mit seinem Kapitel (habito communi capituli consilio) und machte daraufhin dem versammelten Volk (toti populo simul congregato) das Angebot, er selbst wolle mit Gottes Hilfe das Gebäude aufführen lassen, unter der Bedingung jedoch, daß künftig ein jeder, der dort Brot und Wein deponiere, zu Allerheiligen eine bestimmte Geldsumme zahlen müsse (nummum . . . persolveret). Das Volk war darob sehr erfreut (gaudio repletus) und versprach, den Tribut zu zahlen. Der Abt baute dann für 1000 solidi die Halle (MD 137 f.). Um 1200 baut der Graf von Guines das Kastell von Ardres aus »ad consilium patris sui et Ardensis opidi parium simul et *burgensium*« (MD 189). In Vignory scheint es sich 1204 um einen regelrechten Rat zu handeln: Dort wird zwischen dem Prior und dem »seigneur« des Ortes ein Vertrag über eine Mauererweiterung unterhalb der Burg abgeschlossen. Der Herr bekundet, seine »Freunde« (mys amis) hätten ihm dies eindringlich nahegelegt; deshalb will er gemäß »l'avis de mes dessusdis amis et de mon conseil« die Schutzmaßnahmen so ausführen, »si commes par ouvriers et par gens congnoissans en tel cas m'ay estey consiliés« (MD 198); »amy«, »amicus« kann auch »der Verwandte« bedeuten (Bloch 184). – 1236 kündigt der Bischof von Amiens den Neubau der Kathedrale an »accedente consensu Ambianensis cleri et populi, tanquam eis fuisset a Domino inspiratum«, wofür die benachbarte Kirche St. Firmin »de communi consilio« niedergerissen werden soll: »nos et *cives* Ambianenses in hac considimus voluntate, requisito prius domini regis et impetrato consensu« (MD 260).

Daß ein Großbau in den seltensten Fällen aus einer einzigen Mittelquelle zu erstellen war, und daß demzufolge immer mehrere Parteien helfend und beratend eingreifen konnten, mag manchem Bauherren auch einen größeren Spielraum verschafft haben. Die Ansprüche einer dominanten Partei konnten wohl durch Berufung auf andere Koalitionsmöglichkeiten zurückgehalten werden. In jedem Fall aber dürfte es einem bauverantwortlichen Amtsträger schwerlich möglich gewesen sein, in einem Bauwerk ausschließlich seine eigene Willensabsicht zu verwirklichen.

Ein Hoheitsträger mußte den Beratungsansprüchen schon deshalb offen bleiben, weil bauwillige Gruppen oder Personen Ratsbeziehungen immer auch über ihn hinaus entwickeln konnten, indem sie sich an einen anderen, in der Regel übergeordneten Hoheitsträger um Rat und Hilfe wandten. Vornehmlich im kirchlichen Bereich war es – im Höchstfall durch *Appellation an den Papst* – immer möglich, alle hierarchischen Zwischenzuständigkeiten zu überspringen und sich ihnen gegenüber Bewegungsfreiheit zu verschaffen.

Die päpstlichen Privilegien, die bestimmen, daß jeder Sakralbau vom zuständigen Bischof und Abt zu genehmigen sei, enthalten immer auch den Vorbehalt eines päpstlichen Oberrechts.[53] Solche päpstlichen Reservate aus Rom relativierten die Verbindlichkeit jeder zwischeninstanzlichen Verfügung. Den suspensiven Effekt einer Appellation an die päpstliche Höchstinstanz konnte sich jede emanzipationsfähige Gruppe oder Institution zunutze machen. Als sich der Erzbischof von Tours zwischen 1002 und 1005 weigerte, eine vom Grafen von Anjou gestiftete Kirche zu weihen, wandte sich der Graf an den Papst, der einen seiner Kardinäle zur Weihe entsandte.[54] Gerne haben die Klöster durch päpstliche Privilegien die Diözesanhoheit zu durchlöchern und sich aus der bischöflichen Aufsicht zu lösen versucht. Bei La Rochelle wünschten sich im Jahre 1152 viele der Menschen, die aus verschiedenen Weltgegenden zusammengekommen und bei einer Burg ansässig geworden waren, eine Kirche in bequemer Nähe. Die Burgherren trugen den Wunsch der Bewohner dem zuständigen Klosterprior vor, der daraufhin den Bau mit Hilfe seiner Mönche in Angriff nahm. Darüber aber erzürnte der Bischof von Saintes, zu dessen Diözese La Rochelle gehörte, und untersagte dem Prior die Ausführung des Baues. Auf den Rat der Mönche hin wendet sich nun der Prior, unter Einschaltung des Abtes von Cluny, an den Papst, der ihm die »Genehmigung und das Privileg zur Errichtung der Kirche, wie er es wünsche«, erteilt.[55] Der oberste, päpstliche Ratschluß setzt die bischöflichen Verfügungsrechte außer Kraft und verschafft den zusammengefaßten Bedürfnissen von unten die oberherrliche Legitimation. Als der Abt von Saint Augustin in Canterbury um 1070 seine baufällige Kirche zu erweitern begann, schickte er eine Delegation nach Rom, die für den Bau »den Rat des Papstes« einholte. 1168 brannte die Kirche nieder. Das päpstliche Dekret, das zum Wiederaufbau die Einkünfte der Kirche von Feversham zuweist, stellt fest, der Papst habe für alle Kirchen zu sorgen, und geht davon aus, daß Saint Augustin dem Papst »unmittelbar, ohne Zwischeninstanz, unterstellt« sei.[56]

Zwischen 1061 und 1073 erhielt das Kloster Bury St. Edmunds das Privileg (libertas), »ut nulli episcopo locus ille subdatur in aliquo, archiepiscopi tantummodo nutum in legitimis spectaturus« (LBE Nr. 471). Der Erzbischof von Canterbury teilt 1159/1160 dem Papst mit, bei ihm habe sich der Abt von St. Osyth wegen der Lasten beschwert, die ihm der Londoner Bischof auferlegt hatte: »a venerabili fratre nostro Ricardo Londoniensi episcopo, sumptibus, vexationibus fatigatus, ad auxilium misericordiae vestrae confugere necesse habuit« (LBE Nr. 4044). Als sich der Erzbischof von Canterbury ein Nonnenkloster unterstellen will, appelliert die Priorin 1192 an den Papst, »cum ab ipsis fundamentis ecclesiae libera exstitisset, et nulli domui esset subiecta«, dem Kloster seinen Schutz angedeihen zu lassen: »pro libertate ecclesiae suae tuenda« (LBE Nr. 4983). Ein verwickelter, vielbeachteter Fall ist der Streit um die Verlegung der Kirche St. Thomas in Canterbury, der seit 1186 die Gemüter bewegte. Der Papst hatte zunächst dem Erzbischof Baldwin eine Baugenehmigung erteilt, an der dieser aus pfründenpolitischen Gründen sehr interessiert war. Aufgrund des »unerträglichen Geschreis« der Mönche, bzw. des Domkapitels, zieht der Papst seine Genehmigung zurück, was wiederum den Erzbischof zu der Äußerung hinreißt: »Litteras papae audivimus, et nos quod habemus facere inde faciemus« (LBE Nr. 831-838; vgl. Haller Bd. 3, 232 ff.).

Die päpstliche Autorität konnte mit dem Ausbau des Legatensystems seit der Mitte des 11. Jahrhunderts wirksam präsent werden. Die jede intermediäre Verfügungsebene aufsprengende Rolle des Legaten wird recht deutlich von den Mönchen der romunmittelbaren Abtei Bury Saint-Edmunds benannt. Als der Legat, der damals zugleich Erzbischof von Canterbury war, um 1175 gegen die Abtei ein Skrutinialverfahren einleiten will, schlägt der Abt seinem Konvent vor, den Papst zu bitten, er solle die Abtei von der Gerichtsbarkeit des Legaten befreien. Einige Mönche aber, die dem Abt im übrigen wohlgesonnen waren, geben zu bedenken, daß aus einer solchen Exemtion »eine große Gefahr entstehen könne«. Denn sollte es einmal einen starken Abt geben, der die Kirchengüter verschleudern und den Konvent schlecht behandeln würde, dann sei »niemand da, bei dem sich die Mönche beschweren könnten, und vor dem sich ein solcher Abt fürchten müsse«.[57] Der päpstliche Vertreter erscheint als Schutzinstanz gegenüber dem unmittelbar vorgeordneten Amtsträger. Etwa fünfzehn Jahre später wird in Chartres die Wirksamkeit des päpstlichen Legaten, der unmittelbar Zeuge des Brandes von 1194 gewesen war, in einem ähnlichen Sinne geschildert: Der Legat erlebt die Trauer des »Chartreser Volkes« und wird »von großem Mitleid erfaßt«. Deshalb ruft er den Bischof und die Kanoniker zu sich, deutet ihnen den Brand eindringlich als eine Himmelsstrafe und erreicht es, ihren Sinn zum Besseren zu wenden, so daß sie für drei Jahre einen nicht geringen Teil ihrer Einkünfte dem Wiederaufbau der Kathedrale zur Verfügung stellen. Der päpstliche Legat tritt als Mittler auf, der die intermediären und partikularen Interessen auf ein Allgemeininteresse verpflichtet.[58]

Der Legat hielt sich zur Zeit des Brandes tatsächlich in Chartres auf, um dort einen älteren Konflikt zwischen dem Domkapitel und dem Grafen zu schlichten, bei dem es um die Jurisdiktion über die Chartreser Bürger und deren Besteuerung ging (vgl. Simson 229 f.). Merkwürdigerweise jedoch lassen die *Miracula* den Legaten, nachdem er Bischof und Kapitel überredet hat, ganz zurücktreten, was auch Simson gewundert haben muß, denn ohne daß dafür die Quelle einen Anhaltspunkt gäbe, läßt er den Legaten nochmals vor dem »populus« auftreten, um auch diesen zur Mitwirkung anzuregen. Der Text aber sagt ausdrücklich, das Volk sei »ex mandato capituli« zusammengetreten, um die Tunikareliquie zu sehen. Die Hauptinitiative aber verbleibt dann beim »populus«. So als habe er die Rolle des Volkes überzeichnet, fügt der Autor den Satz hinzu: »Doch zu einem so großen Werk hätten die Gelder oder Abgaben der Laien niemals ausgereicht, wenn nicht der Bischof und die Kanoniker drei Jahre lang so viel Geld beigesteuert hätten.« Bei der Erklärung dieser Merkwürdigkeit in dem um 1210 entstandenen Bericht ist zu berücksichtigen, daß die Auseinandersetzungen zwischen König Philippe-Auguste und dem Papst über die Legatengewalt um 1210 einem Höhepunkt zustrebten, so daß sich der Text, der im übrigen ja auch den König ganz aus dem Spiel läßt, als parteiliche Darstellung zugunsten der Legatengewalt erweist. Im Jahre 1210/11 kam es außerdem zu einem gewaltsamen Überfall der »vulgi pars maxima« unter Führung des Marschalls und Propstes der Gräfin, »qui civibus preerant universis«, auf das Kapitelhaus, bei dem die Bürger die Fenster des Kapitelhauses mit Steinen einwarfen. Das Kapitel ruft daraufhin den König als Richter an, der die Bußgelder, die er den Bürgern und der Gräfin auferlegt, dem Kathedralbau zukommen läßt (van der Meulen 166 f., Appendix D).

Die Aktivität der Legaten und der durch sie übermittelte päpstliche Anspruch, in kirchlichen Angelegenheiten diejenige Instanz zu sein, die allein das Gesamtinteresse vertrat, konnte die höchste weltliche Gewalt nicht gleichgültig lassen, denn die Temporalia waren noch mannigfach mit den Spiritualia verquickt. Die *Könige* blieben durch ihren Einfluß auf die Bischofswahl, durch ihre Benefizialrechte, durch ihren Gründungs- und Schutzanspruch auch nach dem Wormser Konkordat (1122) noch eng mit den kirchlichen Belangen verbunden. In Frankreich, wo der König metropolitane Zuständigkeiten beanspruchte, war die Tätigkeit der Legaten immer besonders umstritten. Wie in England, durften auch in Frankreich die Legaten das Reichsgebiet ohne Genehmigung des Königs nicht betreten.[59]

Da der königliche Schutz und Rat oft wirksamer geltend gemacht werden konnte als der päpstliche, mag er vielfach auch bevorzugt angerufen worden sein. Der Abt des Schottenklosters in Regensburg baut um 1120 »mit der Erlaubnis« sowohl des Papstes wie des Kaisers (LB Nr. 1206). Die gestärkte Stellung des Königtums in Frankreich läßt sich daran ablesen, daß man sich 1216 in Amiens zum Neubau erst entschließt, nachdem man die »Genehmigung des Königs« eingeholt hatte (s. o. S. 52). Nicht anders als gegenüber den weltlichen Vasallen (s. u. S. 81 ff.), versucht der König gegenüber den kirchlichen Amtsträgern seine Vorbehaltsrechte durchzusetzen und seine Zuständigkeit für die Formulierung und Einlösung des Gesamtinteresses geltend zu machen.

Die Beispiele, die unten S. 77 angeführt werden, entstammen meist dem 12. Jahrhundert, als das königliche Genehmigungsverfahren problematisch geworden war. Nach einer Vita aus der 2. Hälfte des 12. Jahrhunderts verfährt Bischof Meinwerk so, daß er in Bezug auf ein Vorstadtkloster »ab imperatore hoc dedicandi et consummandi licentiam petiit et accepit« (LB Nr. 1041, 1046). Ebenfalls aus dem 12. Jahrhundert stammt die Nachricht, daß 1091 der »dominus« Wicbert von Groitsch für den Bau einer Kirche in Pegau bei seinem Schwager, dem König von Böhmen, »solacium et consilium quaereret«, und daß dieser »septingenta eidem ad manus talenta dedit« (LB Nr. 1067). Im Kloster Zwiefalten bezeichnet man im 12. Jahrhundert Kaiser Heinrich V. als »noster adiutor et defensor in omnibus. Duo enim restituit nobis predia a raptoribus dius ablata, quae ut prefati summus pro 130 libris argenti sunt vendita. Hoc argento monasterium et alia aedificia sunt constructa« (LB Nr. 1598). Einige Mönche von St. Albans haben zwischen 1119 und 1146 zum Bau von Unterkünften »assensum et favorem« des Königs (LBE Nr.

4065). Um 1136 gründet Abaelard bei Nogent sein Bethaus, ohne einer Abtei unterworfen zu sein (nulli me abbatiae subjugarem), was ihm in Gegenwart (in praesentia) des Königs erlaubt und zugesagt wird (assensum est et confirmatum); das Oratorium baut er auf geschenktem Land mit Zustimmung des Bischofs (assensu episcopi terrae; MD 43). Zu den Exemtionen geistlicher Eigenklöster seitens der ottonischen und salischen Kaiser, durch die Mediatklöster den Status von Reichsabteien erreichen konnten, vgl. Graff 69 ff.

Die Berechtigung eines oberherrlichen Anspruchs, letztgültige Verkörperung eines überparteilichen Willens zu sein, entscheidet sich auch an der Fähigkeit, in Konfliktfällen bei den Parteien den oberherrlichen Schiedsspruch durchzusetzen. Vor allem die untergeordneten Gruppen mußten darauf bedacht sein, daß die ihnen zugesprochenen Rechte auch realisierbar waren. Ob der Papst oder der König als *Schiedsrichter* und Schutzherr angerufen wird, ist nicht immer nur eine Frage der rechtlichen Zuständigkeit, sondern auch eine Frage der Machtmittel, über die eine oberste Instanz zur Durchsetzung ihres Ratschlusses verfügt. Zweifellos war in dieser Beziehung oft der *König* die sicherere Adresse. In Chartres war 1194 zur Lösung des Konflikts zwischen Domkapitel und Graf noch der päpstliche Legat als Schiedsrichter tätig geworden. Im Jahre 1212 jedoch suchte das gleiche Kapitel Schutz beim König, der die dem Grafen und den aufsässigen Bürgern auferlegten Bußgelder dem Kathedralbau zuführt (s. o. S. 55). Als 1171 die Bürger von Souterraine, in Übereinstimmung mit dem Grafen, einem Kloster die erhöhten Abgaben verweigerten, sahen Abt und Propst »in der Anrufung des Königs die einzige Möglichkeit, den Streit beizulegen« (MD 121). Die Appellation an den König erlaubt es, ein Parteiinteresse als verbindlich beglaubigen zu lassen, aber sie enthält auch das Eingeständnis, daß das parteiliche Willensziel mit eigenen Mitteln nicht durchsetzbar ist. Als im Jahr 1193 der Graf von Nivernais einen Teil der Mauer von Auxerre ausbauen wollte, »erbat er die Hilfe der Kirchenleute«. Der Bischof und die übrigen Prälaten gewährten ihm die Hilfe, stellten aber die Bedingung, er müsse durch eigene, aber auch durch Briefe des Königs bestätigen, daß sie zu dieser Hilfe nicht von Rechts wegen verpflichtet seien, sondern sie »als besondere Gunst gewährt« hätten.[60] Die gräflichen Ansprüche werden durch oberherrliche Garantien neutralisiert.

Als sich die Mönche der Christuskirche in Canterbury 1186 weigerten, auf Geheiß des dortigen Erzbischofs in eine von diesem errichtete Kirche zu ziehen, und dazu auch ein päpstliches Dekret erwirkt hatten, ersucht der Erzbischof den König, »ut rex ministrorum suorum manu capellam ipsam et canonicos et ea quibus summus pontifex maledixerat in suam acciperet protectionem« (LBE Nr. 830); der König »suggestionibus archiepiscopi gratum, ut fertur, praebuit assensum, et novae construendae ecclesiae regium promisit assensum« (LBE Nr. 828; s. o. S. 54); schließlich 1189 »Ricardus rex venit Cantuariam, et fecit pacem et finalem concordiam« zwischen den Erzbischöfen und den Mönchen (LBE Nr. 844). In Rouen war 1192 eine »gravis dissensio« zwischen den Kanonikern der Kathedrale und den »cives civitatis« ausgebrochen. Die Kanoniker hatten eine Friedhofsmauer errichtet, »et collegerant intus mercatores«. Die Bürger glaubten, dies werde »ad detrimentum civitatis« veranstaltet und baten die Kanoniker, die Mauer wieder einzureißen. Da diese sich weigerten, »quadam die cives ex communi consilio irruerunt«. Da die Bürger den Wiederaufbau verweigerten, verkündete König Richard I. am 9. 11. 1194, »quod murus et sopae atrii ecclesiae ... cives reficientur, per visum senescalli nostri vel ballivorum nostrorum, in eo statu quo erant quando contentio mota fuit inter canonicos et cives. Per nos vero et senescallum nostrum, vel ballivos nostros, idem murus et sopae atrii perficientur usque ad eumdem statum quo erant quando diruti fuerunt«; der König also beteiligt sich am Wiederaufbau, indem er selbst den Abschnitt der Mauer ausführen läßt, der zwischen dem Zeitpunkt des Einspruchs der Bürger und dem Zeitpunkt der Zerstörung noch errichtet worden war. Ein Jahr später erläßt der Papst eine Bulle, in der er sich auf des Königs Schiedsspruch bezieht und all denen Vergebung verspricht, die bei der Wiedererrichtung der Mauer helfen (MD 165 f.). Über die allgemeine Bedeutung der Schiedsrichterposition für den Ausbau der königlichen Machtstellung vgl. CEH 288 f.; s. u. S. 85 ff.

Überschaut man das komplexe Netz von Rats- und Hilfsbeziehungen, das in den unterschiedlichsten Ausprägungen bei den Bauvorgängen wirksam werden konnte, so läßt sich feststellen, daß seit dem 11., noch deutlicher seit dem 12. Jahrhundert ein Bauwerk nur noch in den seltensten Fällen Ausdruck einer einzigen, kompakten Willensrichtung sein konnte. Auf allen Ebenen der Bautätigkeit kann sich der bauherrliche Eigenwille in dem Maße verflüssigen, wie für das Bauwerk fremde Mittel herangezogen werden müssen. Der Anspruch der beteiligten Gruppen auf Mitsprache, der auf verschiedene Weise erworben werden konnte, zersetzt oder verwandelt den Charakter des herrscherlichen Willensanteils am Bauvorhaben. Auffällig an der schriftlichen Überlieferung ist ja schon, daß sich das Interesse der Chronisten so sehr vom Bauergebnis auf die Bedingungen der Bauentstehung verlagert. Im Bereich der Bauvorbereitungen waren die

Zuständigkeiten und Verfügungsverhältnisse problematisch geworden, denn das Auseinanderklaffen von objektiver Baunotwendigkeit und individuellem Vermögen bewirkte eine grundsätzliche Aufweichung der bauherrlichen Autonomie. Die Abhängigkeit von Fremdmitteln und die Verbreiterung der Mittelbasis parzellierte die Ansprüche auf Anteile an einem Bauwerk.

Den Schriftquellen ist nicht mehr die Richtung auf ein programmatisches Ziel zu entnehmen, auf das sich die unterschiedlichen Beratungsvorgänge zubewegen. Gelegentlich aber treten Kriterien hervor, die ein Bauvorhaben auf Maßstäbe der Angemessenheit verpflichten. In Saint-Remi soll der Bau bescheidener, doch nicht weniger würdig werden. In Petershausen wird der Abt getadelt, weil er sich in Notzeiten ein zu prunkvolles Wohngebäude errichtet hat. In Salisbury soll die Kathedrale an einen »freieren und bequemeren Ort« verlegt werden. Zuweilen erscheinen die normativen Kriterien der reformbetonten Kritik am Bauluxus, also etwa ›Nützlichkeit‹, ›Notwendigkeit‹ oder ›Einfachheit‹, als gemeinsamer Nenner, auf den sich auseinanderstrebende Vorstellungen einigen können. Die Entstehung des Beschlusses zum Ausbau des Klosters von Clairvaux wird von der Vita des hl. Bernhard so geschildert, als seien dessen Skrupel erst durch die Klärung und Beratung der *Zweckbestimmung* beseitigt worden: Zu einer ›Beratung‹ Bernhards mit den Fratres des Klosters treten »einige umsichtige Männer« hinzu, die »den allgemeinen Nutzen im Auge haben«. Sie legen dem weltfremden Bernhard dar, was dem Gebäude mit Rücksicht auf den wachsenden Zulauf not tue. Zunächst ist Bernhard »mit ihrem Rat nicht einverstanden«. Er wendet ein, die bisherigen Bauarbeiten hätten schon viel Schweiß und Kosten verursacht. Wenn man die Wände nun wieder einrisse, könnten die Laien schlecht von ihnen denken, so als ob zu vieles Geld sie übermütig machen würde. Da in Wirklichkeit kein Geld da sei, müsse man gemäß Lukas 14, 30 daran denken, daß für einen Bau auch die Kosten vorauszuberechnen seien. Darauf erwidern die Fratres, daß ein solcher Tadel wohl berechtigt sein würde, wenn Gott aufgehört hätte, dem Kloster ständig neue Mitglieder zuzuführen. Da aber das Gegenteil der Fall sei, brauche man keine Vorwürfe zu befürchten. Dieses Argument überzeugt Bernhard. In der Folge geben der Graf der Champagne, viele Bischöfe und bedeutende Männer, aber auch einheimische Kaufleute großzügige Spenden für dieses ›Werk Gottes‹[61] (MD 25 f.). Der mit allen Beteiligten diskutierte, für jedermann einsichtig gemachte und schließlich allgemein als angemessen betrachtete Sinn des Bauvorhabens rechtfertigt eine breitgestreute Mittelzuwendung.

Vermutlich aus ähnlichen Gründen legen die Quellen gelegentlich besonderes Gewicht auf die Stimme des Baufachmanns. Schon bei den Revisionsplänen für Saint-Remi in Reims scheint der *Fachrat* eine vermittelnde Rolle gespielt zu haben. In Vignory verspricht der Graf zu bauen, »wie die Bauleute und die Kundigen in diesen Dingen es mir geraten haben«.[62] Für den Dombau in Modena hatten die Bürger dem Bischof 1099 den Baumeister Lanfrancus vorgestellt, »mit dessen sachkundigem Rat« man den Bau beginnen konnte. Auf seiner Fassade findet sich eine Inschrift, die den ›Erbauer‹ Lanfrancus preist.[63] Bekannt ist das lange Verfahren in Canterbury im Jahre 1174, als sich die Mönche nach dem Brand über die »auseinandergehenden Ratschläge« der Sachverständigen aus England und Frankreich nicht einigen konnten – bis dann Wilhelm von Sens erscheint, der sich »ob seines lebhaften Geistes und guten Rufes« durchzusetzen vermag (LBE Nr. 802). Auch die Eintragung im Album des Villard d'Honnecourt, wonach der Plan für den Chor einer Kathedrale das Ergebnis einer ›Disputation‹ zwischen Villard und Peter de Corbie gewesen sei, zeigt vielleicht, wie der Fachmann im Spannungsfeld der Beratungen zwischen den verschiedenen Anteilsinteressenten zur Argumentation gezwungen war.[64]

Das Spektrum der mitsprachefähigen Parteien führt zu einer Neutralisierung von personal oder partikular verfolgten Nutz- oder Repräsentationsabsichten. Je breiter die soziale Streuung der Herkunft der Mittel für einen Bau, desto mehr ist dieser einem allgemeinen Verfügungsanspruch ausgesetzt. Bauzweck und Bauziel müssen potentiellen Mittelgebern gegenüber gerechtfertigt werden können. Es kann sich ein Bewußtsein dafür herausbilden, daß ein Bauwerk das Ergebnis nicht mehr eines souveränen, willkürlichen Verfügungsaktes, sondern einer gesellschaftlichen Gesamtleistung sein kann. Je vielgestaltiger die einem Bauwerk vorgelagerte Anspruchs- und Mitbestimmungsstruktur ausgebildet ist, desto einsichtiger und durchlässiger muß ein Bauwerk für die beteiligten Bedürfnisrichtungen werden. Das Kriterium der Notwendigkeit ist nur eine der Ebenen, auf denen sich ein Konsens herstellen kann. Wie der Baubestand lehrt, ist eine andere Ebene die enzyklopädische Ausstattung des Bauwerks, die eine universale Repräsentation der unterschiedlichen Willens- und Anspruchsrichtungen aufnehmen kann. All dies schließt einen umfassenden religiösen Antrieb nicht aus, sondern findet in ihm geradezu einen verbindlichen Rechtfertigungsgrund. Denn wenn erst erreicht war, daß ein Bauwerk allein Gott zu Ehren aufgeführt wurde, dann war auch ein entscheidender Schritt zur Verallgemeinerung des Bauziels getan.

II

Die Verallgemeinerung der Bauziele

1. Das spirituale Allgemeinziel: Opus Dei

Der Bischof Ivo begründet im Jahre 1100 gegenüber dem englischen König seine Bitte um Hilfe für die Erneuerungsarbeiten an der Kathedrale von Chartres mit den Worten: »Nicht für mich oder sonst einen Sterblichen wagen wir Eure Hilfe zu erbitten, sondern für das Haus Gottes.«[65] Der erklärte Verzicht auf ein Eigeninteresse und die Setzung einer übergeordneten Zielvorstellung berechtigen dazu, die fremde Hilfe anzurufen.

Der Abt Suger versichert, bei seinem Baueifer habe ihn »keinerlei Verlangen nach eitler Ruhmsucht« angetrieben, und auch seine Vita verteidigt ihn gegen entsprechende Mutmaßungen des Bernhard von Clairvaux, indem sie den Abt von Cluny selbstkritisch zu Sugers Baumotivation Stellung nehmen läßt: »Dieser Mann, sagte er, beschämt uns alle, indem er nicht, wie wir, für sich selbst, sondern für Gott so viel baut.«[66] Erst die Ausklammerung eines partikularen Interesses zugunsten eines göttlichen Willens rechtfertigt den Einsatz aller Mittel für den Bau einer Kirche.

Im Jahre 1174 wird hervorgehoben, der Abt von Selby habe sich bei all seinen Bauaktivitäten stets bewußt gehalten, daß »die Gaben der Gläubigen und die Einkünfte aus den kirchlichen Besitztümern nicht *sein* Eigentum, sondern das des Heiligenpatrons waren« (LBE Nr. 4186). Die materiellen Zuwendungen an die Kirche begründen keine individuelle Autoritätsstellung, sondern sie begründen die Verbindlichkeit einer übergeordneten Norminstanz.

Das Ziel im Jenseits kann auch in einem letzten Fürsorgeziel im Diesseits repräsentiert sein. Die Zuwendung an die Armen hat den gleichen Verallgemeinerungsrang wie die Übereignung an Gott. Um 1133 verzeichnet ein Chronist die Inschrift, die der Bischof von Cambrai vor 1049 an der neu errichteten Kathedrale angebracht hatte; sie bestimmt den Bau »dem Schutz und der Zuflucht für die Armen« (LB Nr. 1661). Papst Gregor VII wirft 1074 den Priestern vor, daß sie »mit kirchlichen Würden nur weltliche Herrlichkeit erstreben und in hochmütigem Pomp und überflüssigem Aufwand verzehren, was in geistlicher Verwaltung dem Nutzen und dem Heil vieler dienen soll«.[67] Noch 1196 wird der Bischof von Salisbury dafür getadelt, daß er durch die Koppelung von weltlichem und geistlichem Amt ungeheure Reichtümer angehäuft habe, »die er nicht an die Armen verteilt, sondern zu eitlen Zwecken, wie der Erbauung prunkvoller Kastelle, verbraucht« (LBE Nr. 1234). Gott und die Armen erscheinen als die verallgemeinerten Adressaten der Bautätigkeit. In ihnen sind die besonderen Interessen neutralisiert.

Zu Beginn des 12. Jahrhunderts wird vom hl. Foillan gesagt, er habe zum Bau der Kirche von Fosses Mittel von einer hohen Dame erhalten, die »pecunia de reditibus suis collecta, non avariciae causa, sed profectus ecclesiae gratia« (LB Nr. 2549). Über den Abt Hugo von Marchiennes († 1158) heißt es: »Hinc est, et quod gloriam Dei semper quaerens, non suam, nil sibi in non suo de suo vendicare curavit, solum diligens decorem domus Dei, et locum habitationis gloriae eius« (LB Nr. 1875). Der Nachfolger des Bischofs Lanfrancus († 1194) bemerkt über dessen Bau von Sansepolcro bei Pavia: »Quod factum est non causa voluptatis sed necessitatis; non levitatis, sed utilitatis; non ad vitium instabilitatis, sed ad remedium pietatis« (LB Nr. 2336). In Acqui heißt es im 13. Jahrhundert von einem Kloster etwa aus dem Jahre 1067, es sei dem Titelheiligen und zur »totius populi publicam utilitatem et devotionem« errichtet worden (LB Nr. 2090).

Die Reihe dieser Beispiele zeigt, auf welchen verschiedenen Wegen die Bemühungen um eine Verallgemeinerung der Bauziele voranschreiten können. Die Stimmen versuchen den Vorwurf des Paulus (Philipper 2, 21) an seine untreuen Gehilfen, sie suchten »nur das Ihre«, nicht, was Jesu Christi ist«, für die eigenen Bauinteressen zu entkräften. In einem um 1100 mit der Autorität Fulberts von Chartres versehenen Brief werden alle einschlägigen Zitate aus der theologischen Literatur über das Eigeninteresse des Kirchenmannes zusammengetragen. Als Schlußfolgerung ergibt sich, ein Priester dürfe »das Eigentum der Kirchen nicht als sein eigenes, er müsse es als das der Armen ansehen... Denn so fromm und gerecht es ist, die Kirchenbesitzungen einzig für die Armen und Elenden zu verwenden, so frevelhaft und unchristlich ist es, sie nach eigenem Gutdünken und für abgelegene Zwecke zu verausgaben«.[68] Die stete Mahnung und Selbstrechtfertigung verweist darauf, daß ein individuelles Wollen sich mehr und mehr in ein allgemeines Wollen zurücknehmen muß. Die Überhöhung des Bauziels im Hinblick auf Gott oder die Armen führt zur Auslöschung der partikularen Interessensansprüche. Eine solche Verlagerung des Bauwillens kann auch dadurch unterstrichen und bekräftigt werden, daß Anlaß und Anstoß zu einem Bauwerk unmittelbar durch die Eingebung Gottes, durch Wunder, Träume, Erscheinungen oder Katastrophen vermittelt erscheinen.[69] Nach dem Auftauchen eines Meteors um 1050 wird – einem hundert Jahre späteren Bericht zufolge – dem Grafen von Anjou »von allen geraten, eine Kirche zu bauen«.[70] Der bauherrliche Eigenwille abdiziert in dem göttlichen Willen, und der »Rat Gottes« hat einen Gesamtwillen in sich aufgenommen. Offensichtlich ist die Bau-Tat nicht mehr ohne weiteres auch eine gottgefällige Tat. Es bedarf der Beglaubigung und Versicherung, daß sie nicht aus Eigennutz geschieht, sondern als Gemeinbedürfnis legitimiert ist.

Ein Bauherr kann auch auf diese Rechtfertigungsquelle hingewiesen werden: Ein Vizegraf aus der Bretagne wünschte um 1040 sein Kastell zu verlegen. Da er gehört hatte, daß eine jede Pflanze, die nicht vom himmlischen Vater gepflanzt sei, herauszureißen sei, ging er, »vom göttlichen Geist angetrieben«, in ein nahegelegenes Kloster seines Herrschaftsgebietes und fragte die Mönche um Rat, wann und auf welchem Grund er sein neues Kastell errichten solle. Die Mönche aber wiesen ihn darauf hin, Christus sei das beste Fundament allen Vermögens, und was auf ihn gebaut sei, könne nicht fallen. Das Argument bewegte den Grafen dazu, das Kloster reich zu beschenken und ihm einen Zins von dem neuen Kastell zukommen zu lassen (M 51 f.). Der Verweis auf Christus als Fundament eines jeden Baues[71] begründet hier offenbar auch eine Neuverteilung der Anteilsrechte.

Die Legitimation eines Baues aus Gott bewirkte jedoch nicht nur die Ausblendung des bauherrlichen Eigenwillens, sie erwies sich darüber hinaus als eine Formel, mit der die verschiedenen Baubeteiligten die Begründung ihrer Handlungen, Bedürfnisse und Ansprüche absichern konnten.

Wenn ein Bauwerk einem göttlichen Ratschluß entsprungen und wenn es allein Gott zu Ehren unternommen worden ist, dann sind auch die Bauhilfen an diese, allen partikularen weltlichen Zwecken enthobene Instanz adressiert und entfallen alle Sonderansprüche der spendenden

Parteien, denn »to be ruled by God is to be ruled by no other, certainly by no earthly power«.[72] Die Verpflichtung der Bauziele auf Gott neutralisiert mit den bauherrlichen auch die fremden Ansprüche. Der aufgrund eines göttlichen ›Rates‹ erstellte Bau lenkt die Folgeerwartungen aus einer ihm zugeleiteten Hilfe auf die göttliche Gnadenquelle. Solange ein Kirchenbau eine irdische Gewinnquelle privater Art, »vielleicht die vorteilhafteste Kapitalanlage« war[73], blieben die fremden Mittelinvestitionen einer irdischen Verrechnung der Anteile ausgesetzt. Wenn aber die materiellen und ideellen Erträge auf den Namen Gottes gebucht wurden, dann waren auch die fremden Hoffnungen auf Gewinn an sein Konto verwiesen. Schon der Bischof Fulbert von Chartres hatte dem Herzog von Aquitanien mitgeteilt, daß die Muttergottes ihm dereinst im Himmel seine Spenden für die Kathedrale um ein Vielfaches zurückerstatten würde (s. o. S. 37 f.). Die Kirche aktiviert ihre Verwaltungshoheit über den Gnadenschutz Gottes; der Himmel wird zu einer Schatzkammer, aus der die Zuwendungen für gottgefällige Bauwerke entschädigt werden können.

Die Form, in der sich diese Zusammenhänge operationalisieren, ist bekanntlich der *Ablaß*. Bei seiner Entstehung im frühen 11. Jahrhundert in Südfrankreich hat die Mittelbeschaffung für große Bauprojekte eine entscheidende Rolle gespielt, und bis zur Reformationszeit wird er mit dem Bauwesen verbunden bleiben. Die scholastische Begründung des Verfahrens wird dann (zuerst 1230) einen kirchlichen Gnadenschatz konstruieren, der durch die Überschußleistungen Christi, der Heiligen und Märtyrer, zustandegekommen ist, und den die Kirche zur Abtragung der zeitlichen Sünden an ihre Glieder ausgeben darf. Die Kirche legt sich einen ideellen Schatz zu, der sie in den Stand setzt, ein Äquivalent für materielle Zuwendungen anzubieten.[74]

Da der Ablaß die Buß- und Opfertat aus dem sakramentalen Bußverfahren herauslöst, wird dieses Einkunftsmittel frei vom Geschehenszusammenhang der lokal zelebrierten Messe. Der Ablaß kann jederzeit und überall erworben werden. Dadurch ist eine *Universalisierung* der Mittelgrundlagen im Bauwesen möglich geworden, denn es konnten Spender angesprochen und entschädigt werden, die unmittelbar kein Interesse an dem Bau nahmen, denen es allenfalls wichtig sein konnte, daß das Ablaßangebot durch gottgefällige Zielgarantien abgedeckt war. Die Mittelbeschaffung konnte überregional ausgeweitet werden und ein lokaler Bau entsprechend über die lokalen und regionalen Möglichkeiten hinauswachsen.

Als Bestandteil des Bußverfahrens war der Ablaß ein jurisdiktioneller Akt, der grundsätzlich der Lösegewalt des Bischofs vorbehalten blieb. Die Bischöfe hatten den Ablaß entwickelt, und er blieb eines ihrer Mittel, ihre amtliche Position vor allem gegenüber den Klöstern hervorzuheben. Der bischöfliche Indulgenzbrief verschaffte einer Sammlung die ganze geographische Reichweite der Diözese, der erzbischöfliche öffnete ihr die ganze Kirchenprovinz. Wollten Klöster in den Genuß von Ablaßgeldern gelangen, so mußten sie sich eine Vollmacht vom zuständigen Bischof geben lassen. Die Lateransynode von 1215 beschränkte die bischöfliche Nachlaßspanne auf ein Jahr oder 40 Tage. Wenn ein Ablaßbrief von mehreren Bischöfen unterschrieben war, erhöhte sich die Zahl der Jahre kumulativ, so daß es 1240 zugunsten der Londoner Paulskirche zu einem Ablaßbrief kam, der einen Nachlaß von 14 Jahren in Aussicht stellte. In den Ablaßbriefen zugunsten eines Baues weisen die Bischöfe gerne auf das Unvermögen des Einzelnen hin und legen ihren Priestern nahe, das ihnen anvertraute Glaubensvolk zu Spenden für das dringend notwendige Bauwerk zu ermuntern und dafür bemessene Anteile am Gnadengut der Kirche in Aussicht zu stellen. Der Zisterzienserabt von Obazine in der Diözese Limoges hat 1156 vielleicht nicht nur aus theologischen Skrupeln heraus das Angebot mehrerer Bischöfe, ihm mit Ablässen behilflich zu sein, mit der Bemerkung abgelehnt, daß »wir diese Sitte nicht einführen wollen, mit der wir dem Volk nur Ärgernis bereiten, uns selbst aber Schimpf eintragen durch das Aufsuchen der Kirchen, das Herumzeigen der Gnadengüter und Austeilen von Sündennachlässen, da doch niemand als Gott allein Sünden erlassen kann«.[75] Der Abt verteidigt hier zugleich seine Unabhängigkeit von bischöflicher Vormundschaft, indem er auf Gott als die alleinige Gnadenquelle zurückverweist.

Es wäre gewiß falsch, wenn man die Vorteile des neuen Finanzierungsverfahrens allein auf der Seite der kirchlichen Amtsträger suchte. Viele Ablaßbriefe enthalten das offene Eingeständnis, die Mittel des Bauherren reichten nicht aus, um den Bau hochzuführen.[76] Darin kann man eine Art öffentlicher Zurücknahme von Machtautonomie erkennen. Der Erzbischof von Canterbury bekundet um 1120 in einem Ablaßbrief, daß er den Neubau der Kirche im Vertrauen auf die Spenden aller Gläubigen angeordnet habe, »damit dort dann das Volk Gottes zusammenkommen könne, um Gottes Wort zu hören« (LBE Nr. 2468). Der kollektiven Spende entspricht das Angebot einer kollektiven Verfügung über den Bau. Der bauherrliche Anspruch gibt sich in einer interesselosen Zielbestimmung auf.

Der Ablaß generalisiert die kirchliche Gnadenzuteilung und versachlicht sie, indem sie nicht mehr nach Maßgabe ererbter Privilegien, sondern grundsätzlich jedem, nach Maßgabe seiner Opferfähigkeit, zugänglich gemacht wird. Die Überschußleistungen höriger Gläubiger, die sich in Form von Geldern bei ihnen angesammelt hatten, und die bei ihrem Tode oft an den Leibherren zurückfielen, konnten über den Ablaß dauerhaft angelegt werden; im Bauzweck realisiert sich für sie eine Art Eigentumsgarantie. Daß der Ablaß immer auch für profane Bauziele, für Brücken und Fremdenheime, für Dämme, Häfen oder Befestigungsbauten eingesetzt werden konnte, kann bedeuten, daß Hörige und Gläubige über den Ablaß eine Art von Investitionsrecht nach eigenem Bedarf verwirklichten. Der Einsatz des Heilsgutes rechtfertigt sich nur aus einer verallgemeinerten Bestimmung des Bauzwecks. Der Ablaß stellt eine Regelung dar, die bei ausgeblendetem Eigeninteresse des Bauherren einem Gesamtwillen die Verwirklichung des Bauvorhabens ermöglichte.

Thomas von Aquin hält Ablässe für *Profanbauten* grundsätzlich nicht für möglich; zulässig erscheinen sie ihm nur für solche Bauaufgaben, die zum Sakralen hingeordnet sind, wie etwa die Brücke: »pro temporalibus ordinatis ad spiritualia ... sicut constructio ecclesiarum et pontium«; auch die von der Lateransynode 1215 verabschiedete Musterformel erwähnt schon die Brücke (vgl. Paulus Bd. 1, 31; Bd. 2, 247 ff.). In Italien sind die frühesten Ablässe um die Mitte des 11. Jahrhunderts zugunsten von Brückenbauten erlassen worden (ebd. Bd. 2, 250 f.). Der Bau der Arnobrücke in Pisa ist seit 1159 durch Ablässe mehrmals unterstützt worden (ebd. Bd. 1, 173 f.; Bd. 2, 251). Der Londoner Bischof Foliot ruft öfter (1163-1187) zu Spenden für Brücken, darunter auch für die Themsebrücke auf, ohne allerdings Ablaß zu gewähren (LBE Nr. 4321, 2580). Dagegen gewährt Foliot in einem Spendenaufruf an seine »parochianos« zugunsten eines Xenodochs für deren Gaben eine »peccatorum vestrorum remissionem« (LBE Nr. 2611). Paulus Bd. 2, 262 ff. hat die zahlreichen Beispiele für Ablaßbriefe zugunsten von Dammbauten, Straßen, Hafen- und Befestigungsanlagen zusammengestellt; diese Ausweitung der Bestimmungsziele scheint allerdings erst im 13. Jahrhundert voll ausgenutzt worden zu sein. Im Jahre 1219, vier Jahre nach der Lateransynode, beginnt der Bischof von Lincoln mit der Ausgabe seiner besonders zahlreichen Ablaßbriefe zugunsten von Brückenbauten (vgl. LBE Nr. 403 mit einer Aufzählung und LBE Nr. 3194, 4147, 4322, 5028). Um 1280 bietet dann Johannes von Bologna für die »Indulgencia pro ponte construendo« folgende Formel an: »Cum igitur dilectus filius N, lator presencium, in strata publica pontem constituere seu reficere ad transeuntium opus intendat, nec ad id proprie suppetant facultates, universitatem vestram rogamus et hortamur in domino, in remissionem vobis peccaminum iniungentes, quatenus – cum ipse vel eius nuncii ad vos beneficia petituri accesserint – pias eis ad hoc elemosinas et grata subsidia erogetis, ut per subvencionem vestram opus inceptum consummare valeat, et vos per hec et alia . . . relaxamus. – Eodem modo scribi potest pro ecclesia reparanda . . .« (LBE Nr. 5810).

Gleichzeitig mit dem himmlischen Gnadenschatz, der als Ablaß aktiviert wird, wurde auch die *Reliquie* als Mittelquelle für große Bauunternehmungen erschlossen. Die theologische Rechtfertigung ihres Einsatzes und auch die Gratifikation ihres Besuches entsprechen denen des Ablasses, doch im Rahmen der Mittelpolitik entfaltet sie sehr eigentümliche Möglichkeiten. Sie heiligt den Ort, an dem sie gefunden bzw. an den sie übertragen wird. Ihre Ortsbezogenheit legitimiert auch ihre örtlichen Hüter und Verwalter. Ist der Ablaß ein Institut, das der bischöflichen Bekräftigung bedurfte, so sind die Verehrungs- und Wirkungsformen der Reliquie von oben her schwer einzuschränken. Sie ist unmittelbar Autoritätsträgerin und verleiht ihrem Inhaber unableitbare Vollmachten. Auch sie erschließt ein universales Spenderpublikum, wenn ihre Wunderkraft glaubhaft gemacht werden kann. Sie zieht ein überregionales Publikum an ihren Bewahrungsort, aber sie kann auch umhergesandt werden und so eine über die regionalen Grenzen hinausgehende Wirksamkeit entfalten, ohne daß es einer Genehmigung der betroffenen Amts- oder Hoheitsträger bedurfte. Als in Evesham der Abt Walter († 1086) sein Amt antrat, hegte er den Plan, »etwas Neues zu beginnen«. Er riß die Kirche, die als eine der schönsten in England galt, nieder, stand aber schon bald mittellos da. Es fehlten ihm nicht nur Steine und Holz, »sondern, was in den menschlichen Nöten am meisten hilft, nämlich Geld«. In dieser Notlage rief der Abt einige seiner Mönche herbei und schickte sie mit den Reliquien des hl. Egwin durch ganz England. Von dieser Reise kehrten sie mit viel Geld für den Bau der Kirche zurück.[77] Die

69

Reliquie überträgt auch örtlichen Instanzen fast oberhoheitliche Abschöpfungsbefugnis.

Ein Bericht über die Aussendung einer Reliquie für Saint-Riquier 1022 bei Bulteau Bd. 1, 59 f. Der Abt Guibert de Nogent (1053-1121) leitete die Reliquienfahrt, die 1112 von Laon aus unternommen wurde, um Geld herbeizuschaffen (ad corrogandas pecunias), und die weit über Frankreichs Grenzen hinaus führte (exinde transmarinas petituri partes), mit der Wendung ein: »secundum illum qualemcumque morem« (M 319 f.). Darin mag sein starker Vorbehalt gegenüber dieser Form der Mittelbeschaffung nachklingen, den er in seinem Traktat *De pignoribus sanctorum* dann offen und schonungslos zum Ausdruck bringt (ebenso wie Abaelard, der diese Kritik auch auf den Ablaß ausdehnt). Für Senlis ist 1155, für Lisieux um 1170 eine solche Reliquienfahrt unternommen worden, vgl. Aubert Bd. 118, 253 f.; Colombier 12 f. – In Deutschland fuhren unter Abt Konrad von Petershausen 1159 einige Mönche aus, »regiones circumeundo cum sanctorum reliquiis et petendo tam divites quam pauperiores subsidium ad instaurationem incendio consumpti monasterii« (LB Nr. 1128). Der Bischof von Durham begann zwischen 1153 und 1195, als er seine Kathedrale vergrößern wollte, »pro elemosinis fidelium colligendis, quosdam praedicatores cum praeelectissima sanctarum reliquiarum portione in diocesi sua circumquaque dirigere« (LBE Nr. 1414). Als König Richard Löwenherz zwischen 1193 und 1195 seine Aufmerksamkeit von der eben begonnenen Marienkirche in Glastonbury abgewandt hatte (studium divertit) und keine Gelder für die Arbeiter mehr vorhanden waren (eo quod non esset qui laborantibus stipendia conferret), schickten die Mönche Prediger »per provincias« mit Reliquien und päpstlichen Ablaßbriefen (LBE Nr. 1883-1884). Der Fall, daß Reliquiengelder auch für einen Brückenbau eingesetzt werden, begegnet uns 1205 in Chalons-sur-Marne, wo der Bischof festlegt, die ihm von Jerusalemfahrern geschenkten Reliquien seien so auszuwerten, daß die Hälfte dem Kirchenbau, die andere Hälfte dem Brückenbau zufließe (MD 200 f.).

Für die mittelspendenden Parteien aber war die Reliquie die konkrete Garantie nicht nur für das Heilversprechen, sondern auch für eine abgehobene Mittelverwertung. Die Reliquie fungierte als Substitut der personal gefaßten Amtsgewalt. Diese neutralisierende Funktion der Reliquie war seit langem in einer Sonderform des Lehenswesens geläufig: Schenkungen an ein Kloster konnten so geschehen, daß jemand sein Land oder gar sich selbst dem Schutzpatron der Kirche darbot. Seit dem 11. Jahrhundert machte man in den Unterschichten zunehmend Gebrauch von dieser Form der Selbsttradition; gegen Zahlung eines regelmäßigen Zinses konnte man sich auf diese Weise vom Frondienst befreien. Man hat in dieser Selbstübergabe in die Zensualität eine erste Stufe im Aufstieg des späteren Bürgertums gesehen, denn ihr liegt »die Auswechslung des realen, willkürlich fordernden Leibherren durch einen fiktiven« zugrunde.[78] Dieser Ablösungsvorgang greift offenbar auch in den Bausektor ein, insofern als mit der Spende an die Heiligenreliquie nicht eine personale Verfügungsposition, sondern eine überpersonale Norminstanz gestützt wird.[79]

Wenn unsere Deutung des Einsatzes von Reliquien im Bauwesen zutrifft, dann wird nicht nur das offenkundige Interesse der Gläubigen an den Reliquien einsichtig, auch gewisse Züge in den Berichten über Reliquienfunde werden verständlicher. Es hat den Anschein, als hätten die Pfarrkinder zuweilen ihre Spenderfreude davon abhängig gemacht, daß ein kirchlicher Bauherr sich durch eine Reliquie sowohl legitimiert als auch neutralisiert. Die Abteikirche Saint-Père in Chartres ist 1151 zunächst »allein von den einzelnen Beiträgen der Gläubigen errichtet worden«. Als jedoch deren Opferbereitschaft »fast ganz erkaltet war«, war es »in Ermangelung von Mitteln kaum noch möglich, einen Steinmetzen oder einen Maurer zu bezahlen«. In dieser kritischen Lage fand der Baumeister die Gebeine des hl. Gilduin und damit »einen verborgenen, kostbaren Schatz«. Die frohe Nachricht verbreitete sich schnell in der ganzen Stadt und veranlaßte das Volk, in Scharen zu der Kirche zu laufen.[80] Der Reliquienfund erscheint als ein Signal, das den potentiellen Mittelspendern anzeigt, daß das Bauvorhaben durch ein übergeordnetes Willensziel legitimiert ist. Nimmt man den Bericht über die Nutzung einer Reliquie in Chartres nach dem Brand von 1194 hinzu, so hat man die wesentlichen Formen, in denen sich das Interesse an Reliquien äußerte, beisammen: Nach dem Brand hätte »das Volk einen Wiederaufbau von Stadt und Kathedrale so lange für unwürdig gehalten«, wie es jenen kostbaren Schatz, den Schrein mit der Tunikareliquie, entbehren mußte. Erst nachdem sich herausgestellt hatte, daß die Reliquie in die Krypta gerettet worden war, und nachdem das Volk auf Geheiß des Klerus zusammengerufen und die unversehrte Reliquie »vom Bischof und seinem Kapitel vorbeigetragen und ringsum vorgezeigt worden war, jubelte das Volk auf«. Es empfindet das Auftauchen der Reliquie als Befreiung, so wie das Auftauchen des Jonas oder des Daniel und die Rettung Noahs, und erkennt jetzt, da auch der Bischof seine Beitragszusage gemacht hat, die Notwendigkeit an, durch eigene Leistungen den Neubau der Kathedrale voranzutreiben.[81] Die Reliquie, nicht die Verfügungsgewalt des Bischofs, bildet die Voraussetzung dafür, daß sich dem Bauvorhaben eine breite Mittelgrundlage erschließt.

Der Hinweis auf die wirtschaftliche Bedeutung der Wallfahrten genügt nicht, um diese Hinwendung zu den Reliquien zu erklären.[82] Wenig aufschlußreich ist es auch, ein spontanes »Schaubedürfnis des gotischen Menschen« hierfür verantwortlich zu machen. Denn für eine naive Hingabe sind die Maßnahmen und Rücksichten, die eine Reliquienerhebung begleiten, zu sorgsam bedacht. Offensichtlich ist, daß die Auswirkung einer Reliquie auf das Sammlungsergebnis oft davon abhängig ist, daß sie den Gläubigen nahegerückt, zugänglich und sichtbar gemacht wird. Einem Bericht aus der Mitte des 12. Jahrhunderts zufolge suchte nach einem Brand in Lorsch im Jahre 1090 der Abt mit einigen Mönchen fieberhaft nach den Gebeinen des hl. Nazarus. Sie taten dies unter bewaffnetem Schutz und unter Ausschluß der Öffentlichkeit, »damit nicht ein Außenstehender als Schiedsrichter dazwischenkäme«. Nachdem die Suche zunächst erfolglos verlaufen war, wurde der Baumeister endlich fündig. Der Abt rief daraufhin den Bischof von Worms herbei, der von einer erhöhten Stelle vor der Kirche die Reliquie allen zeigte. Durch diesen Akt kamen so viele Spenden zusammen, daß die Kirche binnen kurzer Zeit wieder aufgebaut werden konnte.[83] Etwa zur gleichen Zeit wird von einem Reliquienfund in Saint Ives um das Jahr 1000 berichtet. Dieser war einem Handwerker in einer Offenbarung angekündigt worden, worauf der Abt Klerus und Volk zusammenrief, um die Hebung des Schatzes in die Wege zu leiten (LBE Nr. 4030). Die authentische Zeugenschaft und die öffentliche Schaustellung übermitteln dem Inhaber einer Reliquie eine allgemeinere Legitimationsgrundlage. Im Umgang mit den Reliquien wurden auch Verfügungsfähigkeiten und -vollmachten geregelt und bestimmt. Der Bauherr setzt eine Spendenadresse außerhalb seiner Befugnisse. Mit dem Opfer an eine Reliquie werden die Spenden dem willkürlichen Zugriff des Bauherrn entzogen. Vielleicht wußte der Abt Suger, warum er die Zimelien seiner königlichen Abtei Saint-Denis »dem Lärm der Menge« entrückte und lediglich der innigen Andacht von »ehrwürdigen Personen« zugänglich gemacht sehen wollte.[84]

Die Veröffentlichung von Reliquien wird öfter geschildert. Um 1056 sucht der Abt von Saint-Benoit-sur-Loire in der Krypta die Reliquien des hl. Benedikt und »de interioribus cryptae ... ad superiora solemnissime transtulit« (M 9). Zwischen 1104 und 1115 hat der Bischof von Amiens, indem er den »populus« auf den ehrwürdigen Ort hinweist, an dem die Reliquie des hl. Firmin aufbewahrt wurde, und indem er einen »congruum receptaculum« in Aussicht stellt, eine Hilfsbewegung ausgelöst, die am Tage der Translation der Reliquie so viele Menschen zusammenführte, »ut tota Europa confluxisse videri posset«. Nach dem Bericht einer Quelle aus dem 13. Jahrhundert wurde Amiens 1137 bei einem Brand zerstört, doch »clerus et populus vehementer afflicti, dampno temporalium graviter laesi, sapienti sunt usi consilio, videlicet ut beati Firmini corpus infra ambitum suae potestatis, ad restaurationem ecclesiae sue honorifice portaretur ... ibi videlicet in foro vel in ecclesia precioso martiri preciosa munera offerunt ...« (M 322 f.). Von Norwich heißt es vor 1175, der tägliche Andrang sei dort so groß gewesen, daß »communi deliberationis actum est consilio, ut gloriosus Dei martir in ecclesia transferendus ibi cum sepulcro suo reponeretur, ubi populis confluentibus liberior ad eum fieret accessus« (LBE Nr. 3273). In einer Kartause bei Le Mans bewirkt 1254 eine Reliquien-Darstellung, daß das Volk eine starke Hilfsaktivität entfaltet: »Qui brevi tempore sponte fecerunt, quod multi conducticii per longa tempora non fecissent« (MD 258 f.). Bei der Weihe des Klosters der Minderbrüder bei Valenciennes, 1223, hat die Gräfin Johanna von Flandern »solempniter et publice in presencia dominorum episcoporum ibidem assastencium ac tocius populi« den Reliquienschrein in die Kirche bringen lassen (MD 240).

Ablaß und Reliquien vertreten im mittelalterlichen Bauwesen eine fiktive Verfügungsinstanz, einen symbolischen Regelmechanismus, der es den unterschiedlichen gesellschaftlichen Kräften erlaubt, ihre Ansprüche und Zielvorstellungen zu definieren. Sie stellen Medien dar, über die die Repräsentations- und Funktionsziele eines Bauwerks verallgemeinert werden können.

Eine solche Verlagerung der realen Eigeninteressen in einen Symbolbereich ist so lange notwendig und wirksam, wie keine der beteiligten Parteien ihre eigenen Ansprüche und Normen wirklich durchsetzen kann. Die Ausgleichsfunktion jener Medien tritt außer Kraft, wenn eine Partei allein bestimmend wird oder wenn sich eine Verfügungsinstanz herausbildet oder anbietet, die an die Stelle jener fiktiven Instanz treten und deren Regelfunktion übernehmen kann. In diesem Fall können sich die Parteien der neuen Möglichkeit bedienen und eine verbindlichere Interessenswahrung erhoffen. Seit dem 12. Jahrhundert treten Papst und Könige verstärkt als Mittelspender im Bauwesen auf und bedienen sich dabei auch der Abschöpfungsbefugnisse, die Ablaß und Reliquien auf den unteren Ebenen der Hierarchie vermittelt hatten. Mit Hilfe eines intensivierten sakralen Amtsverständnisses bietet sich die geistliche und weltliche Oberhoheit als die reale, institutionelle Verkörperung jener Normen- und Verfügungsvollmachten an, auf die der Ablaß und die Reliquien immer nur verweisen konnten.

Über die *päpstliche* Autorität, die in den entlegenen Königreichen durch Legaten aktiviert wurde, konnte der Verallgemeinerungsanspruch an einen Bau verbindlich gemacht werden. Im 12. Jahrhundert hatten die Päpste begonnen, sich des Ablasses für die Werbung von Teilnehmern an den Kreuzzügen zu bedienen; jedem, der sich aktiv und vollgerüstet, an einem Kreuzzug beteiligte, wurde ein Plenarablaß gewährt. Gegen Ende des Jahrhunderts wurde das Verfahren ›demokratisiert‹:[85] Jeder Laie, der vierzig Prozent seiner Erträge zur Rückgewinnung Jerusalems zur Verfügung stellt, erhielt den Generalablaß. Diese Kreuzzugssteuer – der ›Saladinzehnt‹ – konnte dann jedem Ziel zugeführt werden, das der Papst als Universalziel definierte. Die Lateransynode von 1215 behält die Erteilung des Generalablasses allein dem Papst vor und bestimmt, daß ohne Bewilligung des Papstes keine neue Reliquie der Verehrung ausgesetzt werden dürfe. Wo der Papst dieses Instrumentarium auch Bauunternehmungen zur Verfügung stellte, wurden diese auf die Ebene der Universalziele gehoben, denen grundsätzlich sämtliche Überschußmittel der Christenheit zur Verfügung stehen konnten. Zu Beginn des 12. Jahrhunderts wandte sich der päpstliche Legat in England an alle Gläubigen des Königreiches und berichtete ihnen, er habe Llandaff pflichtgemäß aufgesucht und die dortige Kirche von Armut geschlagen und all ihrer Güter beraubt gefunden. Dennoch habe der Bischof Urban († 1133) begonnen, sie von Grund auf neu aufzubauen; ohne die Hilfe aller Gläubigen werde er sie allerdings nicht vollenden können (LBE Nr. 2470). Zwar gewährt der Legat keinen Ablaß – für Bauten scheint ein solcher päpstlicherseits überhaupt nur selten gewährt worden zu sein[86] – doch vermag er über alle Grenzen und Zwischenzuständigkeiten hinweg alle potentiellen Mittelgeber des Landes anzusprechen. Die päpstlichen Aufrufe und Gratifikationsangebote, die als höchst befugte Umsetzung von Gottes übergeordnetem Willen alle zeitlichen, zufälligen hierarchischen Zwischengewalten ausblenden können, stellen einen Schlüssel dar, der grundsätzlich jedem Amtsträger den Zugang zu einer universalen Mittelquelle gewähren konnte.[87]

Die päpstliche Erschließungsgewalt ist 1184-1185 auch für eine der Nahtstellen des Verkehrs im Königreich Frankreich eingesetzt worden. Eine Bruderschaft in Lyon, die eine Kapelle am Ufer der Rhône unterhielt, hatte sich zur Aufgabe gemacht, eine Brücke über die Rhône zu bauen und auch die Zugangsstraße zu erschließen. Ihr kam ein päpstlicher Aufruf zu Hilfe, in dem alle Bischöfe und Dekane aufgefordert wurden, die Pfarrleute zu ermahnen, für das Werk der Bruderschaft zu spenden; hierfür sei eine Vergebung der Sünden zu gewähren (MD 151 f.). Diese Brücke stürzte 1190 ein, als ein Kreuzzugsheer des französischen und englichen Königs sie überquerte. Zugunsten ihres Wiederaufbaues ergingen Spendenaufrufe des Papstes und des englischen Königs (MD 154 Anm. 1). Hier dringt das kirchliche Abschöpfungssystem tief in die weltlichen Baubelange ein und versucht, noch deren Zielbestimmung in die eigene Verantwortung zu nehmen.

Insofern aber die *weltliche Gewalt* ihrerseits mannigfach in die kirchlichen Belange verwickelt war, konnte sie versuchen, die weltliche Verantwortung für den kirchlichen Baubedarf zu definieren. Ein ausgeprägtes Sakralbewußtsein, das eine papstunabhängige, unmittelbare Gottbegnadung für das königliche Amt in Anspruch nahm, ließ vor allem den französischen König auf die Vollmachten der päpstlichen Legaten sehr empfindlich reagieren; so konnte er durchsetzen, daß die Kreuzzugssteuern der geistlichen Ämter über die königlichen Kassen geleitet wurden.[88] Der König versucht, sich die sakerdotalen Abschöpfungspraktiken zueigen zu machen und sich als eine Stelle zu etablieren, die befugt ist, die Ergebnisse kirchlicher Verallgemeinerungsarbeit für sich nutzbar zu machen. Im Jahre 1155 bedient sich Ludwig VII. auch selbst des Hauptinstruments päpstlich-bischöflicher Mittelbeschaffung: Der Spendenaufruf des Königs zugunsten des Kathedralbaus von Senlis ist so aufgebaut wie die kirchlichen Aufrufe: Er wendet sich an alle Erzbischöfe und Bischöfe der Domäne, sowie an alle Äbte und Priester des Reiches. Es heißt dort, die verfallende Kathedrale solle neu gebaut werden, doch ohne die Spendenbereitschaft der Gläubigen werde man sie niemals zuende bringen können. Deshalb verfüge und bitte er, man möge die Überbringer seines Spendenaufrufs, die mit den Reliquien der Kathedrale umherzögen, ehrenvoll empfangen und dafür sorgen, daß sie Zugang zu den Pfarreien finden und von den Presbytern wohlwollend aufgenommen werden. Der König betont, die Spendenaktion geschehe »zu Ehren Gottes und Mariä, der die Kathedrale gehört« (MD 96). Als der päpstliche Legat 1180 in Senlis beim Neubau von Saint-Frambourg zur Einleitung einer Sammelreise eine Reliquienerhebung vornahm, legte der König Wert darauf, bei der Zeremonie zugegen zu sein (MD 96, Anm. 1). Im gleichen Jahr nimmt in Oxford König Heinrich II. die Translation einer Reliquie selbst vor, während der päpstliche Legat nur ›anwesend‹ ist (LBE Nr. 3378). Solche Vorgänge zeigen, daß die Könige auch ihre Rolle im kirchlichen Bauwesen aus einer sakralen Bestimmung ihres Amtes verstanden wissen wollten; sie suchten die Vollmacht, die durch den Einsatz von Reliquien vermittelt war, auf ihr Amt zu übertragen.[89]

Die Aufteilung weltlicher und geistlicher Vollmachten in den Bistümern während des Investiturstreits beließ dem weltlichen Oberherren mit der Schutzpflicht gegenüber der Kirche auch eine Verantwortung für deren Baubedürfnisse. Thomas Becket, der sich kompromißlos einer Erweiterung königlicher Rechte in den kirchlichen Raum hinein widersetzte, hat gleichwohl als päpstlicher Legat 1166 eine Bauzuständigkeit des Königs anerkannt: »Einem guten und frommen König geziemt es, heruntergekommene und zerstörte Kirchen wiederherzustellen oder neue zu bauen, die Diener Gottes zu ehren und in höchster Ehrfurcht zu schützen, ganz so wie es der fromme Kaiser Konstantin getan hat« (LBE Nr. 5704).

Es ist bekannt, in welchem Ausmaß die französischen und englischen Könige sich bei den Kathedralbauten engagierten.[90] Seit dem 12. Jahrhundert erscheinen in der Buchmalerei Szenen, die im historischen Rückgriff Könige oder Fürsten den Befehl zur Errichtung einer Kirche erteilen lassen.[91] Diese Fundatorenbildnisse reklamieren die Gründerrechte an den Kirchen und Abteien. Noch deutlicher ist zu verfolgen, daß in den Schriftquellen eine intensive Erinnerungsarbeit einsetzt, die die Entstehungs- und Baugeschichten großer Kirchen an königliche Willensakte knüpft. Die meisten Nachrichten über ein aktives Interesse nachkarolingischer Könige am kirchlichen Bauwesen stammen aus dem 12. Jahrhundert und stellen Zweckkonstruktionen dar, die im Rückblick eine Zuständigkeit reklamieren, die in der Gegenwart neu zu begründen war. Sie schildern gelegentlich, wie ein Herrscher mit großem Nachdruck seinen Bauwillen durchsetzt und dazu materielle und personelle Mittel einsetzt, die ihm erst im 12. Jahrhundert verfügbar wurden. Die Schilderung eines rigorosen Eingriffs Kaisers Heinrichs IV. in den Dombau zu Speyer ist aus diesem Rückholbedürfnis ebenso hervorgegangen wie der gleichermaßen berühmte Bericht von der Erbauung der Battle Abbey, die Wilhelm der Eroberer ganz persönlich angeleitet haben soll. War bis zum Investiturstreit der königliche Bauwille durch den bischöflichen vertreten, so tritt jetzt jener oberherrliche Bauwille unmittelbar als Träger eines weltlichen Gesamtwillens hervor, von dem aus die Bauziele verbindlich gesetzt werden. (vgl. Abb. 7)

Zu Speyer und Heinrich IV. s. u. S. 116. Besonders deutlich läßt sich dieses Phänomen für England beobachten, wo im 12. Jahrhundert das Königtum zeitweise schwer angeschlagen war, so daß die Erinnerung an die Bausouveränität normannischer Könige ein Postulat wurde, dem dann eigentlich erst Heinrich II. wieder gerecht werden konnte. Für Croyland schildert der Abt Ingulf († 1109) die Situation, in der König Edred († 955) folgendermaßen vorgegangen sei: »Rex autem suscipiens omnia in manus suas, in crastino carpentarios et caementarios conducens, deque propria familia quendam clericum, nomine Egelricum ... operariis et universo loco praeficiens, expensas de fisco assumendas, ligna et lapides de proximis sylvis et lapidicinis ... in omnia copia assignavit ...« (LBE Nr. 1149). Eine Stimme von 1138 preist auch Eduard den Bekenner und dessen »munificencia«, die er an der Westminster-Abtei gezeigt habe: Der König, »qui in rebus temporalibus modum non excesserat, in regalibus donativis mensuram non servat« (LBE Nr. 2505). Hariulf († 1143) beschreibt die Unterstützung von St. Riquier durch Karl den Großen, die auch von Zeitgenossen bezeugt wird (Schl. 1892, Nr. 782): »ex suis ... thesauris ... tam immensum ei delegavit pecuniam, ut ad omne opus necessarium, mercede abundante ante deficeret, quis operaretur, et quod operaretur, quam unde operarius remuneraretur« (Schl. 1892, Nr. 783). Für Wilhelm den Eroberer lag der ausführliche Bericht des Guillaume de Poitiers etwa von 1073 vor, der eingeleitet wird mit dem Satz: »Nullius unquam regis aut imperatoris largitatem in oblationibus majorem comperimus« (Lib. II, cap. 40, S. 256 ff.). Daraus ist dann 1176 die berühmte Gründungsgeschichte der Battle Abbey nach der Schlacht von Hastings 1061 entwickelt worden: Wilhelm ließ Mönche aus Marmoutier herüberkommen, die eine Abteikirche genau an der Stelle errichten sollten, an der ihm die Standarte überreicht worden war. Nach einer Besichtigung des Geländes hielten die Mönche dieses »ad tam insignem fabricam minus idoneum«. Sie hatten bereits die Hütten der Bauarbeiter an einen, ihrer Meinung nach, günstigeren Bauplatz verlegt, als der König dies bemerkte und befahl, schnellstens an den ursprünglich vorgesehenen Standort zurückzukehren. Obwohl die Mönche ihm nochmals die Schwierigkeiten schilderten, beharrte der König auf seinem Plan, indem er »de thesauro suo ad omnia sufficientiam proponens sumptuum« und auch Schiffe zum Transport von Steinen aus Caen zur Verfügung stellte (LBE Nr. 242, 248-250; s. u. S. 95 f.). Aus der 2. Hälfte des 12. Jahrhunderts etwa auch die Deutung, Kaiser Heinrich III. habe in Goslar die »maiorem ecclesiam« gegründet und mit Reliquien ausgestattet, so daß »suam egregie per hoc extulerat memoriam« (LB Nr. 462).

Als im Gefolge des Investiturstreits die weltliche Gewalt sich eine eigene, kirchenunabhängige Grundlage zu erarbeiten hat[92], gewinnt die Verantwortung für öffentliche Baubedürfnisse offensichtlich an Gewicht. Das Königtum muß sich von seinen bisherigen Organen, den Bischöfen, freimachen und eine königliche Baupolitik in der eigenen Verfügungssphäre realisieren.[93] Als die Königin Eleonora von England sich 1193 an alle Christen wandte und zur Befreiung ihres Sohnes aus der kaiserlichen Gefangenschaft um Hilfe für die Befestigung von Canterbury bat, stellte sie fest, daß die Klöster und Kapitel bereits begonnen hätten, die Festung zu errichten, doch täten sie dies »nicht aufgrund von Rechten und Pflichten, sondern allein aufgrund ihrer dringenden Bitten«.[94] Die kirchliche Unabhängigkeit bleibt unangetastet, doch ein königlicher Appell vermag die kirchlichen Mittel für einen politischen Zweck zu mobilisieren. Seit 1179 gab es konziliare Beschlüsse, wonach eine Besteuerung von Klerikern in Fällen allgemeiner Not und zu allgemeinen Zwecken erlaubt sein solle.[95] Von spezifisch geistlichen Bauzielen spalten sich spezifisch weltliche ab. Da diese sich aus jenen entwickeln, bilden sie auch analoge Verallgemeinerungsargumente aus. Sie verarbeiten die Kriterien, nach denen das sakrale Bauziel neu bestimmt worden war, auch wenn sie neue begriffliche Traditionen heranziehen und andersartige Bauaufgaben definieren.

2. Das temporale Allgemeinziel: ›Publica utilitas‹

Einem Bericht über die Förderung des städtischen Befestigungswesens durch König Philippe-Auguste († 1223) wird um 1220 folgende Überlegung angefügt: »Denn nach geltendem Recht durfte der König für das allgemeine Wohl des Königreiches auf fremdem Boden Mauern errichten und Festungen niederreißen. Dennoch zog er dem Recht die Billigkeit vor und entgolt aus der eigenen Kasse alle Schäden, die durch seine Bautätigkeit Einzelnen entstanden waren.«[96] Hiernach hatte der König grundsätzlich das Recht, im Rahmen des öffentlichen Wohls partikulare Rechte zu übergehen. In der Praxis ließen ihn dann Gründe der ausgleichenden Billigkeit darauf verzichten, dieses Recht entschädigungslos durchzusetzen: Seine Einnahmen wurden auch dazu genutzt, den Einzelnen für die Opfer zu entschädigen, die das öffentliche Wohl ihm zumuten mußte. In diesen Überlegungen setzte die königliche Verfügungsvollmacht gegen lokale Beschränkungen und mit Hilfe der bei ihr konzentrierten Finanzmittel allmählich ein Prinzip durch, das mit der Rezeption des römischen Rechts reaktiviert worden war: daß nämlich »der öffentliche Nutzen dem privaten vorauszugehen habe«.[97]

Auch Peter von Blois († 1212) rechtfertigt die Konzentration von Macht und Mitteln bei König Heinrich II. († 1189) unter anderem damit, daß er ihn als »großen Bauherren« schildert, der dem Volk den Frieden lieber mit Geld als mit dem Schwert sichert: »Dem Frieden des Volkes dient jener unermeßliche Reichtum, den er verschenkt und aufbewahrt, den er sammelt und austeilt. Man findet niemanden, der zugleich angemessener und großartiger Schutzmauern, Verteidigungs- und Festungswerke, Gehege für Wild und Fische oder Paläste anzulegen vermöchte.«[98] In England war zu Beginn des 12. Jahrhunderts eine zentrale königliche Finanzbehörde geschaffen worden, und mit Hilfe jener öffentlichen Geldeinnehmer, die an einem rechteckigen Tisch saßen (LBE Nr. 2600), wurden die Mittel zentral verwaltet. Bei Peter von Blois erscheint das Königsamt als Umschlagstelle allgemeiner Bedürfnisse. Die Gelder sollen dort nicht gehortet, sondern gemeinnützigen Zwecken zugeführt werden. Für König Heinrich III. († 1271) malt der Meister Odo 1234 im Westminsterpalast ein Wandgemälde mit dem doppeldeutigen Titel: »Wer nicht gibt, was er hat, der bekommt nicht, was er will.« Unter Heinrich III. flossen jährlich durchschnittlich 3000 Pfund, das war ein Zehntel des Gesamthaushaltes, allein den Bauprojekten zu.[99]

Das ›Öffentliche Wohl‹ ist eine der neu belebten (römischen) Kategorien, die als argumentativer Kern die herrschaftliche Baupolitik zu tragen haben. Hiermit wird die gleichmäßige Besteuerung der Untertanen begründet, und die Bauausgaben sind eine Form, in der die universale Abschöpfung wieder an die Allgemeinheit zurückfließt.[100] Wie im kirchlichen Bereich der Wille Gottes, so ist im weltlichen Bereich der Begriff des Gemeinwohls die Quelle einer Vollmacht, die eine universale Abschöpfung sowohl begründet als auch begrenzt.

In der praktischen Baupolitik stieß dieser Anspruch auf den Widerstand der verselbständigten Zwischengewalten, der von ›oben‹ immer als ›private‹ Einschränkung einer Gesamtvertretung erscheint. Der Kampf gegen diese Hemmnisse war eine ebenso wichtige Bauaufgabe wie die Errichtung neuer baulicher Repräsentationsträger. Die Handlungsvollmacht aus dem ›Gemeinwohl‹ war nicht selbstverständlich dem König vorbehalten, sondern konnte je nach Machtmitteln aus jeder Position innerhalb der Gesellschaftspyramide beansprucht werden. Darüber entschied nicht zuletzt die Bereitschaft der Untertanen, die jeweils nächste Verfügungsinstanz als Verkörperung des öffentlichen Wohls anzuerkennen. Aus der Sicht der obersten Spitze der Gesellschaftspyramide war der Konzentrationsprozeß auf einer niederen Ebene, auf der sich lokale, regionale oder territoriale Hoheitsträger als vollbefugte Instanzen zu etablieren suchten, eine usurpatorische Aneignung oberherrlicher Vollmachten. Burgen, befestigte Kirchen und Abteien waren die baulichen Erscheinungsformen jener autonomisierten Partikulargewalten, die ein königliches Territorium aufsplittern konnten. Die königliche *Burgenpolitik* greift die Symbole solcher Verselbständigungstendenzen an; ihr Erfolg entscheidet mit darüber, ob der König seinen Anspruch durchsetzen kann, Hauptorgan des ›Gemeinen Wohls‹ zu sein.

Eine überregional angelegte königliche Burgenpolitik war zunächst durch externe Gefahren in Gang gebracht worden. Alfred der Große († 899) hatte in England gegen die dänischen Invasionen ein Burgensystem aufgebaut, das sich König Heinrich I. († 936) später dann wohl zum Vorbild nahm, als er in seinem Stammland Sachsen gegen die Slaven – wie Balduin II. († 918) in Flandern gegen die Normannen – eine Burgenkette errichten ließ.[101] Hier handelt es sich, wie auch bei vielen Adelsburgen und bischöflichen Stadtmauern, um außenbezogene Verteidigungsmaßnahmen gegenüber fremden Völkerscharen. Seit dem 11. Jahrhundert jedoch entfalten die Burgen ihre

Ziele auch *nach innen*: Sie dienen der Herrschaftssicherung gegenüber den eigenen Vasallen. Um 1100 werden sie so erklärt, daß ihre Inhaber »auf diese Weise vor Feinden sicherer sind, mit größerer Macht ihresgleichen besiegen oder Schwächere unterdrücken können« (LBE Nr. 416); sie werden angelegt, um »Rebellen oder Treulose zur Ruhe zu zwingen«.[102]

Die Auflösung der partikularen Hoheitsgebiete, die zentripetale Zusammenfassung der Verfügungsgewalt war eine allgemeine Tendenz, und es hing von den jeweils besonderen Konstellationen ab, auf welcher Stufe dieser Vorgang zum Stillstand kam.

War noch im Jahre 864 ein Edikt Karls des Kahlen, das die Zerstörung aller Adelsburgen verlangte, folgenlos geblieben[103], so war entsprechenden Bestrebungen seit dem 11. Jahrhundert größere Wirksamkeit beschieden. Die Normannenherzöge, deren Gesta der Schleifung von Burgen breiten Raum geben, ließen 1080 auf dem Konzil in Lillebonne beschließen, niemand dürfe Wälle über eine bestimmte Stärke hinaus aufwerfen, Festungen auf Inseln oder Felshöhen errichten, und überhaupt solle es in der Normandie niemandem erlaubt sein, ein Kastell zu bauen.[104] Bei einer Beratung mit dem Bischof von Bayeux über die Angelegenheiten der Provinz erfährt der Herzog der Normandie 1088, die zahlreichen Grafengeschlechter hätten »übermütigerweise gewaltige Kastelle« errichtet (M 274). Ludwig VII. in Frankreich und Heinrich I. in England, wo es grundsätzlich keine ›Privatburgen‹ gab, haben entsprechende Maßnahmen gegen ihre Vasallen, die als »Unterdrücker der Armen« hingestellt werden können, getroffen.[105] Schließlich entzog auch die Kirche auf dem ersten Laterankonzil von 1123 den weltlichen Herren eine vielgenutzte Möglichkeit durch das Verbot, »Kirchen durch Laien befestigen zu lassen und in die Dienstbarkeit von Laien zu bringen«.[106]

Die Burgen haben ein Doppelgesicht. In der Hand eines lokalen Machtträgers sichern sie gestraffte Verfügungsverhältnisse nach innen; nach außen jedoch widerstehen sie einer großherrschaftlichen Erschließung des Territoriums. Die adligen Burgen, die nun nicht mehr als öffentliche Fluchtburgen dienen, sondern neben der Wehrfunktion auch eine Wohnfunktion übernehmen, sind in Richtung auf die Untertanen, als Zwingburgen, herrschaftsintensiv, in Richtung auf Nachbarherrschaften oder oberhoheitliche Gewalten, als Vertei-

digungsburgen, herrschaftshemmend. Der König sieht in jedem Burgherren einen seinem Amt zugeordneten Vertreter. Wo die Burgen sich
dem zentralen Zugriff entziehen, sind sie aus königlicher Sicht ›privat‹
geworden – so in der Hand zahlreicher gräflicher, bischöflicher oder
vogtlicher Amtsträger. Um die Burgen einem weiträumigen Verfügungsanspruch offen zu halten, kann der König sie mit abhängigen,
niederbürtigen Getreuen, mit Ministerialen, Kastellanen oder Vizegrafen, besetzen. Die Burgenreihe, die Heinrich IV. in Sachsen nach
einem Plan des Ministerialen Benno anlegen ließ, war mit Hilfe des
Burgwerkes der Umwohner erstellt worden, weil man sie für Schutz-
burgen gegen die Slaven ausgegeben hatte. Als sich herausstellte, daß
es sich um Zwingburgen handelte und der König sie mit niederbürtigen Leuten besetzte, die der königlichen Verwaltung und Herrschaft
zu größerer Effizienz verhelfen sollten, kam es zu einem Aufstand der
Landnutzer und des Adels. In den Friedensverhandlungen von Ger-
stungen im Jahr 1074 machten diese die Schleifung der Königsburgen
zum Hauptverhandlungspunkt.[107] Besonders konsequent setzten die
Normannen in England und Süditalien die Doppelstrategie von Burgenbau und Burgenschleifung für eine flächenhafte Erfassung der eroberten Gebiete ein; in Deutschland werden die Staufer die Syste-
matiker der Burgenherrschaft sein.[108]

Der Graf Foulque Nerra von Anjou († 1040), der im übrigen energische Schritte
zu einer strafferen Erfassung des Landes getan hatte (vgl. Guillot Bd. 1, 398 ff.),
mußte doch 1030, als er auf dem Mont-Glonne eine Festung bauen wollte, dem
Widerstand der Mönche nachgeben: »Quod excidium monachi (von St. Florent)
cum habitatoribus reverentes, multis precibus ne castellum ibi fieret comitibus per-
suaserunt.« Stattdessen baut er einen Friedhof festungsmäßig aus (M 20 f.). Zwischen 1096 und 1113 bestimmt der Graf von Bigorre: »Nemo militum terre castellum sibi audeat facere sine amore comitis . . . vel consilio« (M 291). Eine ausführliche Schilderung der Zerstörung von Vasallenburgen durch König Ludwig VI.
(† 1137) von Frankreich in M 335 ff. Hatte der Herzog von Aquitanien zwischen
1086 und 1126 das Castrum in Blaye zerstören können, so sieht sich sein Sohn zwischen 1126 und 1137 der Tatsache gegenüber, daß der Graf von Angoulême, »congregato magno exercitu et propriis expensis, contra voluntatem praedicti ducis et
universae fortitudinis illius reaedificavit«; es gelingt ihm, sie zu halten (M 373 f.).
In Wewelsburg hatte der Graf von Arnsberg eine Burg, die zur Zeit der Hunnen-
einfälle gebaut worden war, wieder ausgebaut; als er jedoch 1124 starb, »in mo-
mento ab agricolis, qui eo cogente id construxerant, dirutum est« (LB Nr. 1526).
Um 1139 hat in der Grafschaft Guines ein »predives . . . tantum in suis confidebat

viribus et amicis«, daß er sich eine Burg errichtete, die dann der Graf »propter temeritatis contumaciam et rebellionis presumptionem« niederlegen ließ (MD 51 ff.). Ein Vasall des Bischofs von Maguelone hat um 1140 in dessen Namen einen »vallum ad muniendam villam suam« errichtet, der es ihm ermöglichte, dem Bischof die Abgaben zu verweigern (MD 53). Zwischen 1115 und 1147 hat ein Hugo Mansellus »in terra sancti Germani (von Auxerre) apud Annaium castrum aedificavit. Qui idem abbas pluries authoritate apostolica moneri fecit, ut dictum castrum destrueret« (MD 75). Zwischen 1127 und 1164 hat der Bischof von Konstanz »munitionem suam Castellum dictam timore Roudolfi comitis de Brigantia destruxit, quam predecessor eius . . . multo labore et sumptu construxerat« (LB Nr. 1109). Wie König Stephan die bischöfliche Burg von Winchester 1141 belagert, bei LBE Nr. 4756; wie dem Grafen von Anjou 1151 bei einer schwierigen Burgbelagerung die Ratschläge aus dem Militärbuch des Vegetius Renatus nützlich werden, bei MD 81 ff., vgl. auch Bloch 159. Heinrich II. von England nimmt als Herzog der Normandie 1161 die »munitiones« des Grafen von Meulan »et aliorum baronum suorum« in seinen Besitz und vertraut sie seinem »fidelibus« an (MD 104). In Aachen 1163 von Kaiser Friedrich Barbarossa »domus militum destructe sunt« (LB Nr. 12). Das Herzogsprivileg des gleichen Kaisers zugunsten des Bistums Würzburg bestimmt auch: »Aliud quoque castrum Frankenberg dictum, quod adiacenti abbatie Amerbach destructionem minabatur et per subreptionem inimicorum ecclesie Wirzeburgensi poterat inferre periculum, similiter destruximus et montem nullo tempore reedificandum ecclesie recognovimus« (Kroeschell Bd. 1, 163). 1178 legt der Herzog von Burgund den Kanonikern von St. Nazaire strikte Baubeschränkungen auf: u. a. an der Kirche »possunt omnia facere, preter turrim et firmitatem talem que, non ad formam ecclesie, sed ad usum propugnandi pertineat evidenter« (MD 133). 1188 hat der Graf von Flandern in Floreffe die wohl befestigte Kirche und das anliegende Kloster niedergebrannt; er hat dann »servientes in turribus fortissimi monasterii de Floreffia« eingesetzt und schließlich 1189/1190, »ne quis ulterius in eis receptaculum haberet«, niederlegen lassen (LB Nr. 1724-1726). Die ausgreifende Festungsbaukunst des Richard Löwenherz in der Normandie beschreibt Wilhelm der Bretone († 1220) ebenso wie die entsprechenden Zerstörungen des Königs Philippe-Auguste (MD 172 ff., 174 f.). 1216 setzt der englische König in Malmesbury in das dortige »castrum« Mönche mit der Auflage, daß »castrum praedictum diruant«, und daß »ibidem nullum imposterum per ipsos fiat fortelicium« (LBE Nr. 3042). 1223 genehmigt der Graf der Champagne einem Untertanen einen Festungsbau, stellt aber fest, daß es »consuetudo« in der Champagne sei, daß »omnes fortericie debent teneri de comite Campaniae, quocumque modo fiant in supradicto comitatu« (MD 233). Daß die Zerstörung umliegender feudaler Burgen ein Leitmotiv italienischer Stadtpolitik seit dem 12. Jahrhundert ist, wird von Davidsohn Bd. 1, 361 ff., 486 ff. ausführlich dargestellt.

Die zweifache Möglichkeit, daß eine Festung Stützpunkt für und gegen übergreifende Machtansprüche sein konnte, bestimmt auch das Verhältnis der weltlichen Oberherren zu den *Stadtmauern*.

Bis zum 10. Jahrhundert waren die Mauern der römischen Civitates zum Schutz gegen fremde Völkereinfälle erneuert worden. In den meisten Fällen handelte es sich dabei nur um die bischöflichen Immunitätsmauern, die dann später im erweiterten Stadtverband die Qualität einer herrschaftlichen Burg gewinnen konnten. Demgegenüber umfassen die Mauerprivilegien, die der Kaiser um 1080 den Civitates Worms, Basel und Speyer verlieh, sowohl Burg wie Markt.[109] Das Privileg Heinrichs IV. von 1081 für Pisa, wonach niemand die Stadtmauer zerstören durfte, und das für Lucca aus dem gleichen Jahr, wonach innerhalb der Stadtmauer kein königlicher Amtspalast und im Umkreis von sechs Meilen keine Burg errichtet werden sollte, waren beide gegen den Feudaladel und gegen die tuszischen Markgrafen gerichtet. Gegen ihren erzbischöflichen Stadtherren setzen sich die Kölner 1074 faktisch in den Besitz der Stadtmauer und erhielten 1106 vom König das Befestigungsrecht; wie bereits 1157 die Genueser (LB Nr. 2204), haben dann 1188 auch die Kölner »mit höchstem Eifer und Aufwand« eine neue Anlage erbaut.[110] Die Könige haben Stadtmauern schleifen lassen, wo die Kommunen sich ihrem Willen widersetzten: so 1162 in Mailand und 1163 in Mainz. 1157 hatten die Pisaner ihre Befestigungen ›aus Furcht‹ vor Friedrich Barbarossa ausgebaut (LB Nr. 2356). Doch in der Pfalzstadt Aachen schwören 1172 die Bürger »vom Kaiser ermahnt, binnen vier Jahren die Stadt mit einer Mauer und einer Befestigungsanlage zu versehen« (LB Nr. 14; vgl. LB Nr. 378). Den Bau der Stadtmauer von Paris, das durch die ständige Niederlassung der Hofbehörden den Charakter einer Hauptstadt annahm, ließ Philippe-Auguste 1190 von sieben Schöffen leiten (MD 150, Anm. 4), und im Jahre 1212 erging an den Bailli von Laon die Anweisung, die dortige Stadtmauer für tausend Pfund zu erweitern, »von welcher Summe die Bürger dreihundert, der König siebenhundert Pfund bezahlen« (MD 215). Durch solche Initiativen, so vermerkt ein Chronist, wurden die Bürger anderer Städte angeregt, »ebenfalls auf eigene Kosten und aus freien Stücken ihre Städte zu befestigen« (MD 150, Anm. 4). Dagegen heißt es 1161 von einem Grafen von Albon, daß er den Bau »von Befestigungen zur Umschließung der Stadt zu verbieten pflegte« (MD 103 f.). Die Kooperation mit den Stadtbürgern gibt auch dem König Gelegenheit, den Stadtherren zu neutralisieren. Sie verdrängt die überlieferte Zuständigkeit etwa des Bischofs, der einst als Stadtherr und königlicher Beamter auch für die Stadtmauer verantwortlich gewesen war. (vgl. Abb. 7)

Ludwig I. überließ zwischen 817 und 825 dem Erzbischof von Reims für den Kathedralbau »murum omnem cum portis ipsius civitatis et omnem opream cum cunctis impendiis«; die Mauer wird dann jedoch »ob infestationem paganorum« wieder aufgebaut (Schl. 1892, Nr. 765, 768, 778, 779). In Langres war 887 dem Bischof von Kaiser Karl III. das Recht an der Stadtmauer übertragen worden, nachdem der Graf versagt hatte (Boehm 182). Zum Mauerbau Bischof Notgers in Lüttich vgl. Lehmann-Brockhaus 1935, Nr. 23. Um 1020 übernehmen mehrere Bischöfe die Aufgabe, eine Stadtmauer zu bauen: In Paderborn (LB Nr. 1040), in Verdun (LB Nr. 2052 ff.), in Magdeburg (LB Nr. 831). Erzbischof Hermann hat um 1032 in Bremen einen »murum civitatis« begonnen, den dann freilich Erzbischof Adalbert als »minus necessarium destrui fecit, iussitque lapides in templo poni« (LB Nr. 232). 1090 hat der Erzbischof von Cambrai »civibus auxiliantibus« das »opus optimum civibus et rusticis valde necessarium«, die Stadtmauer, gebaut, – jedoch nicht, ohne zugleich sein Kastell auszubauen (LB Nr. 1674, M 67 ff., vgl. auch Ennen 97). Erfurt erhält 1066 einen »muro lapideo«, er wird 1164 durch den Landgrafen Ludwig zerstört, fünf Jahre später jedoch vom Mainzer Erzbischof »permissu imperatoris« wiederaufgebaut (LB Nr. 365, 378). Zwischen 1135 und 1140 schlichtet in Oxford der König in einer Auseinandersetzung zwischen Kloster und Bürgerschaft bezüglich des Nutzungsrechtes an der Stadtmauer (LBE Nr. 3373). In Lyon kam es 1208 durch Vermittlung des Herzogs von Burgund sowie der Bischöfe von Langres und Mâcon zu einem Abkommen zwischen dem Erzbischof und dem Kapitel einerseits und den »cives Lugdunenses« andererseits. Es sah vor, daß der Burgunderherzog für etwa ein halbes Jahr die Aufsicht über die Befestigungen und die Schlüssel des Stadtteils jenseits der Saône innehaben sollte, und zwar im Namen des Erzbischofs, dem er eidlich versichert, sie fristgerecht wieder zurückzugeben. Der Herzog soll auch dafür Sorge tragen, daß der Brückenturm von St. Marcel weder in die Gewalt der Bürger, noch ohne Zustimmung der Bürger in die Gewalt des Erzbischofs oder des Kapitels gelangt (nisi de voluntate civium et assensu). Die Mauern bei St. Marcel sollen die Bürger in der bisherigen Form wiederherstellen können; doch neue Befestigungen sollen sie ohne Zustimmung des Erzbischofs und des Kapitels nicht errichten dürfen (MD 209 f.). Kurz danach, seit Ludwig IX., leiten die französischen Könige durch »wiederholte Interventionen bei Händeln zwischen Kapitel und Stadt« die 1308 endgültig vollzogene Einnahme von Lyon ein (Boehm 156). Im 13. Jahrhundert haben die Städte weitgehende Befestigungshoheit. Avignon regelt 1249 durch seine Statuten die Angelegenheiten der Mauer offensichtlich autonom (MD 268). Heinrich III. befiehlt 1257, die Londoner Stadtmauer solle »ex communi civitatis collecta« repariert werden. Doch im Jahr darauf führen die »Londonienses cives mediocres, populares et plebei« heftig öffentliche Klage darüber, daß die vom König ehrenamtlich eingesetzten Bürger – die »divites ad colligendum assignati pecuniam ad reaedificanda moenia civitatis« – das Geld veruntreut und sich selbst angeeignet haben (LBE Nr. 2785, 2786). Damit deutet sich in London ein Konflikt an, der die

Koalition zwischen König und Bürgerpatriziat zusehends belastet, der jedoch zeitlich nicht mehr in den Rahmen dieser Arbeit fällt.

Dem Beziehungsfeld zwischen Hof und Land tritt immer deutlicher das zwischen Hof und Stadt zur Seite. In der königlichen Herrschaftssymbolik taucht die Stadtmauer als neues Zeichen auf.[111] Die königliche Baupolitik im Sinne einer ›publica utilitas‹ nimmt stadtorientierte Züge auf. Neben die festungsstrategische tritt die juristische Absicherung des Warenverkehrs durch Fernmarkt-, Stadt- und Handelsprivilegien. Auch die Stadtneugründungen stehen im Dienste dieser Erschließungspolitik.[112] Eine fiskalische Baupolitik stellt dem Handel *Nutzbauten* zur Verfügung, die, in Verbindung mit einem ausgebauten Friedens- und Geleitrecht, die entsprechenden Ansätze in kleineren Herrschaften einem überlokalen Verkehrszusammenhang zuführen. 1165 ließ Friedrich Barbarossa, gegen die Kölner Sonderinteressen und zugunsten des flandrischen Handels, am Niederrhein Damm- und Wehranlagen beseitigen, damit der Fluß eine »Königsstraße ohne irgendein Hindernis« werde und damit »für das Wohl des ganzen Landes gesorgt und den Nöten der Armen fürsorglich geholfen werde«.[113] Ein berühmtes Beispiel nicht nur für eine fiskalische Baupolitik, sondern auch für eine Kooperation zwischen König und Bürgern bietet 1183 Philippe-Auguste in Paris, wo er die Errichtung zweier Hallen anordnet, in denen die Kaufleute ihre Waren feilbieten und des Nachts sicher aufbewahren können. Die Bau- und Erhaltungskosten, aber auch die Mieten, teilen sich der König und die Bürger.[114]

Diese Belebung der königlichen Funktion und die Ausweitung seiner Amtssphäre im Sinne einer allseitigen Billigkeit und Fürsorge läßt sich am Wandel der Funktionsbestimmung des *Königspalastes* verfolgen. Immer deutlicher wird er als eine Art von Gegenbild zur feudalen Burg herausgestellt.

Schon um 1046 ist die Frage, ob der Königspalast ein öffentliches oder ein privates Gebäude sei, vom kaiserlichen Kaplan Wipo in einem vielbesprochenen Bericht über die Zerstörung der kaiserlichen Pfalz zu Pavia exemplarisch behandelt worden. Die Paveser hatten nach dem Tod Kaiser Heinrichs II. im Jahre 1024 die Pfalz im kaiserlichen Verwaltungszentrum für Italien vernichtet, »damit in Zukunft kein

König mehr in jener Stadt einen Palast errichten lasse«. Der soeben gekrönte Salier Konrad II. macht – nach Wipo – den reuevoll vor ihn tretenden pavesischen Abgesandten klar, der Angriff auf die königliche Pfalz sei eigentlich auch ein Angriff auf die Paveser selbst, denn die Königspfalz sei »kein privates, sondern ein öffentliches Gebäude«. Dieser Bescheid nimmt für die königliche Pfalz das Kriterium eines öffentlichen Baues in Anspruch, in dem sich nicht eine partikulare Herrschermacht verschanzt, sondern ein allgemeines Interesse wahrgenommen wird.[115]

Die Pfalzen waren nie davor geschützt, ebenfalls wie Zwingbezirke partikularer Macht angesehen zu werden. Sie waren zumeist wie Burgen befestigt und wurden oft genug zerstört. Doch die Vernichtung der Pfalz zu Nimwegen im Jahre 1047 wird dreißig Jahre später unter die Schäden gerechnet, die der Herzog von Lothringen dem Gemeinwesen (res publicae) zugefügt habe (LB Nr. 994). Von der Aaachener Pfalz spricht man um 1050 als von dem ›Sitz des Reiches‹ (Schl. 1896, 150). Die Pfalzen von Ingelheim, Nimwegen, Kaiserslautern, Monza oder Lodi konnten als Ausfluß von Barbarossas »Seelengröße und Großherzigkeit« wohl nur deshalb erscheinen- weil der repräsentative Anspruch nicht an die Person gebunden blieb, sondern von dieser an die Bauten des Gemeinwesens weitergegeben wurde (LB Nr. 666). In den Roncalischen Gesetzen von 1158 ließ Barbarossa die Bologneser Juristen formulieren, der Kaiser sei berechtigt, an jedem Ort des Landes Pfalzen und Paläste zu errichten.[116] Damit ist eine Omnipräsenz der kaiserlichen Hoheit beansprucht, in der zugleich alle partikularen Sonderrechte aufgehoben erscheinen.

Der als öffentlicher Bau definierte Herrschaftspalast darf es jedoch nicht bei der Repräsentation belassen; er muß zur Außenwelt hin transparent werden. Eine weiter vorandringende Chronistik versucht bald das Innenleben der Paläste zu erfassen und diese als *durchsichtige* Komplexe zu beschreiben. Das aussagekräftigste Beispiel liefert Rigord († 1208) in seinen Gesta des Königs Philippe-Auguste († 1223), dessen Leibarzt er war. Bei einem Aufenthalt in Paris, so berichtet Rigord, durchschritt der König, die Regierungsgeschäfte bedenkend, den Königssaal, von dem aus er »zu seiner Erquickung« auf die Seine zu blicken pflegte. Doch statt des erholsamen Anblicks entdeckte er, daß auf den Straßen die Pferdekarren in unerträglicher

Weise den Schmutz aufwarfen. Sogleich sinnt er auf Abhilfe. Er läßt Bürger zu sich kommen und befiehlt, sämtliche Straßen von Paris mit festen und harten Steinen zu pflastern.[117] In dieser Schilderung erscheint der Palast des Königs als durchfenstertes, offenes Gebäude, von dem aus der Herrscher Einblicke in die Alltagsbedürfnisse seiner Untertanen gewinnt und in ·dem öffentliche Bedürfnisse und herrschaftliches Bedenken einander begegnen. Der Ausblick, der bisher der Erholung diente, verwandelt sich zu einem besorgten Einblick in die städtischen Verhältnisse. Seit dem 12. Jahrhundert erscheint der Herrschaftsträger nicht selten in der Position dessen, der von seinem Palast aus – oft von einer Loggia herab[118] – Einblick in die Nöte seiner Umwelt gewinnt.

Als Parallelstelle bietet sich eine Szene an, die in der 2. Hälfte des 12. Jahrhunderts in der Vita des Bischofs Meinwerc von Paderborn geschildert wird: »In der Adventszeit des Herren, da die Meier die Schweine abliefern, stand einstmals Meinwerc auf der Laube seines Hauses (stans in lobio domus episcopalis) und sah eine Frau mit ihrem einzigen Sohne bitterlich weinend hinter einem Schwein hergehen. Der Bischof rief sie sofort zu sich und fragte sie teilnahmsvoll, weshalb sie denn so weine.« Auf ihre Antwort, der bischöfliche Meier verlange von ihr, obwohl ihr Mann verstorben sei, das Schwein als Abgabe, ruft der Bischof aus: »Weh dir, elender Bischof Meinwerc! So stoßen die unglückseligen Menschen in ihrer Gewinnsucht deine Seele in die Hölle!« (Kroeschell Bd. 1, 112 f.).

In der Wechselbeziehung von Innen und Außen verringert sich die Distanz des Königs zu seiner Umwelt. Die Charakterisierung des englischen Königs Heinrich II. durch Peter von Blois zeigt, wie der Herrscher aus der Abgeschlossenheit des Palastes hervortritt: »Während andere Könige sich in ihren Palästen ausruhen, kann er seine Feinde überraschen und verwirren; er überwacht alles und richtet vor allem die, die er zu Richtern über andere gemacht hat. Niemand ist einfallsreicher und beredter als er, und wenn er sich von seinen Sorgen lösen kann, diskutiert er gern mit den Gelehrten.«[119] Die privat-intimen Funktionen des Palastes gehen über in die Funktionen beratender Fürsorge. Aus der Perspektive, in der ein »ungebildeter König wie ein gekrönter Esel«[120] erscheint, mußte ein Palast ohne Denk- und Beraterraum wie eine tyrannische Burg anmuten. Überdies konnte sich in einem solchen Raum über den aus städtischen Juristen gebildeten ›Inneren Rat‹ ein allgemeiner Wille in unmittelbarer Nähe des Herrschers präsentieren. Der Palast Wilhelms II., Heinrichs Schwiegersohn, in Palermo war zwar, wie es in einem Bericht um 1190 heißt, rings von Mauern umschlossen, doch von innen mit großer Pracht ausgestattet. Er besaß einen besonders reich ausgeschmückten Raum, in dem der König der Ruhe und Muße nachgehen konnte. Zu dem Gebäudekomplex gehörten aber außerdem einige kleinere, reich ausgeschmückte Paläste, in denen der König entweder »mit seinen Vertrauten die Verhältnisse des Reiches im Geheimen erörterte oder die Vornehmsten zusammenrufen ließ, um die öffentlichen und wichtigen Angelegenheiten des Reiches zu besprechen«. Von dem Gesamtverhältnis des Palastes zu seiner Umgebung wird gesagt, er sei so großartig angelegt, daß er »für die ganze Stadt das sei, was ein Haupt dem Körper ist«.[121] Was in diesem ›Haupt‹ mit souverän berufenen Gelehrten oder Juristen, mit den Mitgliedern des umstrittenen engeren Rates, der die Funktionen der alten Curia Regis der Barone übernommen hatte, bedacht wird, erweckt den Anschein, als sei es von den Gliedern des Volkskörpers her inspiriert und gewönne von dort seine Verbindlichkeit.

Seit dem 12. Jahrhundert setzt sich, vor allem in den Territorien, das Öffnungsrecht an den Burgen durch, wonach dem Landesherren eine jede Burg jederzeit zugänglich sein muß. Diese sogenannten ›Offenhäuser‹ sind gleichsam durchlässig gewordene lokale Festungen. Um 1200 rekonstruiert ein Mönch einen Fall, der sich um das Jahr 1096 ereignet haben soll: Beim Antritt seines Amtes befestigt ein Abt seine Abtei in Evesham mit einer Mauer, und er hätte auch den ganzen Ort mit einem Wassergraben umgeben, wenn ihm der gräfliche Onkel nicht davon abgeraten hätte, »damit der so gesicherte Ort nicht vom König eingenommen werde«.[122] Mit Rücksicht auf die oberhoheitliche Gewalt des Königs muß der Herrschaftsbezirk transparent bleiben; eine private Burg erscheint als Beschränkung der königlichen Befugnis. Vielleicht weniger praktisch als argumentativ, muß sich der hinter dem Mauerwerk verschanzte partikulare Status gleichsam verflüssigen und allseits einsichtig werden, wenn er sich nicht dem Verdacht aussetzen will, das Amt privatistisch zu nutzen. Die abgeschlossenen Burgen erscheinen aus der Sicht einer Erschließung des Landes für den Verkehr als Zeichen hohler Gewalt. Eindringlich wird dies in einer Paduaner Klosterchronik am Beispiel der Festungssucht des Ezzelino da Romano († 1259) analysiert, der unter dem Schutz Kaiser Friedrichs II. mächtig geworden war: »Mit größtem Eifer ließ er herrliche und gewaltige Paläste bauen, und obwohl er niemals die Absicht hatte, tat er doch so, als wolle er darin leben. Außerdem errichtete er in allen Städten und auf allen Bergen Kastelle und Festungen, so als glaube er sich ständig von Feinden belagert. Doch er unternahm dies alles nur zur Ostentation seiner Macht, um die Menschen damit einzuschüchtern und erstaunen zu lassen, und um den Ruhm seines Namens so sehr in das Gedächtnis eines jeden Menschen einzuprägen, daß er niemals vergessen werde.«[123] Diese Kritik an der Burg erkennt die Motive der Angst und des Legitimationszwanges, die sich hinter den Festungsmauern verschanzen. Die Mauern zersplittern eine Landschaft, die eine offene, fruchtbare Ebene sein könnte.[124]

Eine solche Kritik konnte auch gegen die oberherrlichen Burgen geltend gemacht werden. War »in dem noch ungesicherten Staatswesen dieser Zeit das Gemeinwohl ohne ständige Leistungen für die Sicherheit nicht vorstellbar«[125], so konnten sich doch die unterschiedlichen gesellschaftlichen Kräfte auch darin einig sein, daß sich der Sicherheitsauftrag an die hoheitliche Gewalt im Namen eines Gemeinwohls nicht verselbständigte und eine eigene Dynamik entwickelte. Kaiser Friedrich II. muß 1220 den deutschen Bischöfen zugestehen, auf Reichskirchenboden keine Burgen mehr zu bauen. Wenige Jahre später zwingen ihm die Landesfürsten die Zusage ab, keine neuen Burgen, Städte und Münzen mehr zu errichten.[126] Wie den Walisern grundsätzlich jede Königsburg, so ist um 1240 auch den Londoner Bürgern der Tower »ein Dorn im Auge« (LBE Nr. 1805, 2712), und die englischen Barone fordern 1258 in Oxford, es solle kein Kastell gebaut werden »ohne die Zustimmung des Parlamentes«.[127]

Schon 1228 war es Heinrich III. in Kerry (Wales) widerfahren, daß er ein aufwendig gebautes Kastell auf eigene Kosten wieder niederlegen lassen mußte, was »multos commovit ad risum« (LBE Nr. 2205). Matthew Paris schildert die Reaktion auf den Einsturz der Mauern am Tower 1241. Dazu meinte ein Priester: »Si pauperes artifices stipendiis inhiantes et indigentes inde sibi victualia promeruerunt, tolerabile est; sed quia non ad regni defensionem, sed ad innocuorum civium gravamen constructa sunt.« Die »cives« von London aber seien über den Einsturz der Mauern erfreut gewesen, weil sie gebaut waren »in eorum contumeliam, ut si quis eorum pro libertate civitatis certare praesumeret« (LBE Nr. 2712; vgl. auch LBE Nr. 4245).

Ein Hoheitsträger bekommt die Handlungsvollmacht und die Vertretungsrechte, die aus dem Begriff einer ›publica utilitas‹ erwachsen, so lange zugebilligt, wie er es den relevanten Interessensgruppen ermöglichen kann, ihre jeweiligen Bedürfnisziele in die Form eines Gesamtinteresses zu bringen. In letzter Konsequenz bedeutete dies, daß eine hoheitliche Instanz als Organ der gesellschaftlichen Bedürfnisse zu funktionieren hatte, und daß diesem Anspruch am ehesten jene Gewalt gerecht wurde, die zu ihrer Behauptung überhaupt keiner Sicherheitsmaßnahmen bedurfte. Diese Konsequenz hat 1225 der Jurist Thomas de Gatta in einem Brief an Friedrich II. entwickelt, und seine Argumente werden noch Machiavelli und Alberti beschäftigen: »Es gibt für einen Herrscher keine bessere Verteidigung als die Liebe der Untertanen. Wenn die Herzen der Untertanen dem Fürsten aufrichtig zugetan sind, dann übertrifft dies alle Burgen und Heere. Wohltat und Milde taugen besser zur Verteidigung als die Burgen. Denn es gibt nur eine uneinnehmbare Festung, die Liebe der Untertanen.«[128]

Das Hauptergebnis, das die baupolitischen Entwicklungen etwa seit der Jahrtausendwende auf verschiedenen Ebenen und mit unterschiedlichen Mitteln hervorgebracht haben, war die praktische Zersetzung eines partikularisierten Baubegriffs und die Ausbildung einer Bauverantwortung, die sich an den Normen allgemeinerer Bedürfnisse orientierte. Um 1250 sind die Bewegungen, die das Baugeschehen in die gesellschaftlichen Anspruchsentwicklungen hineingezogen hatten, allenthalben zu einer förmlichen Fixierung gelangt. Nun kommen die vorangegangenen Entwicklungen mit der institutionellen Absicherung ihrer Ergebnisse zum Stillstand. Die Steuer- und damit auch die öffentlichen Baumittel werden der Obrigkeit von den Ständeparlamenten bewilligt, die allerdings für das Aufkommen auch körperschaftlich haften. Sie setzen voraus, daß die mitsprachefähigen Kräfte sich durchgesetzt und stabilisiert haben. Wie das ministerialische Rittertum mit dem Blutadel verschmolz und sich mit Hilfe eines normativen Moralsystems nach unten abschloß, so etablierte sich in den Städten die Oberschicht als abgehobenes und absperrendes Patriziat. Das soziale und wirtschaftliche Leben wird von den Zünften streng reglementiert. Dieses System abgeschirmter Interessen fixiert auch die Anteilsmöglichkeiten im Bauwesen. Immer wieder begegnen uns die Tendenzen, Rechte und Pflichten in Baubelangen für einzelne Gruppen zu kodifizieren: die der Domkapitel oder Konvente gegenüber den Bischöfen und Äbten (s. S. 47); die der Laien gegenüber der Kirche (s. S. 50); die der Verwaltungsbeamten gegenüber ihrem Herren (s. S. 106); die der Bürger gegenüber der Kommune (s. Anm.185); die der Fürsten gegenüber dem König (s. S. 90). Wohl im Rahmen dieser Bestrebungen nach institutioneller Festlegung bilden sich um 1250 die ersten, behördenähnlichen Bauorganisationen aus: die Hof- und Stadtbauämter sowie die Dombauhütten. Als organisierte ›Ämter‹ sind sie der unmittelbaren Einwirkung gesellschaftlicher Kräfte relativ entzogen. Als Institutionen, in denen spezialisierte Fähigkeiten konzentriert und ausgebildet sind, entfalten sie eine Eigendynamik, die sie befähigt, ihre technischen und ästhetischen Mittel über die gültigen Erfahrungsgrenzen hinauszutreiben.

Erst im 14. Jahrhundert, als die niederen Zünfte und die Handwerker neue und erweiterte Mitbeteiligungsansprüche vehement durchzusetzen suchen, kommt die Entwicklung erneut in Bewegung. Sie wird in den Städten zu einer rigoroseren Eingrenzung der baulichen Zuständigkeiten führen, während die übergreifende Bauverantwortung an den zentralen Höfen stark erweitert wird. Die theoretischen und praktischen Grundlagen dafür, daß in das Bauwesen allgemeinere, öffentliche Bedürfnisse eingehen, sind jedoch zwischen 1000 und 1250 gelegt worden und grundsätzlich bis heute nicht aufgehoben.

III
Voraussetzungen und Konsequenzen für die Bauorganisation

1. Auswirkungen des Geldes

Der Bausektor ist im Mittelalter wohl derjenige Produktionsbereich, der von den Möglichkeiten einer fortschreitenden Geldwirtschaft am augenfälligsten geprägt worden ist. Es gab kaum ein anderes Arbeitsziel, in das die Potenzen des neuen Mediums so ungehemmt einfließen konnten. Für die damaligen Beobachter der Bauszene steht zwar die körperliche Arbeit und der personelle Einsatz durchaus im Vordergrund des Geschehens, aber sie vermerken doch auch mit wachsender Genauigkeit, daß die eigentlichen Voraussetzungen und Triebkräfte der aufwendigen Bautätigkeit in den geldlichen Investitionen lagen. Sie lernen, den Wert und die Bedeutung eines Bauwerks in Geldsummen auszudrücken, und sie taxieren die Beträge, die beigesteuert wurden, einen Bau hochzutreiben. Man wußte, nach einer Bemerkung des Wilhelm von Malmesbury um 1130, Sachwerte in Geldwerte zu übersetzen: »Man kann für alle Dinge einschätzen, wieviel Geldkraft in ihnen steckt.«[129] Diese Verwandlungsfähigkeit hat auch die Baupraxis grundlegend verändert. Das Geld hilft nicht nur am meisten in allen menschlichen Nöten (LBE Nr. 1620), es eröffnet der Phantasie auch neue Horizonte.

In Zwiefalten sind um 1140 »Ad monasterii constructionem, ad columnarum precisionem et ad subvectionem earum centum viginti et plus argenti librae, undecumque collectae«, ausgegeben worden (LB Nr. 1613). Um 1180 rechtfertigt der Abt von St. Remi in Reims seinen Geldeinsatz gegenüber dem Prior eines englischen Tochterklosters: »Caput monasterii nostri renovare aggredior, et cum Dei auxilio jam opus inchoatum ridet, et sequentis operis auspicia nobilia spondet. Non excidit a memoria quod aliquando mihi quasi reprehensorie dixeris, studere alia opera facere et non curare de monasterio. Hoc verbum, etsi perfunctorie fuit dictum, non transitorie fuit auditum. Mille enim libras, adhuc simul quingentas postea, pro opere monasterii expendi« (MD 140). Diese Angaben lassen sich anhand des Stichworts ›Geld‹ bei LB und LBE beliebig ergänzen, insbesondere für den Wert von Ausstattungsstücken; dabei ist zu beachten, daß »libra« und »marca« auch eine Gewichtangabe für Edelmetall darstellt. – Präzisierte Beitragsangaben, neben den oben

S. 32 f., 40, 42 f., 44 zitierten Stellen, etwa: Um 1020 stiftet die Königin Constantia für das Dach von St. Aignan zu Orléans im Wert von »librarum VII« (M 57). Die Chronik von Montecassino ist besonders genau in ihren Angaben: Der Vizegraf Cidrus gab dem Abt Desiderius († 1087) für die Erneuerung der Kirche »solidos Amalfitanos 800« und u. a. »pro constructione cimiterii libras 20, item libras argenteas 50« (LB Nr. 2846). Friedrich Barbarossa schenkt 1163 in Lodi »ad fabricationem ecclesie triginta libras«, seine Frau Beatrix 5 (LB Nr. 2215); der gleiche Kaiser schickte nach dem Brand der Kirche zu Petershausen »quinque marchas« (LB Nr. 1133).

Der wichtigste Effekt des Geldeinsatzes für das Bauwesen bestand darin, daß durch ihn eine überregionale Mobilisierung materieller und personeller Reserven möglich wurde. Das Geld war die Hauptenergie, welche die Baumaßstäbe über den lokalen Horizont hinaustrieb und ein überregionales Anspruchsniveau einlösbar machte.

Die Monetarisierung im Bauwesen bringt es mit sich, daß nun *Baumaterialien* von fernher beschafft werden können. Der Abt Desiderius von Montecassino († 1087) hat »die Gelder großzügig und richtig ausgegeben«[130], als er für seinen Kirchenbau Säulen, Basen, Kapitelle und bunten Marmor aus Rom herbeibringen ließ. Noch für Thomas von Aquin ist das Geld erfunden worden, um notwendige Güter von fernher heranschaffen zu können.[131] Schon in karolingischer Zeit waren nicht nur Spolien, sondern gelegentlich auch die Bausteine aus weiterer Entfernung herangeholt worden. Doch seit dem 11. Jahrhundert gehört das Großquaderwerk zu den technischen und auch repräsentativen Voraussetzungen eines anspruchsgerechten Baus, und dies zwang viele Bauherren, sich entsprechendes Steinmaterial von außerhalb ihrer Herrschaftsgrenzen zu beschaffen. Die Quellen erwähnen öfter, daß manch einer sich glücklich schätzte, wenn er die geeigneten Steine (und geeignetes Holz) in unmittelbarer Nähe fand. Durchaus mit Stolz wird jedoch ebenso oft vermerkt, man habe die Materialien von weither, unter Umständen aus dem Ausland, herantransportiert, so als sei die Aufführung eines Baues gegen die geologischen Bedingungen in seiner Umwelt selbst schon eine Forderung des überregionalen Standards. Zu einer ›Ikonologie des Materials‹[132] gehört auch die Herkunftsbestimmung des Steins, die einen örtlichen Bedingungszusammenhang auf überlokale Möglichkeiten verweist. (vgl. Abb 5)

Die spolienmäßige Translation ravennatischer und römischer Säulen durch Karl den Großen wird von Einhard überliefert (Schl. 1892, Nr. 100) und um 888 auf Ingelheim übertragen (Schl. 1892, Nr. 144). Ein Zusatz zu Einhards Karlsvita vermerkt, im Jahr 812 sei in Maguelone von Karl eine Basilika gebaut worden, »Ad cuius structuram cum columnas et marmora habere non posset, Nemauso (Nîmes) civitate cum magna diligentia adduci praecepit« (Schl. 1892, Nr. 712). 876 heißt es von Auxerre, die Mönche, »quoniam in nostra provintia marmorum copia minime suppetebat, in remotis haec querenda regionibus decreverunt«; sie unternehmen eine »gefährliche Expedition« nach Arles und Marseille, um dort teils geheim, teils mit Geld, aus den Ruinen der antiken Gebäude die Steine zu nehmen und per Schiff nach Auxerre zu bringen (Schl. 1892, Nr. 603). Von Ludwig dem Deutschen, der in Frankfurt und Regensburg »oratoria« bauen wollte, wird berichtet, »cumque ibi propter magnitudinem fabricae alii lapides non sufficerent, muros urbis destrui fecit« (Schl. 1892, Nr. 534). Der Abt Gauzlin hat zwischen 1005 und 1030 Wände mit Marmorarbeiten schmücken lassen »quae asportari jusserat a partibus Romanie« (nach Bautier aus Byzanz oder Italien: Fleury § 67, 136); die Steine bezog er aus dem Nivernais (ebd. § 44, 80). Odilon von Cluny erneuerte 1049 die Klostergebäude »columnis marmoreis, ex ultimis partibus illius provinciae, at per rapidissimos Durentiae Rhodanique cursus non sine magno labore advectis« (M 128; vgl. Hourlier 304). Bei Antritt seines Amtes 1023 hatte der Bischof Gerhard von Cambrai bezüglich des Marienklosters »mox animum ad meliorandum«, doch nachdem »necessariis sumptibus prudenter expensis« waren, ist er froh (laetus), daß er die benötigten Steine in der Nähe, nämlich in Lesdain und Noyelles, auftreiben kann (LB Nr. 1664; M 65). Der Abt Adelard von St. Trond († 1082) hatte das Bestreben, das Kloster »expensis inestimabilibus reparari«; da in der ganzen Gegend keine Steine gefunden werden konnten, »de alienis partibus comprobantur apportari. Columnas autem de Guormatia (Worms) per Renum Coloniam (Köln) usque navigio deductas ... a Colonia usque ad nos per terram vehendas populus vicatim ..., ardentissimo studio rapiebat« (LB Nr. 1982; im 2. Jahrzehnt des 12. Jahrhunderts geschrieben). In St. Trond werden um 1100 die Klostergebäude gebaut »maxime cum a duobus miliariis empti adducantur lapides et calx, a septem et quinque denariis interdum emitur modius« (LB Nr. 2002). Bei dem Bauvorhaben der Zisterzienser in Fonguillen 1126-1138 wird über das Steinmaterial gesagt: »quae necessaria sunt, ibi rara inveniantur et a longe portari oporteat« (M 374). Sugers ausführliche Schilderung, wie er sich wegen des Holz- und Steinmaterials gründlich beraten ließ, von den Fachleuten auf Auxerre und Rom verwiesen wurde, und dann nach eigener Suchaktion das Nötige ganz in der Nähe entdeckte, ist oft besprochen worden: vgl. Panofsky 1946, 190, Colombier 16 f., le Goff 1965, 21 ff. Bekannt sind die Steintransporte aus der Normandie nach England, wobei der berühmteste, derjenige für die Battle Abbey auf Befehl Wilhelms des Eroberers 1061, erst 1176 beschrieben wird und zudem legendäre Züge hat: Der Transport war nur so lange nötig, bis eine Frau durch eine Vision einen Steinbruch ganz in der Nähe erschloß (s. o. S. 77 f.; vgl. Salzman 119). Aus der gleichen Zeit – 1174 – stammt die Nachricht, Wilhelm habe für Selby die Steine »de transmarinis partibus« kommen lassen (LBE Nr.

4182). Auch der 1089 verstorbene Erzbischof von Canterbury hat nach seiner um 1150 verfaßten Vita für den Kathedralbau »velivolis navibus« Steine aus Caen kommen lassen (LBE Nr. 664), und Peter von Blois († um 1204) läßt die Grundsteinlegung in Croyland 1114 erst einsetzen, »congestis etiam ex lapidicinis longinquis et propinquis cum multo labore diversorum marmorum magnis montibus, necnon ferro et calybe, cemento et calce . . .« (LBE Nr. 1188). Eine geringere zeitliche Distanz zum wirklichen Geschehen weist die aus der 1. Hälfte des 13. Jahrhunderts stammende Mitteilung auf, daß der Bischof Hugo von Durham († 1195) »a transmarinis partibus deferebantur columpnae et bases marmoreae« (LBE Nr. 1412). Zuverlässig auch die Nachricht der Chronik des Gervasius († 1210) für den Wiederaufbau der Kathedrale in Canterbury 1174: »In adquirendis igitur lapidibus transmarinis opera data est« (LBE Nr. 802). Daß die Steinbeschaffung in entfernten Gegenden mitunter auch als Demonstration gedacht war, scheint mir zuerst aus einem Bericht von 1084 über die Festung Oudenburg bei Brügge durchzuklingen: Sie wird als »caput totius Flandriae« gepriesen und wegen der Qualität ihrer Steine gerühmt: »Lapides namque hujus coloris et fortissimi roboris in omni Flandriae provincia naturaliter editi non possunt reperiri nisi solummodo in Gallia . . .«; für die Wohngebäude seien Steine benutzt worden, die »in oriente apud Coloniensem provinciam repperiuntur« (M 172). Rahewin berichtet in seinen Gesta Friderici I., wie vor der Stadtmauer von Mailand vor allem eine »turris quedam fortissima« auffallend war: »Nec enim ex vulgaribus saxis aut quae homines ferre posse crederentur. Sic autem manibus artificum formata, ut, quatuor columpnis sustentata, ad similitudinem Romani operis vix aut nusquam in ea iunctura compaginis appareret« (LB Nr, 2240). Der Transport von Säulen aus Elba und Sardinien für das Baptisterium in Pisa ist nach den Annales Pisani »cum magno triumpho« gefeiert worden (LB Nr. 2355). 1163 ist in Mariengaarde (Holland) der Abt »pro comparandis lapidibus« und »asportato secum argento non modico« nach Deventer gereist, von wo der Tuffstein auf dem Rhein transportiert werden soll (LB Nr. 898; im 13. Jahrhundert geschrieben).

Die ausgreifende Mobilisierungskraft des Geldes scheint nicht immer auf einen entsprechenden Entwicklungsstand der technologischen Mittel gestoßen zu sein. Das monetäre Vermögen überforderte vielfach die praktischen Möglichkeiten. Die Materialbeschaffung etwa stellte an den *Transport* Ansprüche, denen dieser nur schwer gerecht werden konnte. Im Rahmen der gewöhnlichen Spann- und Fuhrdienste, welche die Hörigen zu leisten hatten, war die Beischaffung der neuartigen, schweren Lasten nur mit großen Schwierigkeiten zu bewältigen. Bauern, denen beim Transport von Baumstämmen ein Unglück zustieß, konnte Unvorsichtigkeit vorgeworfen werden, »wie es ihre Art ist«.[133] In Wirklichkeit waren sie wohl überfordert. Während der Fernverkehr mit Hilfe der modernen Schiffe den Materialtransport schnell bewältigen konnte, stieß der Nahtransport oftmals auf die Hemmnisse einer zurückgebliebenen Verkehrstechnik.

Der Transport jener von Desiderius in Rom gekauften Materialien nach Montecassino wird so geschildert: »illaque omnia ab Urbe (= Rom) ad portum, a portu autem Romano per mare usque ad turrem de Gariliano, indeque ad Suium (= Sujo), navigiis conductis ingenti fiducia detulit. Abinde vero usque in hunc locum plaustrorum vehiculis non sine labore maximo comportavit«; das Hochschleppen der Steine auf den Berg sei um so schwieriger gewesen, als es noch nicht die Weganlage gab, die bei dieser Gelegenheit projektiert wurde: »nec dum enim in cor eius ascenderat eandem viam complanare ac spatiare, quemadmodum postea fecit« (LB Nr. 2277). Ausführlich auch die Schilderung der Transportschwierigkeit 1035-1065 in Conques, die dann mit Hilfe der hl. Fides bewältigt werden konnte (M 105 f.).

Das mit Hilfe von Geld einlösbare überregionale Anspruchsniveau überforderte wohl ganz allgemein den Stand des bautechnischen Wissens und Könnens. Es hat in der Bautechnik keine neuen Erfindungen von der Folgeträchtigkeit anderer Neuerungen des 11. Jahrhunderts gegeben, etwa der Einführung und Verbreitung der Dreifelderwirtschaft, der wassergetriebenen Mühlen, des Pferdegespanns oder des Pflugs.[134] Im Bauwesen oblag es im wesentlichen den Zimmerleuten, die Risiken des Stein- und Gewölbebaus durch Holzgerüste abzufangen. Dennoch gehörten die Bauunfälle zum Alltag eines Baugeschehens, und die Chronisten pflegen sie immer, teilweise ausführlich zu erzählen.[135] Es ist, als träten den Autoren mit ihnen die menschlichen Schrecken, die der Widerspruch zwischen Leistungsanspruch und Leistungsfähigkeit zeitigen konnte, sehr deutlich vor Augen. Denn der von außen gesetzte Anspruchsdruck stieß im lokalen Bereich in den seltensten Fällen auf eine handwerkliche und technische Kultur, die imstande gewesen wäre, ihm aus sich heraus zu genügen. Auch hier mußte sich das Geld diese Kultur gleichsam erst heranziehen. (vgl. Abb. 8)

Ein Bauvorhaben in einer als ›geschlossen‹ gedachten Haus- und Bedarfswirtschaft war nicht mit Geld, sondern mit den verfügbaren außerordentlichen Frondiensten zu realisieren; es blieb somit quantitativ und qualitativ auf den hauseigenen Leistungsstandard eingeschränkt. Was in künstlerischer oder technischer Beziehung die Grenzen einer allgemeinen Handfertigkeit überschritt, etwa der Luxus- und Repräsentationsbedarf, mußte von außen bezogen werden, von einem sporadisch anbietenden Handel, von wandernden Künstlern, vor allem aber von den Klöstern, wo die Mönche dank einer kollektiven Nutznießung grundherrschaftlichen Wirtschaftens handwerkliche und künstlerische Spezialfertigkeiten hatten ausüben oder ausbilden können. Die Großbauten seit der Jahrtausendwende waren innerhalb dieses Leistungsgefüges nicht mehr zu erstellen. Wo und wie immer man sich das Fortleben einer spezialisierten Handwerkstätigkeit in den frühmittelalterlichen Grundherrschaften angesiedelt denkt, ob im Bereich der Bauernhufen oder der unbehausten Dienerschaft an den Salhöfen der Fronherren oder im Bereich der römischen Civitates: das architektonische Anspruchsniveau, wie es sich seit der Jahrtausendwende manifestierte, war in diesem überlieferten Rahmen nicht zu erreichen. Zwar konnte jeder Grundherr bei einem Bauvorhaben mit einem präsenten Bestand von Arbeitskapazitäten rechnen; dazu gehörten nicht nur die Haushandwerker und die in den verstreuten Höfen tätigen, spezialisierten Hörigen, sondern auch der Gesamtumfang der verschiedenen Fronden, der Hand- und Spanndienste, der gemessenen und ungemessenen, sässigen und walzenden, der Zwangs- oder Bittfronden; diese Leistungen gehörten zu dem Reservoir an ›Eigenmitteln‹, die ein Bauherr in einen Großbau einbringen konnte. Doch allein schon der quantitative Aufwand und die Eile, mit denen ein Anspruchsniveau eingelöst werden mußte (s. o. S. 23 f.), erforderten einen großen Grundstock ständiger Facharbeiter und waren schwerlich durch einen nebenberuflichen Einsatz zu bewältigen.

Erst die Bereitstellung größerer Geldvorräte konnte die personellen Reserven mobilisieren, freistellen und halten, deren es für einen anspruchsvollen Großbau bedurfte. Wenn der Anteil ungeschulter Kräfte zugunsten von Spezialkräften verringert werden konnte, mußte dies zeitlich und sachlich dem Bau zugute kommen. Die Auslösung gemessener Frondienste durch Geld (s. o. S. 42 f.) ermöglichte den Einsatz von Fachkräften, die vom Geldertrag ihrer Arbeit lebten. Nach den Schilderungen der schriftlichen Quellen wurde ein Bauvorgang häufig durch die Anheuerung eines *spezialisierten Arbeitspotentials* eingeleitet. Dieses konnte aus der vorhandenen Hörigenschaft heraus entwickelt werden, indem man den Stamm an leibeigenen grundherrlichen Haushandwerkern durch Leute ergänzte, die gleichsam auf das Bauhandwerk umgeschult wurden. Um 1140 beschwert sich das Domkapitel von Maguelone darüber, daß der weltliche Herr von Montpellier für seine Bauarbeiten die Bauern zu lange beanspruchte; sie würden ihrer ererbten Tätigkeit entfremdet, wenn sie sich anderen Handwerken widmeten.[136] Aus der Sicht eines Bauherren waren die Umwechsler eher eine willkommene Hilfe. Er wird den Ablösungsprozeß zu fördern suchen, indem er die Hörigen von anderweitigen Pflichten befreit. Durch Freistellung konnte die Spezialisierung für die Bauarbeit attraktiv gemacht werden.[137] Als Lohnwerker, der entweder im Akkord oder im Tagelohn bezahlt wurde, war ein solcher Handwerker, auch wenn der Bauherr Kleidung und Nahrung stellte, auf dessen Geldinvestitionen angewiesen. Die Konzentration von spezialisierten Arbeitskräften an einem Bauplatz stimulierte gewiß die örtlichen Tauschbewegungen. Vom Umland mit Nahrungsangeboten versorgt, konnten die Handwerker einen eigenen Erfahrungsbereich ausbilden und einen technischen Verstand entwickeln, der sie vom Status eines allverwendbaren ›manouvrier‹ in den eines spezialisierten ›laboureur‹ versetzen konnte.[138]

Das traditionelle und gewiß auf lange Zeit noch weithin praktizierte Verfahren wird um 1020 von einem Grafen Wichmann berichtet, der, als er sich ein neues Kastell bauen wollte, »coegit magnam multitudinem armatorum, et rusticis undique evocatis, et fossa in circuitu facta, editiorem admodum fecit« (LB Nr. 1617). In St. Benoit-sur-Loire gibt es um 1030 für die »artifices« eine »cotidiani laboris ... mercedem« (M 36). Kaiser Heinrich II. gab dem Abt Richard († 1046) von S. Vanne in Verdun »impensas, ut caementarios et necessarios artifices ad amplificandum monasterium et coenobium meliorandum munerare largiter posset« (LB Nr. 2053). In Coutances soll sich, nach dem Bericht aus dem 12. Jahrhundert, ein Traditionsvorgang (s. o. S. 70 f.) so abgespielt haben, daß zwischen 1049 und 1093 »quidam de parochianis de villa« den Camerarius bat, ihm eine Brechaxt zu geben, »ut cum caeteris carpentariis ipse desudaret ecclesiastico operi«. Als nach einer Woche der Camerarius »dignam et ampliorem sui laboris nummorum recompensationem gratis obtulisset ei, penitus abnuit, confitens se Beatae Mariae et ipsius ecclesiae servum emptitium fore, seque debere, quandiu viveret, eidem ecclesiae capitagium proprii capitis annuatim reddere« (M 144 f.). Der Abt Airard von St. Remi in Reims hat, gemäß einer Chronik von nach 1070, mit dem Bau begonnen, nachdem er »viris, qui architecturae periti ferebantur, ascitis« (M 40). 1114 wird für das Jahr 1091 von der Neuerrichtung des Turms von St. Pierre in Oudenbourg bei Brügge berichtet: »Congregati mane loci habitatores sub omni celeritate convocant architectos, statutis praemiis, si illud revocarent, munerandos; at illi multa promittunt, restes praeparant, balistas erigunt, ligamenta constituunt, ut multimoda artis argumenta componunt« (M 174). In Avignon hat um 1100 ein Laie seinen

Sohn einem Kanoniker zur Obhut übergeben, damit er die »artem pictoriam« erlerne bis er »ad etatem illam perveniret qua aliquid lucrari posset« (M 307). Aus dem 12. Jahrhundert stammt die Nachricht über Ramsey um 990, in der von »operariis igitur tam devotionis fervore quam mercedis amore laborem continuantibus« gesprochen wird; dort habe der Bischof große Schätze eingesetzt und es seien »exquisiti artifices« herangeholt worden (LBE Nr. 3552). Demgegenüber zeitgenössisch die Nachricht über Oldenburg (Holstein): »Dedit autem episcopus pecuniam cesoribus lignorum ad impensas sanctuarii, et ceptum est opus fabricae prope vallum urbis antiquae, quo omnis terra die dominica propter mercatum convenire solebat« (LB Nr. 1002). Während einer Hungersnot sah man 1194 in Andres »multos hic operari ... non nummis conductos, sed solo pane et tenui cervisia contentos« (M 394).

Dieses spezialisierte Arbeitspotential war auch überregional mobilisierbar. Die Chroniken pflegen mit besonderem Nachdruck zu vermerken, wenn für ein Bauwerk *auswärtige Spezialistentrupps* tätig wurden. Ebensowenig wie die Spezialisierung innerhalb der Grundherrschaften ist das Wanderhandwerkertum an sich etwas Neues.[139] Doch es gewinnt seit dem 11. Jahrhundert offensichtlich Dimensionen, die strukturelle Wandlungen zeitigen. Die internationale Mobilisierung von Bauhandwerkern hebt jene internen Abschichtungsvorgänge auf ein überregionales Niveau. Ein deutliches Beispiel bietet die um 1050 geschriebene Vita des Erzbischofs Heribert von Köln († 1021): Dieser wollte in Deutz an die Stelle eines Kastells ein Kloster und eine Kirche bauen. Da aber die Kirche, die ihm verfügbare Handwerker errichteten, bald einstürzte, ließ der Erzbischof aus fernen Gegenden erfahrenere Architekten kommen und übertrug ihnen die Gesamtleitung des Baus.[140] An der Stiftskirche in Prémontré hätten, nach einem etwa vierzig Jahre späteren Bericht, um 1120 deutsche Bauhandwerker ›wetteifernd‹ mit französischen jeweils an einer Kirchenseite gearbeitet (LB Nr. 3039). Wie von den Baumaterialien aus entfernten Regionen, erhoffte man sich auch von den fremden Bauhandwerkern nicht allein eine bessere Zweckerfüllung. Vielmehr suchte man in den weitgereisten Spezialisten wohl ebenso die Träger eines Leistungsstandards, der einen Bau in einem überregionalen Vergleich standhalten ließ. Die ungemein vielfältigen und weiträumigen künstlerischen Austauschbeziehungen, die die stilgeschichtliche Forschung für das Mittelalter erarbeitet hat, finden in den Schriftquellen eine Bestätigung und Begründung.[141]

100

Der Abt Gauzlin von Fleury (s. S. 20) holte »quodam pictorum peritissimo a Lango-
bardorum regione adscito nomine Nivardo« (Fleury § 65, 132). Daß in Paderborn
unter Bischof Meinwerk († 1036) die Bartholomäus-Kapelle »per Grecos operarios«,
vermutlich griechische oder süd-italienische Werkleute, gebaut wurde, ist zwar erst
im 12. Jahrhundert überliefert, aber auch stilistisch bestätigt, – sie lieferten den
ersten Gewölbebau Westfalens (LB Nr. 1039; vgl. Pevsner 1930/31, 106; hierzu
auch bei Schl. 1892 Nr. 240 aus dem 14. Jahrhundert). Jener Abt Theoderich von
St. Hubert († 1087), der mit der Gräfin über Architektur gesprochen hatte (s. o. S.
47 f.), konnte mit deren Hilfe dann Steinmetze aus Lüttich kommen und die Glas-
malereien anfertigen lassen »quodam Rogero conducto ab urbe Remensi (Reims),
valenti admodum viro et promptissimo huius artis et peritissimo« (LB Nr. 1774).
Im 12. Jahrhundert wird berichtet, daß in Hirsau um 1050 ein Künstler tätig war,
»qui ex Venecie partibus cum filiis advenerat« (LB Nr. 608). Der Abt von Cluny
schickt 1086 einem befreundeten Abt Geldmittel; daraufhin hat dieser »ex aliis
regionibus peritos conduxit artifices« (M 235). Vor 1125 berichtet Wilhelmus Mal-
mesbiriensis über einen Bauvorgang in Hexham: »Arbitratu quidem multa proprio,
sed et cementariorum, quos ex Roma spes munificentiae attraxerat, magisterio . . .
Nunc qui Roma veniunt idem allegant, ut qui Haugustaldensem fabriciam vident
ambitionem Romanam se imaginari iurent« (LBE Nr. 2106). Suger läßt die Arbeit
beginnen, »ascitis melioribus quos invenire potui de diversis partibus pictoribus«
und »magistrorum multorum de diversis nationibus manu« (Panofsky 1946, 42,
72 f.). Um 1154 heißt es, Erzbischof Wilfried († 709) habe die Kirche von Hexham
erneuert, »adductis secum ex partibus transmarinis artificibus« (LBE Nr. 2111).
Heinrich IV. soll aus allen Ländern Handwerker herangeholt haben: »Omnes sapientes et industrios architectos, fabros et cementarios aliosque opifices regni sui, vel
etiam de aliis regnis in opere ipso habens, aurum et argentum et pecuniam multam
sumptusque infinitos annis singulis expendebat« (LB Nr. 1366). 1174 holt sich das
Kapitel von Canterbury auch Rat aus Frankreich (M 210), und 1215 beschließen die Barone eine Belagerung von Northampton, »vocatis a Francia artificibus
ad machinas bellicas construendas« (LBE Nr. 3242).

Der verstärkte Geldeinsatz hat das soziale Beziehungsfeld baulicher
Praxis ausgeweitet, die Zugangswege zum Bauwerk gleichsam ver-
vielfacht. Das Geld hat große Steinmassen in Bewegung gesetzt und
Spezialkräfte angelockt und freigesetzt. Aus einem überregionalen
Tauschverkehr gewonnen, oft auch durch überregionale Sammelak-
tionen herangeschafft, hat es die überregionalen Anspruchsnormen an
das lokale Bauvorhaben herangetragen und sie erfüllbar gemacht. Es
hat die Verfügungsverhältnisse, in denen das Bauwerk steht, ausein-
andergezogen und versachlicht. Eine Befehls- und Herrengewalt
konnte nicht mehr unmittelbar Frondienste abrufen; maßgebend
wurde vielmehr eine geldliche Potenz, die geeignet war, die notwen-

digen Spezialkräfte zu halten: fielen die Geldmittel aus, so heißt es in den Chroniken, dann konnten die Handwerker nicht mehr bezahlt werden[142] und die Gewalt des Bauherren erlosch. Sie verflüssigte sich in dem Maße, wie sich über die Geldhilfen der Beteiligungsanspruch derer mitteilt, die sie gewähren und erwirtschaften.

2. Die Verwalterschichten

Wenn die Chroniken und Inschriften einen Bauherren als ›Architekten‹ oder als ›Erbauer‹ eines Bauwerks preisen, so darf dies nicht so verstanden werden, als ob sich die hohen Herren selbst als Architekten betätigt hätten. Dies ist seit langem geklärt. Schon Boethius wußte, daß die Namensinschriften auf den Bauten »nicht diejenigen nennen, deren Fleiß und Können sie aufgeführt, sondern diejenigen, deren Befehl und Macht sie angeordnet hat«. Seit der römischen Kaiserzeit schreibt das Herrscherlob den Mächtigen die Fähigkeit zu, baukundig zu sein.[143] Wenn also die mittelalterlichen Quellen einen Bauherren öfter – nach 1. Cor. 3, 10 – als »weisen Architekten« auftreten lassen, dann gewiß nicht, um die Welt glauben zu machen, sie hätte es mit einem Künstler zu tun. Vielmehr melden die Schilderungen solcher Auftritte zunächst den Anspruch an, der Bauherr habe eine eigene Willensintention mit dem Bauwerk verbunden. Es kann sein, daß diese Intention sich konkret auf den Grundrißtypus, auf sinnträchtige Bauelemente oder Zahlenverhältnisse bezieht, durch die der Bau zum ›Bedeutungsträger‹ gestaltet wird.[144] Wenn aber die Chroniken von einer tätigen Mithilfe beim Graben, Schaufeln oder Schleppen berichten, dann wollen sie eine Demutsleistung des Bauherren ins Licht rücken.[145] In den meisten Fällen jedoch, in denen eine aktive Rolle des Bauherren geschildert wird, ist er mit der Beschaffung der materiellen und personellen Mittel, mit der Organisation des Arbeitsprozesses oder mit der Beratung der Bauziele befaßt. Auch auf diesem Feld jedoch war er nicht mehr allein maßgebend. Vielleicht versuchen die Quellen nur, dem Bauherren eine Kompetenz zurückzugeben, die sich faktisch immer mehr aufzusplittern beginnt. Denn seit dem späteren 11. Jahrhundert treten immer stärker Instanzen und

102

Gruppen hervor, die dem Bauherren die betrieblichen Aufgaben abnehmen. Ein anspruchsgerechter Bau war weder organisationstechnisch noch künstlerisch und wohl ebensowenig bedeutungsmäßig mit den einschlägigen pastoralen Mitteln zu bewältigen. Hier wurden vielmehr Qualitäten gefordert, die für die entsprechenden Aufgaben spezialisiert waren und schon deshalb eine eigene Kompetenz beanspruchen durften. Wenn also ein Bauherr als »weiser Architekt« gefeiert wird, dann ist damit wohl weniger seine Unabhängigkeit in künstlerischen Belangen angesprochen als vielmehr seine Fähigkeit, einen Bau organisatorisch zu bestimmen, also seine Unabhängigkeit gegenüber den allzuständigen, ehrgeizigen Verwaltergruppen.[146]

Es liegt allem Anschein nach nicht nur an der Art der Quellenüberlieferung, sondern es hat sich wohl objektiv so verhalten, daß die herausragende Rolle dieser Verwalterschichten am frühesten in der geistlichen Bauorganisation in Erscheinung tritt. Die komplizierte Verwaltungsstruktur der geistlichen Grundherrschaften kann hier nicht berücksichtigt werden.[147] Über die Zuordnung des jeweils genannten Amtsvertreters, ob etwa ein ›praepositus‹ der geistlichen oder der weltlichen ›mensa‹ des Bischofs oder des Kapitels angehört, kann in den seltensten Fällen entschieden werden. Es muß vorerst genügen, herauszustellen, daß sich die Fähigkeiten und Möglichkeiten eines bauherrlichen Willens an den Möglichkeiten und Fähigkeiten, am Organisationsverstand einer Zwischenschicht von Verwaltern und Beamten gleichsam brachen.

Eine Zuständigkeit der Verwalter für die *Finanzierung* eines Bauwerkes ergab sich schon daraus, daß ganz allgemein die geschäftlichen Außenbeziehungen der geistlichen Grundherrschaften in ihren Händen lagen. Die Organisation der überlokalen Tauschbeziehungen, die vertraglichen Kontaktnahmen eines geistlichen Grundherren nach außen wurden von den hohen Beamten gestaltet; so kann auch ein bischöflicher Spendenaufruf für einen Bau von einem der geistlichen Beamten gegengezeichnet sein (M 203). Ihre Stellung ist nicht immer unumstritten, zumal wenn die Geldkanäle undurchsichtig bleiben: So wird ein Subsakristan um 1180 von den Mönchen in Bury Saint Edmunds verdächtigt, heimlich Sterbegelder zu verwenden; sie fragen ihn, »woher er das Geld für den Turmbau nehme«. Der Sakristan antwortet, es sei ihm »für den Bau von einigen Bürgern heimlich zugesteckt worden«. Um jeden weiteren Verdacht zu zerstreuen, stellt er einen ausgehöhlten Baumstamm als Opferstock an einer belebten Stelle auf, damit die Leute von nun an dort ihre Spenden für den Bau abgeben können.[148]

Die Chroniken bestätigen den Unterbeamten in den unterschiedlichen Rängen oft, daß ohne ihren Einsatz und ohne ihre Phantasie die für einen Bau notwendigen Mittel kaum zusammengekommen wären.

Man muß auch hier mit einem Parteiinteresse der Chronisten rechnen, die zuweilen im historischen Rückblick die Rolle der Verwalter, deren soziale Stellung lange umkämpft war, herauszustreichen bemüht sind. Für den Bau der Klosterkirche St. Remi in Reims um 1045 »ejusdem loci *praepositum* . . . maximaque suppeditaverat subsidia, ex reditu villarum suae commissarum providentiae« (M 42; um 1070 geschrieben). In Villeberfol gehen 1058 Gelder an das Kloster St. Martin de Marmoutier über »Odonem monachum nostrum, illius villae tunc *praepositum*« (M 176). Der Vorsteher eines Tochterklosters führt oft den Titel eines Praepositus. – Für die Kathedrale von Coutances um 1050 »Redditus episcopi necessitatibus et operibus ecclesiae . . . per manum praefati *camerarii* (Petri) abundanter expendebat« (M 74); derselbe wird auch als »*decanum* ecclesiae et *dispensatorem*« bezeichnet, der einem Handwerker »dignam et ampliorem sui laboris nummorum recompensationem« geben möchte (M 144 f.). In St.-Benoit-sur-Loire heißt es um 1080 über den Bau der Abteikirche: »Unus ex fratribus, cognomento Gallebertus, qui cementariis fuerat praefectus . . . pecuniis minus aliquando abundans, ibat circumiens loca plurima, et ducens secum seminiverbios, quorum admonitione excitata virorum et mulierum corda . . .« (M 11). Erzbischof Lanfrancus († 1089) hat in Canterbury eine »lapideam domum« für Kranke gebaut und dort »*ministros* quoque atque *custodes*« eingesetzt, »qui modis omnibus observarent ne aliquid eis deesset« (LBE Nr. 677). Die Ordnung der Abtei von Ramsey hat zwischen 1091 und 1102 die Fischteiche zugeteilt »ad *celerarium*, ad utensilia invenienda et emendanda in refectorio . . .« (LBE Nr. 3591). In Petersborough 1107 »dedit abbas predictus 20 libras ad comparanda pallia ad cappas, per manus *secretariorum* . . .« (LBE Nr. 3464). Die Urkunde, die König Ludwig VI. am 25. 1. 1124 für Notre-Dame in Paris ausgestellt hat, legt fest, daß die Einkünfte »in custodia capicerii et unius ejusdem ecclesie canonici, quem *decanus* et capituli conventus ad hoc elegerint, . . . et ubi et quomodo expense fuerint, decano et capitulo ab earum custodibus computabitur« (M 351). Die Zisterzienser-Ordnung von 1135 verbietet, »ne quis abbas grangias suas vel aliquam earum alicui monacho committat, nisi *cellerario*, qui secundum regule auctoritatem ad voluntatem abbatis curam gerat de omnibus . . .« In der Ordnung von 1152 werden sie einer Kontrolle unterstellt: »Major *cellerarius* semel in mense vel sepius, si abbas voluerit, de omnibus que accipit vel expendit abbati vel quibus jusserit computet. Alii autem, sive *grangiarii*, sive qui aliquibus presunt operariis, in presentia cellerarii . . . similiter faciant« (MD 32). Im Jahre 1148 schreibt ein »*camerarius*« an seinen Abt in Corvey: »in perficiendis aedificiis vestris . . . non modica expensa indigebunt«; er habe schon 500 Mark geliehen, »exceptis his, quae adhuc ad residuum operis habituri sumus« (LB Nr. 266). Zwischen 1156 und 1166 überträgt der Abt von Saint-Albans Kirche und Land »in manu et dispositione *cellerarii,* qui curiae praeesset, ut ex redditibus et fructibus ex eis provenientibus provideret quae necessaria forent ad sustentationem supervenientium hospitum, et ad reaedificandas et construendas omnes domos curiae . . .« (LBE Nr. 3848). Der Prior des Klosters Saint-Amand-les-Eaux bestimmt zwischen 1157 und 1167, daß Hörige, die Häuser der Abtei bewohnen, »censum sibi assignatum . . . singulis annis . . . *custodi* ecclesie persolvant . . .« (MD 102). Nach den »consuetudines« der Abtei von Abingdon von 1180-1190 solle der »*camerarius*« 52 Schillinge und 3 Denare für die Kleidung der Mönche ausgeben (LBE Nr. 62). Die Gesta *sacristorum* des Klosters St. Edmunds aus dem Ende des 13. Jahrhunderts erwähnen die Zuständigkeit für den Einkauf öfter (vgl. LBE Nr. 495, 501). Für die gleiche Abtei wird zu Beginn des 13. Jahrhunderts ein Bauvorgang geschildert: »Destructa fuit (vor 1180) camera nostra, et recepit eam Willelmus *sacrista* volens vel nolens, ut eam instauraret; et occulte appruntavit a Benedicto iudeo 40 marcas ad usuram, et ei fecit cartam signatam quodam sigillo quod solebat pendere ad feretrum s. Aedmundi, unde gilde et fraternaciones solebant sigillari, quod postea set tarde fractum est, iubente conventu«; Wilhelm wird auch in anderem Zusammenhang als »pater et patronum« der Juden genannt (LBE Nr. 505, 509).

Noch stärker konnten die Verwaltungsbeamten am Baugeschehen dadurch beteiligt sein, daß ihnen die *Verfügung über die personellen Ressourcen,* insbesondere über die *Handwerker* übertragen war. Das früheste bekannte Hofrecht, das der Bischof Burchard von Worms 1023/25 erließ, möchte die Befugnisse der bischöflichen Dienstmannen einschränken und regeln, da sie »wie reißende Hunde« die Hausgenossen zerfleischten, indem sie den Armen und Schwachen willkürlich Gesetze aufnötigten.[149] Von den Berichten über die Rolle der Verwalter im Bauwesen her gesehen, läßt sich nicht bestätigen, daß sie für die Handwerker immer eine Geißel gewesen sind. Da sie Anteile an den Erträgen ihres Verwaltungsgebietes hatten, wird sich ihre Tätigkeit gewiß oft in reiner Ausbeutung erschöpft haben. Andererseits mußten sie an einer intensiven wirtschaftlichen Entwicklung des Gebietes interessiert sein, und dies setzte ihrer Willkür auch Grenzen. Jedenfalls scheinen manche der Vereinbarungen und Regelungen zur Bemessung der Baudienste, durch die die arbeitsintensive Spezialisierung vorangetrieben wurde, aufgrund der schützenden Initiative dieser Verwaltergruppen zustande gekommen zu sein.[150] Nicht selten zeigt diese Managerschicht energische Eigenaktivitäten, die ihren Herren unbequem werden konnten: Als um 1190 in Haberdun ein Dekan selbständig eine Mühle gebaut hatte, erzürnte sich der Abt und »befahl dem Sakristan, umgehend mit seinen Zimmerleuten hinzugehen und alles einzureißen«. Doch der Dekan »kam den Leuten des Sakristans zuvor und ließ jene Mühle durch die eigenen Leute unverzüglich niederlegen« (LBE Nr. 1994). Der Abt muß die Selbständigkeit eines seiner Verwalter mit Hilfe eines anderen zügeln. Um die gleiche Zeit sah sich in Bury Saint Edmunds der Abt veranlaßt, »die Kustoden abzusetzen und durch neue zu ersetzen, denen er Auflagen« machen konnte (LBE Nr. 532). Im 13. Jahrhundert tritt verschiedentlich die Tendenz hervor, die Baupflichten der höheren bischöflichen Verwaltungsbeamten festzusetzen und zu institutionalisieren, die Ämter den Kanonikern vorzubehalten und im Jahresturnus wechseln zu lassen.[151] In solchen Regelungen wird im nachhinein noch deutlich, welch wichtige Rolle diese Schaltstellen geistlicher Bauaktivität innegehabt haben.

Da die geistlichen Verwalterschichten für die Beschaffung der wichtigsten Baumittel, der Finanzen und der Handwerker, zuständig waren, lag es nahe, aus ihren Reihen auch diejenigen zu bestellen, die unmittelbar die *bauliche Gesamtverantwortung* wahrzunehmen hatten. Die Chroniken schildern sie oft als die maßgeblichen Antriebskräfte, die sich nicht nur mit Geldstiftungen engagieren, sondern auch selbst die Baumaßnahmen prägen und bestimmen. Sie müssen deshalb noch nicht in jedem Fall auch als Baumeister tätig gewesen sein[152], aber es hat doch den Anschein, als sei ein Erfolg in baubetrieblichen Funktionen eine Grundlage für den Aufstieg in der Ämterhierarchie, eine Art Bewährungsprobe, gewesen. Nicht selten wird ein als Bauvorsteher tätiger Propst dann Bischof oder Abt.[153] Es ist wohl auch kein Zufall, daß Benno von Osnabrück ebenso wie Abt Suger aus solchen Verwaltungspositionen ihre großen Karrieren begannen.[154] Der spätere Bischof Robert von Hereford († 1148) ist noch als Mönch nach Weobley geschickt worden, um dort eine Kirche zu bauen: »Daselbst war er als anordnender Verwalter und Aufseher tätig. Man sah aus einem Philosophen jetzt einen Handwerker werden. Man sah ihn in ganz ungewohnter Weise als Steinmetzen Hacke, Picke und Meißel schwingen ... Da er sich nicht schonte und der gebrechliche Körper dem Willenseifer nicht standhielt, wurde er

von dem Kapitel in das Kloster zurückgerufen.«[155] Die Qualifikation in einem Bauamt konnte offensichtlich folgenreich sein, und es
ist begreiflich, warum die Kapitel bei der Besetzung solcher Ämter
immer mehr ein entscheidendes Wort mitzureden versuchten.[156]

Unter dem Abt Gauzlin hat um 1022 in Chatillon-sur-Loire der »*praepositus*« der
Kirche St. Martin »petrino refecit aedificio, qui, aque sentiens penuriam, ...
promptuaria aperit, cementariis tradit, indeque cementum imperat confici« (M 34).
Nach einer Chronik vom Beginn des 12. Jahrhundert haben vor 1034 in Lüttich
»*officiales* episcopi« die Laurentiuskirche »summa alacritate et ingenti gaudio
atque clamore« niedergerissen (LB Nr. 1834). In Siegburg arbeiten unter Erzbischof
Anno (vgl. Abb. 1) 1066 alle »variis in artibus ... instante desuper voce episcopo et
exactoribus eius« (LB Nr. 1346). In Cambrai hat der Bischof Lietbert († 1076) die
Hl. Grab-Kirche vergrößert: »Huic tanto operi exequendo cooperatores et *ministros*
constituit domnus pontifex eos, quos in peregrinatione Ierosolimitani itineris adno-
tavimus fuisse socios, domnum Walcherum *archidiaconum* videlicet et Erleboldum
iudicem civitatis et ministrum« (LB Nr. 1671; vor 1133 geschrieben). In Lyon
starb 1076 »Tedinus sacerdos, hujus majoris ecclesiae *custos*, qui ... in ponte super
Ararim arcum constituit« (M 509). In dem Spendenaufruf des Erzbischofs von Aix
von 1092 wird unter den »quibusdam religiosis«, die sich für den Bau besonders eingesetzt haben, vor allem der Propst hervorgehoben: »Inter quos precipue emicuit
Benedictus *praepositus*, prudentia laudabilis ac bonitate conspicuus, qui eumdem
locum, Deo propicio, cum clero ibidem Domino secum famulante, edificiis, orna-
mentis ... ditavit et auxit« (M 205). Otto von Bamberg († 1139) hat einen Abt so
hoch geschätzt, daß er ihm die Aufsicht über die Stadt übertrug und »etiam egregium
opus, quod tunc inchoaverat (den Dombau) ... eius potissimum magisterio com-
mitteret« (LBE Nr. 128). In Abingdon treten um 1150 mehrere Sakristane als Stifter
auf (vgl. auch LBE Nr. 53), und einer »fecit et cameram abbatis super cellarium, et
capellaam ..., et infirmariam ...« (LBE Nr. 54). Um 1150 wird für eine Abtei in
Lyon erwähnt, ein »*camerarius* hujus ecclesiae, qui ... porticum majoris ecclesiae
columnis marmoreis et picturis decoravit« (M 269). In Reichersperg erneuert ein
1169 gestorbener »*praepositus*« die Klostergebäude »et in aptiorem dispositionem
ordinavit per fratres suos, quos ad hanc partem sollicitudinis idoneos et aptos in
congregatione invenit« (LB Nr. 1233.) Von der Abtei St. Trond bei Lüttich wird
für 1169 berichtet, daß die niedergebrannten Klostergebäude wiederaufgebaut wurden »industria Arnulfi *custodis*, cui id officii ab abbate injunctum erat« (MD 13).
Für Evesham zwischen 1160 und 1190 wird die Tätigkeit eines »*decanus*« beim Bau
von Aquädukten und eines Lavatoriums hervorgehoben, durch dessen »maxime
auxilio« auch »ecclesia et ornamenta et omnia praedicta perfecta sunt« (LBE Nr.
1628).

Man darf sich die unteren Ebenen des geistlichen Verwaltungsdien-
stes als soziale Aufstiegszonen vorstellen. Es gab hier grundsätzlich

keine Anspruchsrechte, die solche Positionen bestimmten Gruppen reserviert hätten. Das Kriterium der *Sachkompetenz* konnte bei der Besetzung der Stellen zur Geltung kommen und den Hörigenschichten Aufstiegschancen bieten. Der Bischof oder das Domkapitel konnten versuchen, qualifizierte Hörige mit Ämtern zu betrauen, um einer Kumulation von Befugnissen bei höheren Amtsträgern entgegenzuwirken. Diese aber konnten die Effizienz ihrer Verwaltung zu erhöhen suchen, indem sie Teilfunktionen in ihrem Amtsbereich Abhängigen übertrugen. Die Durchlässigkeit und vertikale Mobilität in den baulichen Verwaltungsstrukturen geistlicher Herrschaften ermöglichte allgemein auch Laien den Eintritt in den geistlichen Verwaltungsdienst und eröffnete insbesondere qualifizierten Handwerkern Aufstiegsmöglichkeiten. In der vertraglichen Ein- und Angliederung von Baumeistern in die geistliche Familia, in ihrer Ausstattung mit Grundstücken und Häusern[157] darf man den Versuch sehen, ein abgehobenes Fach- und Nachwuchspotential verfügbar zu halten. Die späteren Dombauhütten[158], die vertraglich an einen Bau gebunden und als privilegierte Sonderorganisation der geistlichen Herrschaft angegliedert sind, übernehmen die Positionen, die seit dem 11. Jahrhundert von Hörigen und sonstigen Laien ausgebaut worden waren.

Um 1100 traten zwei »milites« als Konversen in die Abtei St.-Martin-de-Tournay ein, wo sie vom Abt in bauintensive Ämter eingewiesen wurden (M 290 f.; um 1150 geschrieben). In Frankenthal hat der Abt vor 1152 »Gotfridum diaconum et Gosmannum laicum« zum Bauen abgestellt (LB Nr. 390). Laien waren dann doch wohl auch die »operis operarii« Conettus Conetti und »Henricus cancellarius«, die 1153 am Dom zu Pisa tätig waren, und von denen ersterer den aufsehenerregenden Säulentransport aus Elba und Sardinien bewerkstelligte (LB Nr. 2355). 1166 verkauft der Bischof von Avignon die Hälfte der Brückenzölle an »ministris et magistris et hospitalariis sive fabricatoribus pontis« (MD 115 f.). In der 2. Hälfte des 12. Jahrhunderts hat sich ergeben, daß in Durham ein »vir quidam conversatione quidem secularis, mentis tamen devota conversione fidelis«, der nicht nur studiereifrig, sondern auch ein »prudens architectus in omni structura artis forissecae« war, vom Bischof zum Bauvorsteher gemacht wurde: »ei operibus, quae noviter incoeperat, eum praeficeret, et ad nutus ipsius imperia quaecunque disposuerat, ordini consummarique praeciperet. Qui, ea quae instituit, multo decentius consumavit; quia novit et diruta risarcire, effossa corrigere, coepta bene in melius promovere et consummanda convenienti fine inclusa terminare« (LBE Nr. 5192). 1163 äußern Domherren den Vorwurf, der Propst suche sich durch Landverleihungen ergebene Dienstmannen zu verschaffen (vgl. Berges 146).

In der zentralen Rolle, die die Verwalterschichten in den verschiedensten Positionen im mittelalterlichen Bauwesen gespielt haben, konkretisiert sich der Verfallsprozeß bauherrlicher Autonomie. Schon rein betrieblich kann ein Großbau nicht als Ausfluß eines einzigen, herrscherlichen Willens angesehen werden. Dieser verzweigt sich gleichsam in die Aktivitäten derer, die tatsächlich über das umfängliche Mittelnetz verfügen und die sachlichen Kompetenzen innehaben. Aus der Sicht dieser noch nicht emanzipierten, sondern herrschaftlich eingebundenen Verwalterschicht stellt sich ein Großbau wohl am ehesten als das Ergebnis einer Gesamtleistung, als Fähigkeitsbeweis nicht eines ›Einzelnen‹, sondern einer ›Gemeinschaft‹ dar (s. o. S. 31). Man möchte annehmen, daß aus einer solchen Sicht auch die Schlagworte in Umlauf gesetzt wurden, die einen Kathedralbau wie den Chartreser als Spiegel des ganzen Landes und als Ruhmeszeichen der Stadt bezeichnen. In diesen Bildern ist nicht nur der bischöfliche Willensanteil ausgeblendet, sie enthalten auch eine Leitvorstellung, die den Verwalterschichten nahegelegen haben muß: daß lokale ›Stadt‹ und überregionales ›Land‹, konzentrierender ›Spiegel‹ und expandierender ›Ruhm‹, daß Zusammenfassung und Ausstrahlung, Einnehmen und Ausgeben, Einzelwohl und Gemeinwohl nicht mehr voneinander zu trennen waren.

3. Die Entwicklung zentraler Bauzuständigkeiten in den weltlichen Herrschaften

Wer heute danach fragt, was der kunsthistorischen Forschung über Formen der Bauorganisation und über Bauinitiativen im Bereich der weltlichen Herrschaft des Mittelalters bekannt ist, sieht sich auf einige oft wenig stichhaltig erscheinende Anhaltspunkte verwiesen. Sofern er nicht auf die großartigen Ergebnisse der kontinuitätsgestützten Forschungen in England trifft, begegnet er stereotypen Vereindeutigungen, die aus Bischofskirchen ›Kaiserdome‹ machen, er stößt auf vage, aus der Literaturgeschichte herrührende Vermutungen über eine ›höfische Kultur‹ und schließlich auf zwei Sachkomplexe, über die sich anscheinend mit Gewißheit Aussagen machen lassen: schon am Hofe Karls des Großen habe es eine ›Bauakademie‹ gegeben, der Einhard als ›Kunstintendant‹ vorstand, und am Musenhof Kaiser Friedrichs II. hätten gewiß auch Künstler zu Tisch gesessen.[159]

Von dem quellenmäßig am besten belegten dieser Anhaltspunkte, vom Kunst- und Baubetrieb am Hofe Karls des Großen, haben wir weniger gesicherte Kenntnis, als uns einige Darstellungen, die sich gelegentlich von den Verhältnissen unter Ludwig XIV. von Frankreich leiten lassen, glauben machen wollen. Die zeitgenössischen Quellen zum *karolingischen Kunstbetrieb* sind widersprüchlich. Wenn sie sich präziser äußern, dann sind sie eher durch das byzantinische Vorbild als durch das karolingische Realbild geprägt. Als sicher darf man zunächst nur annehmen, daß den Grafen und auch den Kirchenherren eine bauliche Fürsorge aufgetragen war und sie Bauhilfen an den Hof liefern mußten. Doch innerhalb ihrer Verfügungssphäre scheinen die Lokalbeamten ganz selbständig und unabhängig von Direktiven der Hofzentralen gebaut zu haben. Diesen stand gewiß, wie jedem grundherrlichen Hof, eine eigene Werkstätte zur Verfügung. Doch über ihre Organisation wissen wir nichts, was ein jüngeres Urteil über die karolingische Hofverwaltung widerlegen könnte: »Ein festes organisatorisches Gerüst bestand nirgendwo, auch nicht am königlichen Hofe selbst.«[160]

Wenn es in der Karolingerzeit vielleicht auch noch ein lockeres überregionales baupolitisches Kontaktsystem gegeben hat, so ist ein solches für die Zeit nach dem Tod Karls des Großen auszuschließen. Der Zerfall der überregionalen Verwaltungswege und die Partikularisierung der Hoheitsrechte bei Herzögen, Bischöfen, Markgrafen, Grafen oder Vögten verlagerte die Baubefugnis vollends in die lokalen Machtkreise. Die Befestigungsordnung, die der Bischof Burchard von Worms um 900 erließ, zeigt, daß sich im lokalen Bereich eine systematische und intensive bauliche Zusammenfassung entfalten konnte (Schl. 1892, Nr. 209). Die durch Verteidigungszwänge und durch autogenen Machtausbau vollzogene Rückbildung zu den Stammesherzogtümern, bischöflichen Stadtherrschaften, adligen Bann- oder klösterlichen Immunitätsbezirken, die sich alle auch voreinander zu schützen hatten, bedeutet doch eine Konzentration in einer eingegrenzten Sphäre, die früher oder später wieder aus sich herausdrängte. Auf die entwickelten Kernbereiche, die die Bischöfe ausgebaut hatten, stützte sich der ottonische Versuch, die Königsbefugnisse zu reaktivieren. Dabei verblieben allerdings die baupolitischen Initiativen fast ausschließlich bei den Reichsbischöfen.

Von einer zentral gelenkten ottonischen Baupolitik kann wohl nicht die Rede sein, allenfalls von einer zentral bezuschußten.[161] Der König sah sich gewiß in den bischöflichen Großbauten mitrepräsentiert und legte wohl auch Wert darauf, bei den Kirchweihen präsent zu sein. Doch einen Anlaß für eine eigenständige königliche Baupolitik gab es nicht. Es ist vielleicht bezeichnend, daß es heißt, Otto III. habe den Meister Johannes, den er zur Ausmalung der Pfalzkapelle von Italien nach Aachen geholt hatte, als Bischof in sein Heimatland zurückgeschickt.[162] – Auch in den anderen westeuropäischen Königreichen sind bis zur Mitte des 11. Jahrhunderts die großen Bauunternehmungen von den lokalen Machtzentren ausgegangen. Bischöfe, Äbte und Grafen bauen die Mauern, Brücken, Burgen und Kirchen. Wenn zu Beginn des Jahrhunderts die Gesetze der Angelsachsen Sanktionen androhen für den Fall, daß bestimmte Baupflichten vernachlässigt werden, dann zeigt sich darin die relative Kompetenz, die sich die englischen Könige seit Alfred dem Großen gerade in Baudingen bewahren konnten. Doch es ist nicht ersichtlich, daß der englische König über die Handwerker in seinem Gefolge anders verfügt hätte, als es sonstwo an den Salhöfen der Großgrundherren geschah.[163] Auch in England sind es die weitgehend autonomen Earls, Grafen, Äbte und Bischöfe, die durch Stiftungen und Großbauten, bei deren Errichtung sie sich der in den Klöstern angesammelten technischen Erfahrungen bedienen[164], ihren selbständigen Status untermauern.

Seit der Mitte des 11. Jahrhunderts kommen in den Königreichen und Fürstentümern zunächst vereinzelt, dann immer ausgeprägter Bestrebungen auf, die auf eine energischere Entfaltung zentraler, überregionaler Bauzuständigkeiten und entsprechender Organisationsformen hinzielen.

Die früheste Form, in der sich ein herrscherlicher Bauwille konkretisiert, ist die Übertragung der Verantwortung für ein bestimmtes Bauprojekt an einen *Hofbeamten* aus der unmittelbaren Umgebung des Königs. Der bekannteste Vertreter dieses Typus ist Benno von Osnabrück, der seine vielseitigen Fähigkeiten auch dem königlichen Bauwillen zur Verfügung stellte. Mit ihm war das Amt des bischöflichen Vizedominus erstmals auch in die königliche Hausgutsverwaltung gelangt. Als Vogt an der Kaiserpfalz im Geldzentrum Goslar war Benno, der einem schwäbischen Ministerialengeschlecht entstammte, auch als Bauorganisator tätig. Auf königlichen Befehl ging er zur Sicherung der Domsubstruktionen nach Speyer. Folgenreich war der Auftrag des Kaisers an Benno, den Bau der Königsburgen in Sachsen zu leiten.[165] Benno ist jedoch nicht der einzige Vertreter des bauaktiven königlichen Beamtentums. Sein Gegenstück in England ist Gundolf aus Vexin (Normandie), der ebenfalls vom geistlichen in den weltlichen Verwaltungsdienst überwechselte; auch er wird als »in Baudingen sehr kenntnis- und erfolgreich« bezeichnet; er hat für die normannischen Eroberer die frühesten englischen Steinburgen gebaut, und auch der Entwurf zum Tower in London wird ihm zugeschrieben. Gundolf beendet seine Karriere als Bischof von Rochester so wie Benno die seine als Bischof von Osnabrück. Ihm vergleichbar ist auch jener Ritter Robert de Bellême, dessen ingeniöse, von vielen Seiten beanspruchte Fähigkeit zum Bau von Befestigungen bzw. zu ihrer Zerstörung Ordericus Vitalis preist. Robert verwaltete dann in England im Auftrag des Königs mehrere Burgen. Da er sie aber zum eigenen Machtausbau nutzte, wurde er 1102 verbannt.[166] Daß ein König in seiner Umgebung zuverlässige Leute benötigte, die in der Lage waren, einen königlichen Baubefehl umzusetzen, wird recht anschaulich um 1100 in der Chronik der Abtei von Croyland gezeigt. Über die Gründung der Abtei durch König Edred († 995) heißt es dort: »Der König aber nahm alles in seine Hand, zog am folgenden Tag Zimmerleute und Maurer zusammen, stellte den Handwerkern und dem ganzen Platz einen Geistlichen namens Egelric voran, der aus seinem Gefolge kam und über den Abt (und Kanzler) Turkestul mit ihm auch verwandt war, und wies dann, nachdem die Gelder aus der Staatskasse herbeigeschafft waren, aus den benachbarten Wäldern und Steinbrüchen große Mengen Holz und Steine zu ... Nachdem aber der König den einzelnen Bauten Arbeiter zugewiesen hatte und seinem getreuen Kleriker die Aufsicht über die Handwerker übertragen hatte, ... kehrte er nach London zurück« (LBE Nr. 1149). Nur noch partiell gehört der Abt Suger von Saint-Denis dieser Phase der personengebundenen königlichen Bauaktivität an. Aus kleinen Verhältnissen kommend, war auch er über den klösterlichen Verwaltungsdienst in den Kreis der königlichen Ratgeber vorgedrungen. Von 1147 bis 1149, als der König am Kreuzzug teilnahm, waren ihm die Regierungsgeschäfte übertragen worden. Suger soll diese Zeit genutzt haben, wie ein ›guter Familienvater‹ für die Wiederherstellung aller Könighäuser zu sorgen, so daß der König sie bei seiner Rückkehr alle besser vorfand als zuvor (MD 87).

Auf dieser ersten Stufe der Entwicklung einer königlichen Baupolitik handelt es sich um die Wahrnehmung einzelner Gelegenheiten oder um die Entfaltung demonstrativer Initiativen, noch nicht um die organisatorische Absicherung einer konstanten, öffentlichen königlichen Baufürsorge. Diese setzt voraus, daß dem zentralen Willen eine breitgestreute Schicht *lokaler Beamten* verfügbar wird, die bereit und fähig sind, einen zentralen Impuls aufzugreifen und ständige Aufgaben wahrzunehmen. In Sachsen war ein erster Versuch, über Bennos Burgen eine solche Verwalterschicht zu etablieren, gescheitert. Wir haben hier nur zu verfolgen, wie und wann diese Dienstmannen, Ministerialen, Vicecomites, Kastellane, Vögte, Sheriffs, Meier, Gastalde, oder wie immer diese schillernden Verwaltergruppen in den verschiedenen Zeiten und Regionen heißen mögen, für eine zentrale Bauaktivität eingesetzt wurden. Ein erster Ansatz läßt sich einer Verfügung des Herzogs von Aquitanien zugunsten eines Klosterbaus in Poitiers im Jahre 1077 entnehmen: Er überträgt dem Kloster unter anderem Fischweiher und Mühlen. Die Mühlsteine sollen von abgabepflichtigen Leuten angefertigt werden. Der Amtmann des Verwaltungsbezirks, in dem die Steine gebrochen werden, soll sie bis zu einem bestimmten See, ein anderer soll sie bis zum Zielort bringen (M 242). Dem Herzog stehen also Amtsträger, ›judices‹, zur Verfügung, die zwar innerhalb festgelegter Grenzen operieren, die aber etwa für bestimmte Transportdienste zentral eingesetzt werden können. Um 1100 soll auch, nach einem etwa dreißig Jahre späteren Bericht, der Normannenherzog einem seiner Grafen befohlen haben: »Stelle die eingestürzten Schutzwälle der Burg wieder her und ziehe dazu schleunigst Bauleute, die nach Gewinn trachten, zusammen« (M 277). Die Instandhaltung der Burg und die Verfügung über das Burgwerk gehörten von alters her zum Aufgabenbereich eines jeden Burgherren;

hier werden sie ausdrücklich als eine vom oberherrlichen Willen abgeleitete Funktion bestimmt. Immer deutlicher und energischer greifen Könige und Fürsten seit dem 12. Jahrhundert auch für andere Bauvorhaben auf ihre lokalen Beamten zurück. Die Chronik von Abingdon, die uns in einer Handschrift aus dem 13. Jahrhundert überliefert ist, berichtet, daß der dortige Abt den König um 1100 um Hilfe für seinen Klosterbau gebeten habe, worauf der König an den Sheriff von Berkshire geschrieben habe, er solle dem Abt gestatten, Blei für den Kirchenbau zu nehmen. Außerdem habe König Heinrich I. 1104 seinem Falkner und all seinen Wild- und Waldhütern geschrieben, sie sollten den Abt »ohne jeden Widerstand« Holz heranholen lassen (LBE Nr. 45, 46). Wenn im Jahre 1127 der Herzog von Aquitanien für den Bau zweier Abteien Handwerker freistellt und ausdrücklich verfügt, sie dürften auch durch die Gewalt seiner Ministerialen nicht anderen Aufgaben zugeführt werden, dann geht daraus hervor, daß diese Dienstgruppe in der Regel eine entsprechende Verfügungsgewalt innehatte, so wie es dann zwei Jahre später für den bischöflichen Burggrafen von Straßburg bezeugt wird.[167] Das Privileg zeigt aber auch, daß den Dienstgruppen von zentraler Stelle Aufgaben und Verfügungsziele zugewiesen, und daß ihnen Verfügungsrechte auch entzogen werden konnten. An den Abt Suger, als Regenten des Reiches, richtet 1148/49 der Erzbischof von Bordeaux ein Schreiben, in dem er ihn bittet, für die dortigen Festungswerke Sorge zu tragen, da der verantwortliche, kürzlich verstorbene Praepositus die ihm verfügbaren Gelder nicht, wie es notwendig gewesen wäre, für die Herrichtung der Festungen habe verwenden können (MD 73). Die Beschwerde reklamiert eine gewisse zentrale Verantwortung gegenüber den Zufällen der lokalen Verwaltung. Die mit ihrem Amt beliehenen Verwaltungsträger in Stadt und Land, in Bistümern und Abteien, die an den Brücken-, Wege- und Marktzöllen beteiligt sein konnten und deshalb auch entwicklungspolitische Interessen hatten, und die als ›Mittelschicht‹ um ihren sozialen Aufstieg kämpften, waren immer auch bestrebt, ihre Machtstellung auszubauen und gegenüber ihren Dienstherren abzuschirmen, ihre Ämter zu feudalisieren, ihre Befugnisse herrenrechtlich zu fundieren. Diesen Bestrebungen kam entgegen, daß es kein zentrales Kontrollsystem gab. Bei der Ausführung zentraler Bauaufträge hatten die Verwalter offensichtlich freie Hand und mancher Bericht läßt erkennen, daß sie vielfach aus eigener Initiative Bauten in Gang gesetzt haben.[169] Die Effizienz einer überregionalen, zentralen Bauverantwortung wird immer davon abhängig sein, ob es gelingt, solche intermediären Verfestigungen, die den Zugang zu den materiellen und personellen Baumitteln absperren konnten, zu durchbrechen und durchlässig zu halten.

Hier seien nur einige Stellen angeführt, in denen die Aktivitäten dieser Schicht Erwähnung finden: Der Abt Desiderius von Montecassino († 1081) soll vom »vicecomes Richardi principis« u. a. geschenkt bekommen haben, »quando coepit renovare ecclesiam s. Benedicti, solidos Amalfitanos 800« (LB Nr. 2846). Um 1076 in England »erat vicecomes Wigorniae a rege constitutus, qui in ipsis pene faucibus monachorum castellum construxit, adeo ut fossatum cimiterii partem decideret« (LBE Nr. 4861). Für die Abtei von Abingdon wird von einem königlichen »constabularius« berichtet, »in cuius custodia erat illo tempore provincia illa in praeceptis et in factis, adeo ut de ore regis proferretur illi actio«. Von seiner »cupiditate pecuniarum« war zwischen 1066 und 1100 vor allem die Abtei betroffen. Doch nach einem Reuerlebnis wird er dann zu einem »reparator ecclesiarum et recreator pauperum«, indem er 100 Mark für den Klosterbau stiftet und an anderer Stelle »ex sumptu suo« unter anderem einen »pons magnus« bauen läßt (LBE Nr. 30). In Andres ist 1130 eine »domus infirmorum lignea« abgebrannt, die »a nobili viro Radulpho de Dovera, domini Manassis comitis commilitone et amico speciali, composita, ea quidem intentione quod cum eodem comite decreverat in sancto proposito vite residuum ducere ...« (M 388). Der »vicecomes« von Béarn überläßt 1123 dem Cluniazenserkloster Sainte-Foy in Morlaas Land, »in qua construxi unam rudam burgi Sancti Nicholai quam ei abstuleram, recognoscens me graviter deliquisse ...« (M 355 f.). Ähnlich zwischen 1140 und 1144 der Sohn des »constabularius regis Stephani« in Monks Horton (LBE Nr. 4183). Vielleicht verdient die Schilderung der Zustände in Amboise Erwähnung, denn sie zeigt, aus welchem Blickwinkel man 1154 auf die Zeit um 1060 zurücksah: Dort hätten drei »optimates« jeweils stark befestigte Häuser besessen, ohne irgendwie rechtlich aneinander gebunden zu sein (nullum servitium alter alteri debebat), und dies, obwohl einer von ihnen durch den Grafen von Anjou mit dem Amt eines Kustos seines Palastes (custos domus consulis) beliehen worden war (M 113). Solche Verhältnisse hielt man offenbar um 1150 schon kaum mehr für möglich.

Wohl infolge der Selbständigkeitsbestrebungen bei den lokalen Ämtern ist eine dritte Stufe der Entfaltung und Mobilisierung königlicher Bauaktivität gekennzeichnet durch den Ausbau *zentraler Zuständigkeiten* im Rahmen der höfischen Ämter. Die königliche Bautätigkeit wird nicht mehr einem einzelnen, zufällig geeigneten Hofangehörigen übertragen. Sie stützt sich zwar weiterhin auf die lokalen Verwalter, diese werden jedoch sowohl materiell wie personell vom Hofe aus kontrolliert und einer regelmäßigen Aufsicht und einer Rechenschaftspflicht unterworfen. Ein sehr bekannter, deshalb aber nicht weniger rätselhafter Bericht aus den Jahren um 1160 über das Eingreifen Kaiser Heinrichs IV. beim Dombau zu Speyer um 1090 läßt das Bedürfnis nach einer verstärkten Bauaktivität der Zentralgewalt deutlich werden. Der Vorgang wird, leicht abweichend, in zwei Viten des Bischofs Otto von Bamberg († 1139), des engen Beraters Heinrichs IV., erzählt: Diesen Berichten zufolge hat der Kaiser nicht nur aus dem eigenen, sondern auch aus fremden Königreichen die Baufachleute herangeholt und jährlich unermeßliche Summen in den Dombau investiert. Doch die Bauvorsteher zögern, teils aus Nachlässigkeit, teils aus Eigennutz, den Bau hinaus und wirtschaften große Geldbeträge in die eigene Tasche. Deshalb wird dem Kaiser geraten, seinen Hofkaplan Otto, der später zu seinem Kanzleileiter und 1102 zum Bischof von Bamberg werden wird, nach Speyer zu schicken und ihm den Bau zu übertragen. Außerdem solle er anordnen, daß die Handwerker und ihre Vorgesetzten Otto allein zu gehorchen hätten, daß sie vor ihm alle Auszahlungen vornehmen und vor ihm wieder verrechnen sollten. Die Vita des Ebbo berichtet auch, Otto sei oft an den kaiserlichen Hof gereist, um dort die übriggebliebenen Gelder getreulich zurückzuerstatten.[169] Es ist in höchstem Maße unwahrscheinlich, daß dieses Abrechnungsverfahren um 1100 praktiziert worden ist. Es läßt sich nicht einmal belegen, daß die staufische Bauverwaltung um 1160, als diese Viten entstanden, schon entsprechend ausgebildet war. Wohl aber sind die finanztechnischen Teile des Bauberichtes in England bereits in voller Entwicklung. Denkbar wäre, daß sie als Reformvorschlag für die kaiserliche Baupolitik um 1160 in die Viten aufgenommen wurden. Diese kennen noch den Vertretertypus, der in der Art Bennos vom Hof an einen Bauplatz entsandt wird. Sie kennen auch die örtliche Zuständigkeit für ein königliches Bauprojekt und die Probleme, die sich für die Zentrale aus dem Selbstbewußtsein lokaler Verwalter ergeben konnten. Nicht also, daß Otto entsandt wird, wohl aber, daß er mit dem Mittel der finanztechnischen Kontrolle die zentrale Zuständigkeit zur Geltung bringen soll, ist ein Lösungsmuster, das erst um 1160 denkbar wurde.[170] In England ist die zu Beginn des 11. Jahrhunderts eingerichtete zentrale Schatzkammer (Exchequer) erst um 1150 auch zu einem Kontrollorgan gegenüber der Bautätigkeit der Lokalbeamten ausgebildet worden.

Die günstige Quellenlage, aber auch der fortgeschrittene Stand der Forschung erlauben einen genaueren Einblick in die Ausbildung zentraler Bauzuständigkeiten bei der königlichen Hofverwaltung in England. Die dortigen Entwicklungen müssen deshalb die Folie abgeben, vor der die spärlichen Nachrichten aus anderen Königreichen und Fürstentümern gelegentlich in einen Zusammenhang rücken können.

In der ›anarchischen Phase‹ der englischen Monarchie, während der Regierungszeit König Stephans († 1154), hatten sich die Lokalbeamten, die Sheriffs, sofern sie von den Earls nicht mediatisiert worden waren, selbständige Machtsphären geschaffen. Die mehr als tausend Kastelle, die in diesen Jahrzehnten errichtet worden sein sollen, bezeugen, daß die Sheriffs ihre öffentlichen Baupflichten eher in einem privatistischen Sinne erfüllten. Diesem Zerfallsprozeß ist dann unter König Heinrich II. (1154-1189) energisch durch Reformen entgegengearbeitet worden, die auch die königliche Bautätigkeit betrafen. Nicht ganz sicher, aber wahrscheinlich ist, daß sich schon in den fünfziger Jahren ein Mechanismus herausgebildet hatte, der auch für spätere Zeiten grundlegend bleiben sollte: Für die Bauunternehmungen blieben die Sheriffs zuständig, die zu diesem Zweck das Verfügungsrecht über jeden Handwerker ihres Verwaltungsbezirkes hatten. Aus benachbarten Grafschaften konnten zusätzliche Hilfskräfte requiriert und die Leistungskapazitäten mehrerer Sheriffs auf ein Bauobjekt konzentriert werden. Von der königlichen Hofkanzlei erging an den Sheriff eine schriftliche Order, die das Bauvorhaben beschrieb, die Termine festlegte und die Mittelquellen anwies. Mit dieser Order hatte der Sheriff bei seinem jährlichen Rechenschaftsbericht vor dem Exchequer, der Finanzkammer, zu erscheinen. Nach Vergleich mit den zurückgehaltenen Abschriften dieser Bauorder wurden seine Bauinvestitionen von der Summe seines Abgabesolls abgezogen.[171] Dieses System, das die Lokalverwalter zwar in ihrem Finanzgebaren kontrollierte, aber im übrigen ganz frei schalten ließ, wurde dann schrittweise um Elemente erweitert, die einen unmittelbaren Zugriff der zentralen Instanzen gewährleisteten. Seit 1159 enthalten die schriftlichen Aufträge an die Sheriffs die Ankündigung, nach Abschluß der Arbeit werde ein vertrauenswürdiger Mann, ein ›Visor‹, den Bau besichtigen und abnehmen. Dieser Versuch, die Bautätigkeit selbst in die zentrale Aufsicht einzubeziehen, steht in dem Gesamtzusammenhang der Versuche seitens der unmittelbaren königlichen Umgebung, der ›Kammer‹, die Ausübung königlicher Regalrechte durch die Sheriffs und die damit verbundenen Einnahmen mit Hilfe von Reisekontrolleuren, dann auch mit Hilfe von Reiserichtern, direkt in die Hand zu nehmen. Der erste, seit 1166 amtierende Kämmerer überwacht auch die Erweiterungen und Verbesserungen an den königlichen Häusern.[172] Gleichzeitig mit diesen Straffungsaktionen ist ein verstärkter *überregionaler Einsatz von Spezialistentrupps* zu beobachten; der König oder die Kammer nutzt die in seinem Haushalt immer schon vorhandenen Techniker, um über sie den Bau einzelner wichtiger, meist militärtechnischer Anlagen unmittelbar voranzutreiben. Seit 1158 wird ein ›ingeniarius‹ namens Alnoth zunächst vornehmlich in London und Westminster für Arbeiten an Werften, Ufermauern oder Palästen tätig. Im Jahre 1175 aber wird er mit einem Trupp angeheuerter Zimmerleute und Maurer nach Suffolk geschickt, um das Kastell des rebellischen Earl of Norfolk niederzulegen.[173] Über solche Ingenieure, die als Instrumente eines zentralen Willens einen überregionalen Aktionsradius entfalten, verfügt der König in größerer Anzahl. Ihre Operationsbasis erweitert und festigt sich, je durchlässiger und beweglicher die lokale Verwaltungsebene wird. Im Jahre 1170 war ein großer Teil der Sheriffs abgesetzt und durch einfache Ritter abgelöst worden; der Einsatz königlicher Reiserichter entkleidete sie wesentlicher Funktionen. In den neunziger Jahren wird diese Tendenz dadurch verstärkt, daß zunehmend Unterbeamte, Kastellane oder Kustoden, eingesetzt werden, die unabhängig von den Sheriffs verwalten, bauen und agieren. Sie werden direkt von der Finanzkammer bezahlt, weshalb sie von der Zentrale abhängiger sind als die Sheriffs, die ihre Gewinne aus der Verwaltungstätigkeit zogen. Seit dem Beginn des 13. Jahrhunderts werden diese Leute auch als ›Kustoden‹ einzelnen königlichen Bauprojekten vorangestellt. In dieser Funktion des ›keeper‹ oder ›custos‹ werden dann auch Baumeister oder Handwerker eingesetzt; es ist dies die erste Stufe einer Übernahme von Handwerkern in den königlichen Dienst, die über eine Verdingung auf der Ebene des Dageschalks im königlichen Hauswesen hinausgeht.[174] Dieses Aufbrechen der lokalen Verwaltungsstrukturen durch den Einsatz abhängiger, ernannter Beamter niederen Ranges verschafft der königlichen Bauaktivität einen neuen, jederzeit aktivierbaren Fundus. In den Chroniken spiegelt sich dieser Strukturwandel auch darin wider, daß jetzt sehr viel häufiger hohe Amtsträger des königlichen Hofes bei Bauvorhaben eine Rolle spielen. Sie nutzen eine Infrastruktur, die einem zentralen Impuls neue Entfaltungsmöglichkeiten und dem königlichen Bauauftrag jederzeit Verwirklichungschancen bot.

In Lessnes hat 1178 »Ricardus de Luci, iusticiarius regis in Anglia« den Grundstein zu einem Kirchenbau gelegt. Matthew Paris († 1259) fügt dieser Nachricht hinzu, Richard sei dabei »provocatus exemplo senescalli Henrici regis (von Eudo, † 1120) . . . qui apud Colecestriam ecclesiam conventualem fundavit« (LBE Nr. 2303, 2304). Das Amt des Seneschalls war das Vorgängeramt des Justitiarius. Für 1190 wird berichtet: »Venit igitur cancellarius ille (Willelmus, episcopus Eliensis, iustitiarius Angliae, † 1197) in Angliam, et fecit turrim Lundoniarum (Tower) circumdari profundissimo fossato . . .« (LBE Nr. 2623). Einem eigenen Amtsbewußtsein begegnet man 1190 in Harford: Heinrich II. übergab dem »iustitiarius Angliae« die dortige »villam regis«, wo dann »idem Ranulfus domum magnam construxit, in cuius pinnaculo effigiem cervi statuit: quod factum fuisse creditur ut adimpleretur vaticinium illud quod dicitur . . .« (LBE Nr. 2006). In einem Bericht aus der 2. Hälfte des 13. Jahrhunderts wird diesen Beamten auch ein ästhetisches Programm zugebilligt: Nach dem Brand von 1184 in Glastonbury sei Heinrich II. so sehr von Mitleid befallen worden, daß »cuidam *camerario* suo, videlicet Radulfo . . ., commisit (abbaciam), ea condicione, ut monachos competenter exhibens totum residuum de redditibus in aedificiis reparandis, et ecclesia construenda, effunderet . . . ex lapidibus quadris opere speciosissimo consummavit (Radulfus), nichil ornatus in ea praetermittens. Officinas omnes reparavit . . . Quodque minus habebat de Glastonia, manus regia suplebat« (LBE Nr. 1880). Weitere Zeugnisse für die Aktivitäten dieser Gruppe s. u. S. 126 f.

Diese Entwicklung der königlichen Bauorganisation in England scheint sich beispielgebend auf die Verhältnisse des Kontinents ausgewirkt zu haben; sie setzt sich, mit einigen sachlichen und zeitlichen Verschiebungen, in großen Teilen Europas durch. Allenthalben erscheinen die institutionellen und personellen Organe, die die Präsenz einer überregional disponierenden, öffentlichen Bauverantwortung bezeugen.

Der englische König konnte als Herzog der Normandie selbst für eine

Übertragung der Verfahrensweisen der englischen Bauverwaltung auf den Kontinent sorgen, es sei denn, diese wurden ihm, was wir nicht wissen, allererst aus der Normandie übermittelt. Im Jahre 1194 bekundet Richard Löwenherz, er wolle den Mauerbau in Rouen unter der Aufsicht seines Seneschalls und seiner lokalen Beamten ausgeführt sehen.[175] Dem Herzog standen also Unterbeamten zur Verfügung, die im lokalen Rahmen einen zentralen Bauwillen durchsetzen konnten. Die einzigen erhaltenen Rotuli der zentralen normannischen Finanzbehörde von 1198 bestätigen, daß die Bauaktivitäten ähnlich wie in England organisiert waren. Die lokalen Beamten führen die Bauaufträge aus und müssen darüber vor der Finanzkammer Rechnung ablegen. Es gibt aber auch Zahlungen an Handwerker, die auf Befehl des Königs geheuert und an die Bauplätze verschickt oder von den Lokalbeamten dem König zugeschickt werden. Die Unabhängigkeit des Hofes gegenüber den Lokalbeamten kommt hier auch so zur Geltung, daß er unmittelbar Baukonsortien engagiert, die die Bauaufträge dann selbständig erledigen (MD 175 ff.). Im Unterschied zu den Verhältnissen in England muß und kann der Herzog hier öfter mit den Initiativen städtischer Parteiungen und Organe rechnen – wie schon 1162 Heinrich II. bei dem Brückenbau der Ritter und Bürger in Saumur.[176]

Die Kooperation mit städtischen Kräften spielt in der baupolitischen Entwicklung *Frankreichs,* die vor allem unter Philippe-Auguste (1180-1223) in Bewegung kommt, eine größere Rolle als in England. Ähnlich wie dort, und wahrscheinlich von da angeregt, werden gegen Ende des 12. Jahrhunderts mit den Baillis auch in Frankreich jene niederbürtigen Schichten zu besonderen Zwecken von der Zentrale aus eingesetzt; auch sie werden direkt von der Zentrale bezahlt und haben die Aufgabe, in den verhärteten, von den älteren Verwaltungsschichten der ›Praepositi‹ usurpierten Lokalbezirken die königlichen Kompetenzen zu vertreten und zur Geltung zu bringen. Gerade im Bauwesen läßt der König diese Dienstgruppe öfter mit bürgerlichstädtischen Gruppen zusammenarbeiten. Für den Bau der Stadtmauer von Paris 1190 setzt der König sieben städtische Schöffen ein (MD 150, Anm. 4). Die Markthallen von Paris hat der König auf die Bitten eines Dieners errichtet, der für ihn Handel trieb und dann auch den Bau leitete.[177] Den Entschluß zur Straßenpflasterung in Paris leitet der König ein, »nachdem die Bürger und der Propst jener Stadt zu Rate gezogen worden waren«.[178] Die frühesten erhaltenen, vor 1212 ergangenen Anweisungen des Philippe-Auguste an seine lokalen Verwalter[179] enthalten bei den Bauaufträgen einen Kostenvoranschlag, Kurzbeschreibungen des Auftrags und Angaben über die heranzuziehenden Geldquellen, wobei häufig auch die ›burgenses‹ genannt werden (s. o. S. 84). Anders als in England enden die Beschreibungen der Bauvorhaben in einer von drei stereotypen Formeln, wonach etwas gemacht werden solle, wie es vom König oder in seiner Gegenwart zugeteilt worden sei.[180] Es muß also, neben den Anregungen, die aus den lokalen Ämtern kamen, eine bauliche Beratungsmöglichkeit in der Umgebung des Königs selbst gegeben haben. Gelegentlich kommt auch die Wendung vor: »so wie es Meister Amauricus zugeteilt hat«. Da dieser Name dann nicht wieder unter den mit der Ausführung beauftragten Bauleuten genannt wird, könnte es sich um einen Meister handeln, der, ähnlich wie die ›Ingenieure‹ am englischen Hof, dem König ständig verfügbar war (MD 214 ff.).

In Deutschland sind wohl keine vergleichbaren Anstrengungen zur Konzentration der Baubefugnisse unternommen worden; auch nicht in den Territorialfürstentümern, vor denen die zentripetalen Tendenzen halt machten. Obwohl Heinrich der Löwe etwa öfter in England gewesen ist, läßt sich, vorläufig jedenfalls, ein Einfluß der englischen Verhältnisse auf Deutschland nicht nachweisen. Dagegen fiel den *Staufern* 1215 mit der Eroberung des normannischen Königreiches in *Süditalien* auch ein bauorganisatorisches Instrumentarium in die Hand, das die Normannen dort, gewiß nicht unabhängig von den Bestrebungen ihrer englischen Verwandten, entwickelt und vielleicht aufgrund byzantinischer Anregungen erweitert hatten. Dennoch läßt sich über die staufische Bauorganisation in Süditalien fast nichts mehr ausmachen. Wir wissen, daß sich Friedrich II. für seine Bauprojekte gerne der Baumeister aus den cisterziensischen Klosterzentren bediente. Diese wurden dann als Bauvorsteher oder ›Getreue‹ des Kaisers mit Vollmachten ausgestattet. Im Jahr 1236 erhob der Papst gegen dieses Engagement der Mönche für Monatslohn Einspruch. Am Kastell von Orta sagt der ›protomagister palatii‹ von sich, er habe den Bau auf Befehl des Kaisers errichtet. Doch ob und inwieweit ein solcher Befehl über die ›Justitiare‹ der Provinzen bis zu den ›Pröpsten‹ oder Bauvorstehern an den Bauten durchdrang, wie er sich finanziell realisierte, ob schließlich die Verwaltungsordnungen von 1231, die ein zentral besoldetes Beamtentum einführen, zu ähnlichen baupolitischen Konsequenzen geführt haben wie in England – alles dies muß offen bleiben.[181]

Um 1240 ist die überregionale Zusammenfassung und Konzentration der Baubefugnisse in England und Frankreich offenbar auf das gleiche Niveau gelangt. Die wesentlichen Merkmale dieses Entwicklungsstandes sind: die Überlagerung lokaler Kompetenzen durch solche, die unmittelbar von einer zentralen Hofbehörde ausgehen; die finanztechnische Absicherung und Kontrolle der Bauausgaben durch eine zentrale Finanzkammer und die effektivere verwalterische Betreuung mittels einer neuen Schicht von Unterbeamten. Dem System lag von vornherein eine strikte Trennung zwischen verwalterischen und baukünstlerischen Aufgaben zugrunde. Zunächst offenbar ganz der Disposition des Lokalbeamten überlassen, werden die künstlerischen und technischen Gesichtspunkte durch den Einsatz von baukundigen Spezialisten aus der Umgebung des Königs ansatzweise auch am Hofe vorberaten.

In diesem System ist ansatzweise die Vorstellung einer weltlich-öffentlichen Baufürsorge enthalten, die über die bloße gesetzliche Regelungskompetenz, wie sie sich in den frühen Baugesetzen niederschlägt[182], weit hinausgeht. Mit der Entwicklung eines Besteuerungssystems, das den zentralen Finanzkammern im Namen öffentlicher Notwendigkeit private Gelder zuführt, übernimmt die staatliche Spitze auch die praktische Verantwortung für Baubedürfnisse, die im lokalen und partikularen Rahmen nicht mehr erfüllt werden konnten oder sollten. Das ganze Verfahren drängt tendenziell private Interessen aus großen Bereichen des Baubedarfs heraus, indem es zentrale Bauaufgaben dem Begriff der Gemeinnützigkeit unterstellt.

Wie sehr auch diese Entwicklungsstufe argumentativ und organisatorisch von entsprechenden Entwicklungen im kirchlichen Sektor abhängig gewesen sein mag – durch das Moment einer übergreifenden, überlokal disponierenden, praktischen Einlösung baulicher Aufgaben stellt diese Form staatlicher Baufürsorge doch etwas Neues dar. Wenn es um 1235 in Schottland heißt, ein bischöflicher Beamter habe dort »zum Nutzen des Königs und des Staatswesens«[183] gebaut, so zeigt das, wie sehr die neuen staatlichen Energien das kirchliche Baufeld bereits bestimmen konnten.

Wohl als Folge, wenn nicht gar als unmittelbare Ableger der überregionalen Institutionalisierung der höfischen Bauverantwortung, haben sich auch in den Städten Organisationsformen herausgebildet, in denen die Kommunen über die bisherigen Bauordnungen hinaus aktiv Bauaufgaben übernehmen. Wir besitzen keine genaue Kenntnis von der Entstehung dieser neuen Strukturen, aber um die Mitte des 13. Jahrhunderts tauchen die ersten beamteten Stadtbaumeister auf. Der früheste Stadtarchitekt erscheint meines Wissens 1247 in Bourges, wo Arnould de Langres zum »maitre des oeuvres de la ville« ernannt wird. Den gleichen Amtstitel bezeugt eine nicht mehr ganz durchsichtige Überlieferung für 1256 in Paris.[184] Vorläufig lassen diese Nachrichten allenfalls den Schluß auf eine Tendenz zu, die Bauverantwortung von dem – bischöflichen – Stadtherren zu lösen und ihr, vielleicht mit königlicher Unterstützung, ein eigenes Organ zu schaffen. Möglicherweise ist auch die autonome, zunftunabhängige Dombauhütte als Folgeerscheinung der allgemeinen Institutionalisierungstendenzen im profanen Bauwesen anzusehen.[185]

Es ist vielleicht kein Zufall, daß die einzige Nachricht, die für Frankreich einen letzten Entwicklungsschritt bezeugt, den die staatliche Bauorganisation im mittelalterlichen Rahmen noch vollziehen konnte, einem Dokument entstammt, das zu den Grundlagenschriften der Zunftgeschichte gehört. Der französische König hatte es sich immer auch angelegen sein lassen, die baulichen Arbeits- und Preisverhältnisse in den Städten zu regulieren und zu beeinflussen.[186] Dementsprechend beauftragte König Ludwig IX. 1268 den Vorsteher der Pariser Kaufmannsgilde, Etiénne Boileau, die Zunftvorsteher aller Gewerbe um einen Bericht über ihre Statuten zu bitten. Für die Bauzunft tritt Guillaume de Saint-Pathus auf und gibt zu Protokoll: »Der jetzige König, den Gott behüte, hat dem Meister Guillaume de Saint-Pathus die Oberaufsicht über die Bauleute (la mestrise des maçons) übertragen, so lange wie es ihm gut dünkt. Dieser Meister Guillaume schwört zu Paris in der Bauhütte des Palastes, daß er das genannte Gewerbe gut und gerecht leiten werde, sowohl für den Armen wie für den Reichen, für den Schwachen wie für den Starken, so lange wie es dem König gefällt, daß er das Amt innehat. Und danach legt er den Schwur auch vor dem Prévôt von Paris ab.« Guillaume de Saint-Pathus steht seit 1254 nachweisbar im Dienst Ludwigs des Heiligen, für den er mehrere Kathedralbauten im Lande überwacht.[187] Es scheint, daß man in ihm den ersten hauptamtlich engagierten königlichen Hofarchitekten sehen darf, der nicht nur das gesamte Baugewerbe beaufsichtigt und dessen Abgaben kassiert, sondern auch die Oberaufsicht über sämtliche königlichen Bauunternehmungen zentral ausübt. Daraus ergab sich nicht nur eine Konzentration der Verwaltungsbefugnisse, sondern auch eine Zusammenfassung der künstlerischen Zuständigkeit in einem einzigen Kunstamt. Wenn es von Ludwig dem Heiligen heißt, er habe, so wie ein Buchmaler die Seiten mit Farben versieht, ganz Frankreich mit Kirchen übersät, dann hat ihm der Inhaber eines *zentralen höfischen Bauamtes* dazu die Möglichkeit geboten.[188]

Diese weitgefaßte Stellenbeschreibung für Guillaume de Saint-Pathus ist nur aussagekräftig, wenn man sie durch die sehr viel genaueren Angaben über die Einrichtung eines entsprechenden Amtes in England ergänzt. Dort schafft sich die Zentralisierung des Bauwesens unter Heinrich III. (1216-1272) klar definierte Organe, und für England sind auch die Entwicklungsschritte und Motive belegt, die zur Einrichtung eines zentralen höfischen Bauamtes führen. Seit 1233 erscheint der Kanoniker Elias von Durham als der Baubeauftragte des Königs, der den Lokalbeamten gelegentlich gegenübertritt als jemand, »dem der König eingehender seine Wünsche erklärt hat«.[189] Die Sheriffs waren verpflichtet worden, ihren jährlichen Rechenschaftsbericht nicht mehr mündlich, sondern schriftlich beim Exchequer abzuliefern, wodurch es der Zentrale ermöglicht wurde, jederzeit alle Bauvorgänge einzusehen. Neben Elias ist Edward von Westminster einer der Universalagenten des Königs, der neben seiner Bautätigkeit auch Wandmalereien anfertigt, Kerzen, Tücher und Farben einkauft oder das Lieblingspony des Königs betreut; sein Großvater und auch sein Vater waren als Goldschmiede beim Münzamt angestellt gewesen.[190] Zunächst ebenfalls noch als Allround-Baumeister ist John of Gloucester im königlichen Dienst tätig. Im Jahr 1252 jedoch stabilisiert sich seine Funktion, indem er an der Westminster Abbey das Amt eines »master of King's mason« übertragen bekommt. Vier Jahre später zieht man aus der weiträumigen Aktivität, die John gemeinsam mit Alexander the Carpenter entfaltet hatte, auch die organisatorische Konsequenz, worin man den Gründungsakt des Hofbauamtes sehen kann. In der Verfügung vom 29. 11. 1256 erklärt der König seine Unzufriedenheit mit den Sheriffs und den anderen Amtsträgern. Wegen ihrer Unzuverlässigkeit entziehe er ihnen die Zuständigkeit für das Bauwesen und beauftrage John und Alexander, die Baugeschäfte persönlich zu führen und zu beaufsichtigen. Das offizielle Patentschreiben von 1257 überträgt ihnen alle königlichen Gebäude, die sie beaufsichtigen, in Ordnung halten, und deren Aufführung sie kontrollieren lassen sollen. Für die königlichen Bauten sollen sie selbst die Arbeiter heuern. Diese sollen nicht mehr im Tagelohn, sondern im Akkord arbeiten. Damit werden die Sheriffs, die über die Verdingung im Tagelohn, für den sie beliebige Leistungen erpressen konnten, ihre Zwischengewinne machten, ganz ausgeschaltet. John und Alexander werden nicht dem Exchequer, sondern der Wardrobe unterstellt, die zu den »Erscheinungsformen des inneren Rates«[191] gehörte, über die der König seinen Aktionsraum gegenüber den alten Hofämtern, die von den Baronen kontrolliert wurden, auszuweiten suchte. Auch dies mag ein Grund dafür gewesen sein, daß die Barone schon 1258 den Baueifer des Königs scharf angreifen, so daß die beiden Inhaber der frühesten Hofbauämter nach ihrem Tod im Jahre 1260 keine Nachfolger hatten.[192] Der kühne Versuch, die staatliche Bauverantwortung amtlich und personell in einer Hand zu konzentrieren, war vorerst gescheitert; in England wird es erst etwa hundert Jahre später wieder zu einer entsprechenden Konzentration und zur Einrichtung einer hofeigenen Bauorganisation kommen.

Eine wichtige Triebfeder zum Aufbau einer praktischen weltlichen Bauzuständigkeit war gewiß durch die Notwendigkeit gegeben, einen kirchlich nicht mehr abgestützten, eigenständigen Staatsbegriff auch praktisch zu untermauern. Die Könige haben jedoch ihr neues Bauinstrumentarium vielfach auch offensiv in den kirchlichen Bereich hineingetrieben. Mancher Kathedralbaumeister kam aus dem königlichen Baubetrieb. Gelegentlich gelangt auch die bischöfliche Bauhandwerkerschaft unter königliche Kontrolle.[193] Vor allem Ludwig der Heilige (1226-1270) reißt fast jedes kirchliche Bauunternehmen an sich. Von seinem Klosterbau in Royaumont heißt es, ganz offensichtlich habe nur der König einen solchen Aufwand entfalten können.[194] Der fromme königliche Anspruch geht dahin, auch die sakralen Baubedürfnisse dem Begriff einer temporalen Baufürsorge zu unterstellen.

Viele der unter S. 111 ff. zitierten Beispiele für eine Intensivierung der herrschaftlichen Bauorganisation beziehen sich auf Sakralbauten. Hier noch einige Chroniknachrichten aus England, die gelegentlich zeigen, wie das vom König aufgebaute Instrumentarium im Sakralbau eingesetzt und zur Wirkung gebracht wird: Die Gelegenheit ergab sich leicht, wenn nach dem Tod eines Abtes oder Bischofs das Spolienrecht des Königs in Kraft trat, wie 1171 in der Battle Abbey, als der »iustitiarius Angliae« dafür sorgte, daß die Abtei von zwei Rittern verwaltet wurde: »totius monasterii curam in secularibus commisit, praecipiens ut fratribus in necessariis victus et vestitus honeste providerent, reparationi domorum ... cum officinis ... intenderent« (LBE Nr. 273; vgl. LBE Nr. 508, 3468). Zwischen 1185 und 1187 hatte der Papst dem Erzbischof von Canterbury die Anweisung gegeben, einem Klosterbau aus eignen Mitteln zu helfen; der Erzbischof jedoch bat den König, »ut rex ministrorum suorum manu capellam ipsam et canonicos et ea quibus summus pontifex maledixerat in suam acciperet protectionem« (LBE Nr. 830). Als um 1200 der Abt von Bury St. Edmunds »emisset favorem et graciam regis Ricardi donis et denariis, ita quod omnia negocia sua crederet posse perficere pro suo desiderio, mortuus est rex R., et abbas perdidit opera et impensam« (LBE Nr. 533). Ein Rückblick aus dem 13. Jahrhundert schildert die Lage eines Abtes von Abingdon um 1000: »Quod cum in animo suo iam concepisset, videns tamen nec se posse nec velle huiusmodi opus aut sic infringere, aut aliud reparare, sine regis gratia simul et licentia, ex consulto regem adiit ...« (LBE Nr. 22). Nicht deuten kann ich das Verfahren, mittels einer Perle den Neubau anzukündigen, wie es für Maidstone 1239 überliefert wird: Der Erzbischof von Canterbury hatte vom Papst die Erlaubnis, dort ein Kloster zu bauen: »quod cum facere inchoasset, nuntius regis per lapilli iactum nuntiavit ei opus novum; et postmodum iussit capi operarios ...« (LBE Nr. 3014). – Nicht selten ergaben sich Konflikte mit den königlichen Beamten: Im Jahr 1182 geschah es, daß die königlichen »iustitiarii exegerunt ab Hugone Dunelmensi episcopo trecentas marcas, quas ipse de pecunia archiepiscopi (von York) receperat. Quibus exigentibus episcopus respondit non minori constantia animi quam verbi, ›Ego has trecentas marcas argenti coecis, mutis, claudis, et caeteris pauperibus distribui, et in ecclesiarum et pontium reparatione; et qui eas habere voluerit colligat; per me enim non colligentur« (LBE Nr. 5717). Hier tritt die Konkurrenz um die Erfüllung einer »publica utilitas« deutlich hervor. Als 1199 in Berwick die Brücke durch eine Naturkatastrophe zerstört wird, verfügt der König von Schottland, sie möge vom »comes«, dem »custos« von Berwick und zugleich »summus iustitiarius totius regni« aufgebaut werden. Der Bischof jedoch verbietet es, »ne pontem illum in terra sua firmaret« (LBE Nr. 309). Als sich die Einwohner von Egginton 1255 weigern, die Erhaltungskosten für eine Brücke zu übernehmen (s. o.

S. 18), hat der Abt »a domini regis curia de Staffordia et de Derbeia vicecomitibus diversas literas« angefordert (LBE Nr. 1506). – Die Spenden Ludwigs des Heiligen an Klöster sind 1234 in den *Comptes de l'Hotel* registriert (MD 252). Ich wage die Vermutung, daß die Dombauhütten eine Folgewirkung, vielleicht sogar ebenso wie die Stadtbauämter unmittelbare Ableger königlicher Bauverantwortung waren. Wenn Booz 26 ff. die Grundzüge der organisierten Dombauhütte in der Zeit der Gotik beschreibt und dabei vor allem auf die Verfügungsgewalt über die Handwerker hinweist, so stehen ihm nur Beispiele von Architekten zur Verfügung, die zugleich auch Hofbaumeister waren. Die Bischöfe und Kapitel schließen auch in der 2. Hälfte des 13. Jahrhunderts in der Regel noch Verträge mit den Baumeistern (s. u. S. 132), die sie zu integrieren suchen, auch wenn eine fest inkorporierte Bauorganisation noch nicht sichtbar wird. Eher ist bezeichnend, was in einem Vertrag steht, den der Abt von Winchcomb am 22. 1. 1278 mit dem »magistrum Walterum de Herford, cementarium« abschließt: Der Meister soll lebenslänglich für das Kloster arbeiten. Er erhält die Nahrung wie die »principales servientes domini abbatis percipiunt«. Er soll ohne Erlaubnis des Abtes keine anderen Arbeiten übernehmen, es sei denn für den König: »exceptis operibus domini regis« (LBE Nr. 4650). Der Königsdienst hat Vorrang vor allen sonstigen Leistungspflichten.

Diese kirchenunabhängige Stoßrichtung königlicher Baupolitik wird nicht dadurch gedämpft, daß die höfische Bauorganisation sich erst allmählich stärker auf Laienarchitekten stützen konnte und vielfach personell auf den Fundus künstlerischer Bildung und verwalterischer Erfahrung bei den kirchlichen Institutionen zurückgriff. Als König Johann Ohneland den Bau der Themsebrücke vorantreiben wollte, hat er dem Major und den Bürgern von London 1202 den Brückenspezialisten Isembert zugeschickt und ihn mit der Bemerkung empfohlen, er sei Domscholar in Xanten gewesen und werde von ihm auf Anraten des Erzbischofs von Canterbury als Experte entsandt (MD 194 ff.). Die weltlichen und geistlichen Verwalter der Klöster und Kapitel, die dort die gesamten weltlichen Geschäfte besorgt hatten, standen ja von vornherein im säkularen Funktionsbereich der geistlichen Anstalten, so daß der staatliche Verwaltungsaufbau diesen nur diejenigen Elemente entzog, die wesentlich weltlich waren. Zudem hatte der Investiturstreit den weltlichen Herren die Hoheit über die weltlichen Belange in den geistlichen Grundherrschaften belassen, wo oft ein weltlicher Vogt diese Rechte auch wahrnahm und verwaltete. Wohl aber könnten die personellen Wechselbeziehungen dazu beigetragen haben, die Ausbildung einer weltlichen, staatlichen Bauverantwortung durch eine Adaptation und Übersetzung jener

Argumentationsmuster zu stützen, die schon die kirchlichen Bauziele in eine allgemeinere Willensebene verlagert hatten.

Es ist heute selbstverständlich, daß der Staat mit Steuermitteln Straßen, Brücken, Markthallen oder Bahnhöfe baut. Es gerät darüber leicht in Vergessenheit, daß dieser große Bereich der baulichen Infrastruktur einmal aus dem Kontext privater Aneignung und Nutzung herausgebrochen werden mußte. Dies geschah im 12. Jahrhundert im Namen einer »publica utilitas«, und auch die spätere Entwicklung der höfischen Bauorganisation zeigt, daß man lange der Meinung war, ein dem Gemeinnutzen verpflichteter Staat müsse die baulichen und künstlerischen Aufgaben, die ihm übertragen waren, durch eigene Institutionen und Bauorganisationen realisieren und dürfe sie nicht durch eine Rücküberweisung an gewinnorientierte Baufirmen reprivatisieren. Was immer gegen den dysfunktionalen Einsatz höfischer Bauorganisationen in der historischen Entwicklung vorgebracht werden kann – sie waren so lange gerechtfertigt, wie es möglich war, auch die baupolitischen Gemeinziele institutionell so abzusichern, daß sie nicht nur vertreten und vermittelt, sonder auch praktisch werden konnten.

4. Die Entstehung eines neuen Architektentypus

Ein merkwürdiges Dokument aus der Zeit um 1180 umschreibt recht deutlich, wie die bausoziologischen Entwicklungen sich auf diejenigen auswirken konnten, die für die ästhetische Erscheinung eines Bauwerks zuständig waren. Eine in Orléans entworfene Briefformel möchte ein Muster dafür festlegen, wie ein König einem Abt zu schreiben hat, wenn er von diesem einen Architekten für den Bau einer Burg erbitten möchte. Der König soll seinen Bittbrief mit der Wendung einleiten, daß es »keinen würdigen Bau gibt, der nicht auch einen würdigen Baumeister hat«. Nach diesem altadligen Argument, das den Rang einer Handlung nach dem sozialen Rang des Handelnden bestimmt, soll der König seine Freude über die Nachricht zum Ausdruck bringen, daß das Kloster über Baukundige verfügt. Er bitte deshalb darum, ihm einen von ihnen zu schicken, und zwar denjenigen, der in dieser Wissenschaft als der Tüchtigste gilt.[195] Dem Briefformular liegt die Vorstellung eines Klosters, das als baukünstlerische Instanz fungiert, und eines Königs, der seinen Legitimationsbedarf mit Hilfe des klösterlichen Wissensvorsprungs deckt, zugrunde. Das Formular meint unausgesprochen, allein die Klöster könnten würdige, ›adlige‹ Architekten liefern; es erkennt, daß der königliche Bau einen besonderen Würdegrad erreichen muß, weshalb der König einen Baumeister braucht, der seine Tätigkeit als ›Wissenschaft‹ zu handhaben versteht und sich darin vor allen anderen auszeichnet. Der Würde des Bauziels muß die Würde des Bauschöpfers entsprechen. Das Formular versucht, den Klöstern Ergebnisse einer Entwicklung vorzubehalten, die nicht mehr selbstverständlich nur bei ihnen aufbewahrt wurden. Es versucht, eine institutionelle Würdequelle zu sein, nachdem der soziale Rang eines Handelnden schon an dem Rang seiner Handlung gemessen werden konnte. Ein König konnte sich die Würde-Garanten aus Klöstern erborgen. Er konnte aber auch tun, was das Formular offenbar vermieden wissen wollte: dem Laienarchitekten den Würdegrad verleihen, indem er ihn in seinen Dienst aufnahm. Das Briefformular steht an der Wende einer Entwicklung, in der der Architekt die Würde, die er schafft, auch als Würdestellung für sich selbst entschädigt erhält.

Wenn um 1030 der Abt Gauzlin den leitenden Baumeister auf dessen Frage, wie gebaut werden solle, auf ganz Gallien als Bezugsfeld verweist[196], dann setzt er voraus, daß ihm ein Baumeister zur Verfügung steht, der den überregionalen Vergleichszusammenhang einzuschätzen weiß. Das überregionale Anspruchsniveau, der Wettbewerb der Status-Gedrängten, erforderte baukünstlerische Kenntnisse und Erfahrungen, die es gestatteten, ein Bauwerk auf überregionale Repräsentationsforderungen zu beziehen. Man darf also mit Trägern eines überregionalen Leistungsstandards rechnen, die sich im Feld der konkurrierenden Bauunternehmungen zu bewegen wußten. Wenn der Erzbischof Heribert von Köln († 1021) nach dem Einsturz seines ersten Deutzer Baues »erfahrenere Architekten aus anderen Ländern« holte (s. o. S. 100), dann mußte er wissen, daß solche Leute anderswo zu haben und heranzuziehen waren.

Das Bedürfnis und der Zwang, ein Bauwerk auf ein überregionales Vergleichsniveau hochzutreiben, erlauben es den Trägern des technischen und visuellen Codes, ihr Können und Wissen mit Vorteil zu verdingen. Sie werden zu *gesuchten* Architekten. Ein anschaulicher Beleg dafür ist der Briefwechsel, den um 1100 ein Abt in Vendôme mit dem Bischof von Mans über einen Maurer und Mönch namens Johannes führt. Der Abt fordert, der Mönch solle unverzüglich in sein Kloster zurückkehren. Denn er sei nach Jerusalem gereist und von dort nach Mans gegangen, ohne zu bedenken, daß nicht alle, die das irdische Jerusalem gesehen, sondern eher alle, die Gutes geleistet haben, auch das himmlische Jerusalem verdient hätten. Wenn er nicht zurückkehre, drohe ihm die Exkommunikation.[197] Solche Drohungen gelten einem Baukundigen, dessen Qualitäten nicht mehr ohne weiteres für ersetzbar gehalten werden. Um 1135 rekonstruiert Ordericus Vitalis einen Vorgang, der eine solche auf bestimmte Personen zugespitzte Werteinschätzung drastisch belegt: Die Gräfin von Bayeux und Ivry hatte sich von dem Architekten Lanfredus ein Kastell bauen lassen. Der Ruhm seines Könnens habe damals (um 1000) »den aller Künstler Galliens übertroffen«. Dennoch habe die Gräfin diesen Meister enthaupten lassen, »damit er nicht an anderer Stelle noch einmal ein ähnliches Werk schaffe«.[198] Auch wenn Oderic der Gräfin vielleicht militärische Motive unterstellt hat, zeigt seine Geschichte doch, daß die Abhängigkeit von individuellen Sonderfähigkeiten die Phantasie zu beschäftigen beginnt. Die bei einzelnen Trägern konzentrierte Wissenschaft vom Bauen sprengt die Ordnungs- und Umgangsformen, in denen man sonst mit den Trägern handwerklicher Dienstleistungen zu verkehren gewohnt ist. Man kann die Folgewirkung dieser Erscheinung auch an einem Satz ablesen, mit dem um 1200 die Leitungsfunktion eines Magister Hugo am Kloster Saint-Albans kommentiert wird: »Er war ein falscher und lügnerischer Mensch, aber ein auserwählter Künstler.«[199] Der unentbehrliche Meister wird besonderen Normen unterstellt.

Eine Grundvoraussetzung dafür, daß einzelne Spezialisten und Baumeister sich überregional entfalten konnten, war das Vorhandensein einer lokalen Bauhandwerkerschaft, die flexibel und professionell genug war, um den fremden Formangeboten gewachsen zu sein. Die fortschreitende Spezialisierung dieser Basiskräfte macht es ihnen möglich, die überregional übermittelten Form- und Leistungsansprüche aufzunehmen und umzusetzen; sie erlauben es, daß ein von fern herbeigerufener Baumeister seinen Form-Besitz auch unter den fremden Verhältnissen zur Geltung bringen kann.

Bei der Suche nach Indizien für eine *Abschichtung* des Architekten vom gewöhnlichen Handwerker ist zu beachten, daß Namensnennungen, Berufsbezeichnungen oder zu allen Zeiten verfügbare Epitheta wie ›weise‹, ›klug‹ oder ›gelehrt‹ nicht sonderlich aussagekräftig im Hinblick auf die den Baumeistern zugeordneten Rollen, Positionen oder Privilegien sind. Auch berufskundliche Feststellungen über eine mathematische oder theologische Vorbildung sind für sich genommen nicht sehr viel nützlicher als die Unterstellung eines ›staufischen Persöhnlichkeitsgefühls‹, das eine Ranganhebung bewirkt haben soll.[200] Wenn es um die Mitte des 12. Jahrhunderts heißt, in Verdun sei die Marienkirche »als ein mit den anderen Kirchen der Zeit nicht vergleichbares Werk emporgewachsen, und dies unter den Händen von Handwerkern, denen Guarinus als einer, der geschickter als die anderen war, vorstand«[201], dann ist nicht so sehr bedeutsam, daß der leitende Kopf als ›doctus‹ bezeichnet wird; wichtiger ist die komparative Absetzung von den übrigen Steinmetzen. Wie sensibel solche Einstufungen vorgenommen werden konnten, zeigt die Wortwahl, mit der man das Vorgehen eines Abtes in Bury Saint Edmunds um 1200 beschreiben kann: »Er befahl Steine heranzubringen. Die Steinmetzen ruft er zusammen. Die Architekten lädt er ein. Die Maurer und Bildhauer heuert er an.«[202] Jede der beteiligten Gruppen erfährt eine besondere Behandlungsweise, und jede hat ihre eigene Verhaltensweise.

Solche Differenzierungsprozesse sind vielleicht am besten zu beurteilen, wenn man von einer Frage ausgeht, die Colombier gestellt, aber nicht weiter verfolgt hat: »Wie waren die religiösen und feudalen Ordnungen vereinbar mit der beweglichen Struktur der Bauorganisation an den Kathedralen?«[203] Erst eine weitgehende Mobilität erfahrener Bauspezialisten führte den Bauherren die Individuen zu, die eine angemessene Einlösung des überregionalen Anspruchsniveaus gewährleisteten. Doch mit den individuell qualifizierten Trägern dieses Standards drangen Momente in die grundherrschaftliche Familia ein, die geeignet waren, deren überliefertes Normengefüge außer Kraft zu setzen.

Ein von außen berufener, gesuchter Bauspezialist war in irgendeiner

Form an die Bauaufgabe zu binden und in die vorwaltenden sozialen Regelmechanismen zu integrieren. Schon die äußere Form, in der dies immer häufiger geschieht, ist aus der Sicht eines Grundhörigen etwas Neues: Die *Vertragsfähigkeit* des Baumeisters bedeutet, daß für ihn die überlieferten Beziehungen zwischen dem Herren und seinem Personal ungültig bleiben. Der Vertrag ist eine wichtige Verbriefung der Pflichten und Rechte; er setzt grundsätzlich gleich interessierte Partner voraus.[204] Der freie Lohndienstvertrag sieht in dem Dienstleistenden jemanden, der über seine Arbeitskraft frei verfügt. Er kann sie unter verschiedenen Bedingungen verdingen: für Geld, für sachliche Nutzungs- oder für Eigentumsrechte, mit denen eine höhere Einstufung innerhalb der grundherrschaftlichen Sozialordnung verbunden sein kann.

Von diesen Möglichkeiten hat die Verdingungsform, in der ein Bauspezialist als *Unternehmer* auftritt, immer die größte Aufmerksamkeit erregt. Sie war weithin gebräuchlich und ist die älteste unter diesen Formen. Fahrende Bauleute gab es seit jeher. Wie ein römisches Relikt taucht in den Edicta Rothari von 643 die Bestimmung auf, die Meister der Bauhandwerker sollten, wenn sie für Lohn geheuert werden, frei von allen Abgaben bleiben (s. o. S. 99 f). Die Vorteile von Angebot und Nachfrage waren in dem Bauboom seit der Jahrtausendwende voll auszuschöpfen. Einer der frühesten erhaltenen Verträge nennt detailliert die Bedingungen: Auf der Insel Saint-Honorat bietet 1073 ein Abt einigen Baumeistern 500 Schillinge sowie Nahrung für die Errichtung eines Turmes, zu dem der Abt auch die Steine beibringt (M 231). Oft erwähnt wird der Vertrag, den der Lombarde Raimondo im Jahre 1175 mit dem Bischof von Urgel abgeschlossen hat: Auch im Namen von fünf Landsleuten verpflichtet sich Raimondo, die Marienkirche binnen sieben Jahren aufzuführen. Als Mittelgrundlage werden ihm alle Baueinkünfte der Kirche, die ihr in mobiler oder immobiler Form zufließen, zugewiesen: die Zinsgüter, die Geldopfer und die Einnahmen aus Länderein, Weingütern, Renten, Bußen und Sühnen. Als persönliche Entschädigung sagt man Raimondo eine lebenslängliche Rente in Höhe der Präbende eines Kanonikers zu. Wenn nach sieben Jahren das Werk vollendet ist, soll Raimondo mit der Ehre, die er seinem Namen erworben hat, und mit dem Geld, das er sich verdient hat, tun können, was ihm beliebt.[205]

Recht deutlich ist in diesem Vertrag das Risiko benannt, das auf diesem Unternehmerarchitekten lastet: Er ist abhängig davon, daß ihm Ehre und Ruhm vorauseilen.[206] Er hat sich aus den normalen sozialen Bindungen herausgelöst und den Gesetzen der Nachfrage anheimgegeben. Chance und Scheitern sind durch nichts abgesichert. Unter solchen Voraussetzungen sind zahlreiche Verträge abgeschlossen worden; auch für das Engagement vieler Kathedralarchitekten im 13. Jahrhundert sind sie noch maßgeblich.

Doch das Bild vom mittelalterlichen Architekten wäre verzeichnet, wenn man den Unternehmerbaumeister für das repräsentative Ergebnis der architektursoziologischen Entwicklung hielte. In seiner sozialen Exterritorialität ist er vielleicht eher ein Begleitphänomen jener Wander- und Ausbruchsbewegungen, die das 11. und 12. Jahrhundert kennzeichnen.[207] Ein repräsentativer Typus kann der freie Unternehmerarchitekt erst werden, wenn die Gesellschaft die Organisation ihrer Baubedürfnisse dem privaten Expansionsstreben überläßt. Wo sich jedoch für den gesellschaftlichen Baubedarf ständige, handlungsfähige, amtlich organisierte Bauinstanzen herausbilden, dort wird weniger der beiläufig verpflichtete als der dauernd verfügbare Architekt gefordert sein.

Die herausgehobene Stellung des Architekten zeigte sich nicht so sehr in einem neuen Unternehmerstatus, sondern eher in den Formen und Kriterien, mit denen die individuellen Fähigkeiten eines Baukundigen sozial bestimmt und in eine vorgegebene gesellschaftliche Rangordnung eingestuft wurden.

Es gibt eine ganze Reihe überlieferter Architektenverträge, in denen die *Integration* des Architekten *auf einer höheren Stufe* der grundherrschaftlichen Sozialordnung vereinbart wird. Es sind dies Anzeichen dafür, daß man die fachliche Zuständigkeit für einen anspruchsvolleren Baubedarf· längerfristig zu regeln sucht. Einen Baumeister kann man etwa dadurch fest an ein Bauvorhaben binden, daß man ihm ein Haus oder ein Landstück als Besitz oder Lehen überläßt. Ein Vasall des Bischofs von Grenoble besitzt um 1094 ein Weingrundstück, von dem er sagt, daß »meine Vorfahren es innehatten, die Baumeister des Bischofs für die Kirchenbauten waren, wofür sie von den Amtsvorgängern des jetzigen Bischofs jenes Land erhielten« (MD 289). Der Bischof hat sich den Baumeister gesichert, indem er ihn seßhaft machte; zugleich sichert er sich die Erfahrung des Baumeisters längerfristig, indem er das Land erblich vermachte, nicht selten unter der Bedingung, daß ein Sohn den Beruf des Vaters übernimmt. Dies ist der Fall in dem Vertrag, den ein Abt in Angers um 1100 mit einem Glasmeister namens Fulco schließt: Dafür daß Fulco die Fenster des Klosters macht und ausmalt, nimmt das Kloster ihn als Laienbruder auf und erhebt ihn zum freien, privilegierten Mann des Abtes.[208] Als Entlohnung erhält er ein Weingrundstück zum lebenslänglichen Lehen sowie ein Haus. Beides soll beim Tod des Künstlers an das Kloster zurückfallen, es sei denn, er habe einen Sohn, der ebenfalls als Glasmaler dem Kloster dienen möchte. Hier bekommt der Träger besonderer Fähigkeiten einen gehobenen Platz in der sozialen Rangskala zugewiesen. Die Integration wird durch eine Besitzübertragung bewerkstelligt, mit der nicht nur Wohlhabenheit, sondern auch Rechtsfähigkeit verbunden ist. In einem Vertrag, den das Domkapitel von Chartres 1215 mit einem Zimmermeister abschließt, erhält dieser neben Werkzeugen, Haus und Nahrung auch ein Stück Land zum Lehen mit allen daran haftenden Rechten und Gerichtsabgaben, »ausgenommen die für Blut- und Fehdefälle« (MD 221). Durch solche Privilegierungen erheben sich Einzelne über ihre Berufsgenossen.[209] Als 1223 der Graf der Champagne einen Zimmermeister einstellte, gewährte er ihm bis zur Generation der Enkel Steuer- und Abgabenfreiheit gegenüber den gräflichen Verwaltungsbeamten. Erst die Nachfahren der Enkel »sollen nicht mehr befreit sein, sondern die Rechte und Pflichten der anderen Bürger meines Hoheitsgebietes haben«.[210] Der Preis, um den man einen befähigten Handwerker in die Sozialstruktur integrierte, konnte die Einstufung auf einer Ebene sein, die ihn über die ›anderen Bürger‹ hinaushob.

Der Vertrag ist ein Mittel, die Stellung des Baumeisters in einer vorgegebenen Sozialordnung zu legalisieren. Dieses Mittel war entbehrlich, wenn es festumrissene, eingebürgerte Ämter gab, in die der Baumeister eingewiesen werden konnte. Wir wissen kaum etwas über die Entstehung regelrechter Bauämter und über die Entwicklung der *Amtsfähigkeit* der Baumeister. Es liegt nahe, sich die Entstehung der Bauämter als Ergebnis der langfristigen Bindung eines Baumeisters, etwa mittels eines Lehens, vorzustellen, so daß man ein Stück Land oder ein Haus als Bestandteil der Ausstattung eines Amtes ansehen müßte. Erst seit etwa 1150 gewinnt die Bezeichnung »magister operis« für das kirchliche Bauwesen die Bedeutung eines Amtstitels; doch es ist nicht wahrscheinlich, daß es sich dabei schon um ein projektunabhängiges, dauerndes Amt handelt.[211]

Besser belegbar als eine endogene Entstehung fester Bauämter aus dem Baubetrieb ist die Annahme, daß die Bauämter aus dem Spektrum der allgemeinen Verwaltungsämter herausgewachsen sind. Über ein Bauamt realisiert sich ja eine hoheitliche Verantwortung für einen ständigen öffentlichen Baubedarf; es hat wesentlich dispositive Aufgaben, und ein Architekt als Inhaber eines Bauamtes ist primär Verwalter, Vermittler, Organisator, ›Wissender‹; sein Handwerk wird im Amt sekundär. Die Wahrnehmung hoheitlicher, dispositiver Baubefugnisse war in den geistlichen und weltlichen Herrschaften in die Hände von Verwaltungsbeamten gelegt. Bei ihnen war das Bauen als ein Bedarfsfeld definiert, das nicht einer gelegentlichen, sondern einer dauernden Zuständigkeit bedurfte. Bauen war hier schon Bestandteil einer öffentlichen, amtlichen Tätigkeit. Von dieser Aufgabenstellung her ist mancher Verwaltungsbeamte zu dem Ruhm gekommen, auch ein großer Architekt gewesen zu sein. Als Vogt der Goslaer Kaiserpfalz war Benno von Osnabrück auch ein »hervorragender Architekt«, und später, als Dompropst in Hildesheim, konnte er dank seiner »ausgezeichneten Kenntnisse« in diesem Fach auch bauen.[212]

Bei dem Umfang und der Bedeutung, die das Bauwesen im Aufgabenbereich einer Herrschaft gewinnen konnte, wird man eine sorgfältige Auswahl der Verantwortlichen voraussetzen dürfen. Gerade aber der erforderliche Sachverstand wird solche Ämter im Bereich der Bauverwaltung auch qualifizierten Bauhandwerkern zugänglich gemacht haben, zumal der Rückgriff auf niederbürtige Leute ein beliebtes Mittel bei der Intensivierung der herrschaftlichen Verwaltung gewesen ist. Das Gewicht, das die Bautätigkeit bei den politischen Verwaltungsämtern gewonnen hatte, könnte den Sach- und Fachkundigen die Chance gegeben haben, auch in öffentliche Ämter oder Unterämter einzurücken.[213] Es gibt einige Anhaltspunkte dafür, daß sich die Verfügungsbefugnisse und Privilegien der späteren Architekten in diesem Kontext der politischen Verwaltungsämter herausgebildet haben.

Mit Sicherheit läßt sich die Übernahme einer bauspezifischen Qualifikation in die Skala der öffentlichen Verwaltungsämter in der königlichen Verwaltung Englands erschließen. Alnoth, der seit 1158 an verschiedenen Stellen Englands als ›Ingenieur‹ eingesetzt wurde, war das Amt eines Aufsehers (custos, keeper) im Westminsterpalast als Ausgangsstellung zugewiesen worden. Elias von Oxford wurde mit Beginn seiner Tätigkeit als Architekt 1187 zum Kustos des Königspalastes in Oxford ernannt. Beide bezogen als Kustoden ein eigenes Gehalt. Für ihre Architektendienste aber wurde ihnen gesondert ein ›stipendium‹ gezahlt, das im Falle des Elias doppelt so hoch war wie das Kustodengehalt; wenn sie als Bauberater in fremden Verwaltungsbezirken tätig waren, wurde ihnen dies vom zuständigen Sheriff honoriert. In dieser Doppelrolle haben sie ein öffentliches Amt inne, das sie aus der Ebene der gewöhnlichen königlichen Handwerker heraushebt; von dieser Grundlage aus gelangt eine berufsspezifische Qualifikation zum Einsatz, die eigens honoriert wird, ohne amtlich schon institutionalisiert zu sein: Das Gehalt eines Bautätigen wird Elias bezahlt, »damit er sich zum Königsdienst bereithalte«.[214] Amtsbefugnis und Fachkompetenz sind aneinander gekoppelt.

Die durchsichtige Situation in England erlaubt vielleicht eine Deutung der Unsicherheit, in der uns die Quellen sehr oft belassen, ob nämlich mit der Nennung des Bauschöpfers der Architekt oder der Bauverwalter gemeint ist[215]: In dieser Doppeldeutigkeit spiegelt sich vielleicht das Eindringen fachlicher Qualifikation in die Verwaltungsämter ebenso wie das Eindringen amtlicher Verfügungsbefugnisse in die Sphäre fachlicher Kompetenz. Mit dieser Annäherung wachsen den Baumeistern Verfügungsrechte über Mittel und Leute zu; sie versetzt die Fachleute in eine abgehobene Befehlsposition, von der aus angeordnet und angeleitet, aber nicht mehr körperlich gearbeitet und gemauert wird. Dieser Abschichtungsvorgang am Bauplatz, die offenkundige *Arbeitsteilung,* ist den Zeitgenossen gelegentlich aufgefallen. Lambert von Ardres versucht um 1200, in seiner Schilderung des Burgenbaus bei Saint-Omer, den der Graf von Guines 1139 inmitten einer Hungersnot angeordnet hatte, auch die Voraussetzungen zu benennen: »Die Handwerker milderten während der Arbeit ihren Hunger, indem sie miteinander sprachen und scherzten. Viele eilten herbei, um das Schauspiel zu sehen: Die Armen, die nicht Handwerker waren, fühlten doch im Anblick des aufwachsenden Werkes ihre Not vergehen. Die Reichen, die Ritter und Bürger, sowie zahlreiche Geistliche kamen mehrmals täglich zu ihrer Erholung. Denn wer, sofern er nicht krank und im Sterben lag, war nicht erfreut zu sehen, wie der so kenntnisreiche Techniker mit seiner Rute in der Art eines Meisters erschien und das im Geist bereits vollendete Werk dadurch vorantrieb, daß er – weniger mit dem Maßstock als mit dem Augenmaß – hier einreißen, da graben, dort planieren ... ließ, während man ihn insgeheim da und dort zerknirscht und unter Seufzern beschimpfte?«[216] Hier wird der Architekt im Besitz einer Befehlsgewalt gezeigt, wie sie gewöhnlich einem Verwaltungsministerialen zukam. Vielleicht hat es die Ritter, Bürger und die zahlreichen Geistlichen auch gefreut, daß der sozialen Rangstellung eine tüchtige Leistung entsprach. Demgegenüber ertragen die zurückgebliebenen Standesgenossen, die Handwerker, die Befehlsstellung nur mit Murren. Lambert macht ausdrücklich darauf aufmerksam, daß die Stellung des Baumeisters im Baubetrieb ihren Grund in einem Wissensvorsprung hat: Er allein hat den Bau im Geiste vor Augen, und dies allein gibt ihm die Dispositionsbefugnis und -fähigkeit, die ihn aus dem Zusammenhang körperlicher Arbeit heraustreten läßt. Daß sich hieraus eine privilegierte Stellung ergibt, ist um 1260 schon so geläufig, daß der Dominikaner Nicolas Biard den Tatbestand satirisch verwerten kann: »Die Baumeister sagen, indem sie eine Rute und Handschuhe tragen, den anderen: ›Hier, behaue mir diesen Stein‹ – sie selbst aber arbeiten nichts; dennoch erhalten sie den höchsten Lohn, so wie es auch viele Prälaten machen.« Die zweite Sentenz wird ebenfalls Biard zugeschrieben: »Einige arbeiten nur mit dem Mund. Merke: An den großen Bauwerken pflegt es einen Hauptmeister zu geben, der allein mit dem Wort befiehlt, der selten oder niemals Hand anlegt und dennoch eine höhere Bezahlung erhält als die anderen. So gibt es auch viele in der Kirche, die fette Pfründen haben, und von denen Gott ja weiß, wie viel Gutes sie tun. Sie sind darin nur mit dem Munde tätig, indem sie sagen: ›So müßt ihr es machen‹, während sie selbst nichts dergleichen tun.«[217] Als ›Nichts-Tun‹ gilt in Biards Satiren ein Voraus-Wissen, ein Planentwurf, der einen Verfügungsstatus im Bauwesen begründet. Die ›Erfindung‹, der Form-Besitz, verschafft das Privileg, die Bauausführung zu leiten und zu lenken. Es handelt sich dabei um die praktische Umsetzung des alten Inspiratio-Motivs, wonach eine göttliche Eingebung die Künstlerhand führt. Eine Vorform dieser praktischen Umsetzung begegnet schon im 11. Jahrhundert, wo sich ein Bauherr die Baulegitimation dadurch verschaffen kann, daß er sie als göttlichen Befehl interpretiert. Ausgeführt ist das Motiv um 1090 in dem Gründungsbericht des Klosters Sauve Majeure in der Diözese Bourdeaux: Der Abt Giraldus hatte Kloster und Kirchengebäude im Geiste bereits vor sich gesehen, doch bat er Gott nochmals um ein deutlicheres Zeichen, und als ihm die Grundrißvision tatsächlich zuteil wurde, begann er den Bau auszuführen.[218] Nur wenig später überträgt Guillaume de Conches († 1145) das Motiv auf den individuellen Arbeitsvorgang eines Handwerkers: Gott erschuf die Welt nach einem vorgefaßten Plan, »wie ein Handwerker, der etwas fertigen will, sich dieses erst im Geiste zurechtlegt, dann das Material sucht und es seinem Willen gemäßt bearbeitet«.[219] Die sehr alte Vorstellung von einem »Deus artifex« und einem »Deus architectus«[220] tritt nun in einem wirklichen Erfahrungszusammenhang auf, in dem der Baumeister fast schon als Vertreter der Bauherren erscheinen kann. Dieser Abschichtungsvorgang wird unter den verschiedensten Gesichtspunkten beobachtet und bedacht; gelegentlich kommt man dabei der Auffassung nahe, die Baukunst sei eine »ars liberalis«, eine rein geistige, nicht-handwerkliche Tätigkeit.[221]

Ob es im mittelalterlichen Bauwesen das spezifische künstlerische Medium, in dem sich die abgehobene Stellung architektonischen Wissens materialisiert: die *Bauzeichnung,* schon gegeben hat, ist lange lebhaft und eindringlich diskutiert worden; heute wird diese Frage eigentlich weitgehend bejaht.[222] Wir wissen jedoch nichts über die konkrete Funktion der Bauzeichnung in der Baupraxis. Den Plan ›im Kopf‹ zu haben, bedeutet die Verfügungsgewalt über den ganzen Baubetrieb innezuhaben. Die Schriftquellen gehen allesamt von einer persönlichen Präsenz des Baumeisters am Bau aus. Ein detaillierter Bauriß aber könnte einen Baumeister wenigstens zeitweise entbehrlich gemacht haben. Fragt man sich, wo am ehesten die Bauzeichnung nicht allein eine Gedächtnisfunktion, sondern auch eine rein *dispositive* Funktion gehabt haben könnte, so wird man an die höfische Bauorganisation denken können. Dennoch ist nicht nachweisbar, daß etwa Elias von Durham, wenn er vor Ort als jemand auftritt, dem der König seine Wünsche ausführlich erklärt hat, zeichnerische Notizen vorlegen konnte; oder ob die Wendung aus den französischen Rechnungsbüchern »sicut fuit divisum ante Regem« oder »sicut magister Amalricus divisit« mehr als eine Arbeitszuteilung meint. Doch es ist kaum vorstellbar, daß die Gruppe der ersten, an viele Orte entsandten Hofarchitekten, John of Gloucester, Alexander the Carpenter und Guillaume de Saint-Pathus, ihre weitgespannten Tätigkeitsfelder anders als durch das Mittel der Zeichnung beherrschen konnten. Die Verfügung Heinrichs III. von 1256 sieht in der Aufgabenstellung Johns und Alexanders eine rein dispositive Tätigkeit, »sie sollen machen lassen«, »sie sollen nachsehen und verfügen«.[223] Ob dies mit Hilfe von Zeichnungen geschah, muß offen bleiben, auch wenn neuere Untersuchungen an englischen Königsbauten einen erstaunlich homogenen Maß- und Formenkanon festgestellt haben, woraus man auf eine zentrale Planung und Entwurfausarbeitung schließen könnte.[224]

In die Einrichtung eines zentralen höfischen Bauamtes, wie sie 1256 in England ins Auge gefaßt wurde, gehen alle Entwicklungsansätze ein, die schon lange, fast unterschwellig, auf eine Institutionalisierung der Baubedürfnisse in einem eigenen Kunstamt hingearbeitet hatten. Mit der Verfügung Heinrichs III. vom Jahre 1256 (s. o. S. 125 f.) erscheinen alle Undeutlichkeiten geklärt, die die sachliche und personelle Stellung der Bauverantwortlichen, jedenfalls aus unserer Sicht, umgaben. Die Anweisung sagt ausdrücklich, daß dem neuen Amt die Verfügungsgewalt über die Handwerker übertragen werden solle, die bisher den lokalen Verwaltungsämtern zukam. Das verselbständigte Bauamt nimmt Verfügungsrechte der öffentlichen Verwaltung in sich auf.[225] Die Bautätigkeit des Königs erhält einen eigenen Rechtsstatus. Der Hofbaumeister ist nicht mehr amtlich ein Kustos und funktional ein »ingeniarius«; amtlich ist er jetzt vielmehr »The King's mason«, der mit Funktionen und Gewalten ausgestattet ist, die bisher den Sheriff- und Kustodenämtern vorbehalten waren. Die Baubedürfnisse des Königreiches sind auch amtsrechtlich als ein genuiner öffentlicher Dauerbedarf anerkannt; sie sind sozusagen in einem eigenen Titel ausgewiesen. Wir wissen nichts über die Umstände und Bedingungen, unter denen in Frankreich ein entsprechendes Amt oder in Bourges und Paris die Stadtbauämter eingerichtet wurden. Doch sie weisen auf ein gleichgerichtetes Legalisierungsbedürfnis. An der grundlegenden Bedeutung dieser Vorstöße ändert sich nichts dadurch, daß die Ämter in der zweiten Jahrhunderthälfte offensichtlich stillgelegt worden sind. John und Alexander hinterließen das Amt 1260 mit Schulden belastet. Da über das Bauwesen erhebliche finanzielle und personelle Massen bewegt wurden, ist es begreiflich, daß gemachte Erfahrungen oder politische Widerstände nahelegten, die Ämter vorerst unbesetzt zu lassen.[226]

Alle Nachrichten aus dem Bereich staatlicher Bautätigkeit deuten darauf hin, daß in der 2. Hälfte des 13. Jahrhunderts allenthalben die Lokalbeamten wieder dominant werden. Die Briefe des Seneschalls Jean d'Arcis an den Grafen von Poitiers vom Jahr 1253 zeigen schon in der Ausdrucksweise ein erhebliches Selbstbewußtsein: »ego jam emi calcem, collocavi cementarios, fregi facio lapidem, et plura alia necessaria ad construendum quesivi«; oder: »... nos consules dicti castri ... et alios probos homines de Najaco, ut nos ..., ibidem de novo construeremus ecclesiam que capax esse posset populi supradicti. Nos igitur prefati consules et populus dicti castri ... promisimus et obligavimus nos spontanee ... quod nos, ... de bonis nostris construemus ecclesiam« (MD 280 f.). 1265 bestimmt die Königin Eleonora für Monségur, daß die Kastellane »sian franc dels feit communals exceptat aquetz qu'en tota clauzura deven far, saub la primera que nos devem far, et en obra de pont e de fons et de puis e de camins ...« (MD 292). In den sechziger Jahren allerdings scheint in Poitiers eine energische Straffung vollzogen worden zu sein: Gräfliche Bauanweisungen befehlen dem Seneschall die Errichtung von Mühlen, setzen ihm Termine und weisen ihm Geldquellen zu; der Graf beschwert sich auch über den geringen Ertrag, den der Seneschall ihm überwiesen hat. Es ergeht eine Anweisung an den Seneschall, einem Ingenieur die Gage zu zahlen, nachdem »litteratorie nobis fuerit intimatum quod affectu sincero desideret nos videre et de suis artificiis, in quibus plurimum expertus esse dicitur, nonnula nobis ostendere ...«; einen Zimmermann, von dem der Graf erfahren hat, daß er »sit expertus in arte carpentarie«, will er mit auf den Kreuzzug nehmen. Hier zeigt sich, daß das englische System noch aktuell war, Gagen werden auch an zwei »maitres maçons« 1287 in der Champagne bezahlt (MD 307 ff.), und 1298 inventarisiert der Seneschall von Carcassonne und Béziers die Gegenstände, die der »magister Joanni de Manta, olim carpentario domini regis in senescallia Tholosae et Albiensis«, zurückgelassen hat (MD 327 f.). Der königliche Zimmermeister war also den regionalen Verwaltungsbehörden zugeordnet.

Daß die Einrichtung der zentralen Hofbauämter um 1255 in England und Frankreich aus einem gründlichen Überdenken der Funktionen des öffentlichen Bauwesens entsprungen ist, läßt sich auch daran ablesen, daß die persönliche Stellung der Amtsinhaber eine grundlegende Neubestimmung erfahren hat. Wenn Heinrich III. in seiner Verfügung von 1256 die Gehaltsanweisung an John und Alexander damit begründet, daß sie ja ihre Arbeit nicht ohne Mittel tun könnten, so geht daraus wohl hervor, daß das neue Amt gleichsam auch besoldungsrechtlich erst einzustufen war. Der Hofbaumeister neuer Art war nicht mehr Kustos; ohne diese Amtsgrundlage aber war der Baumeister zunächst bloßer Handwerker und konnte als solcher keinen besonderen Platz in der überkommenen Ämterhierarchie beanspruchen. Die Modalitäten, unter denen in den folgenden Jahren John und Alexander für ihre Tätigkeit entschädigt werden, lassen darauf schließen, daß man ihnen einen Dienstrang im königlichen Haushalt anwies, der keine Erinnerung an eine handwerklich-körperliche Tätigkeit mehr zuließ. Die im Außendienst verdoppelte Gage entsprach der für alle Hofämter gültigen Entschädigungsform. Auch die Überweisung einer Robe im Jahre 1257 war eine Form des Gnadenerweises, die für Hofdiener üblich war und die gelegentlich auch hofexternen Leuten zugute kam. Doch während die Anweisung zur Robenvergabe gewöhnlich vermerkt, sie solle »rangentsprechend« oder sie solle »wie vormals« ausfallen, lagen für John und Alexander offensichtlich keine Erfahrungswerte vor, so daß spezifiziert wird: Ihre Roben sollen mit einem Futter aus Eichhörnchenfellen ausgestattet sein, »wie sie die ritterlichen Hausgenossen des Königs erhalten«.[227] Die beiden Spitzenarchitekten des Königs haben durch ihr Dienstamt *Ritterrang*. Auch wenn dies, angesichts der militärischen und festungsstrategischen Aufgaben des Bauamtes vielleicht nahelag, bedeutet es doch, daß die Vertreter des Bauhandwerks am Hof einen ihnen bisher unerreichbaren Status erreichen konnten. Dieser Status war objektiv vorgegeben durch die Rangeinstufung eines Amtes, bei dem überregionale Verfügungsbefugnisse konzentriert waren. Durch den ›Rat‹, den das Amt in Bauangelegenheiten dem König erteilt, hat es Anteil an der königlichen Willensvermittlung. Matthew Paris († 1259) hat die klassische Bildillustration des neu institutionalisierten Verfügungsverhältnisses geliefert: Abseits vom Baubetrieb an der Kirche stehen ein Verwalter und der Architekt beim König (Offa); dieser gibt in einem dezidierten Gestus seinen Willen kund, den der Architekt an den Bauplatz weiterzugeben verspricht.[228] (Abb. 9)

Die Eingliederung der Hofbaumeister als Hofdiener im Ritterrang hat innere und äußere Voraussetzungen und Folgen, die die Beziehung des Künstler-Architekten zur außerhöfischen Gesellschaft grundlegend verändern. Alexander the Carpenter erhält 1257 ein Haus überwiesen als lebenslänglichen, vererbbaren Besitz »mit allen Privilegien und Rechten, die an jenem Haus haften«.[229] Schon Edward von Westminster hatte in der Stadt ein Haus besessen, das auch eine Privatkapelle enthielt und sein Wasser aus der Leitung des Königspalastes bezog; später sollte es dem Kanzler Robert Burnell gehören.[230] Wichtiger noch als solche Abschichtungsindizien war die Tatsache, daß John und Alexander von allen Abgaben und Steuern befreit waren. Hofangehörige, Geistliche und Adlige hatten das Privileg der Steuerfreiheit. Sie implizierte, daß der Lebensunterhalt nicht mit eigener Hände Arbeit verdient wurde, weil man sich entweder mit geistigen Dingen, mit einer Ars liberalis beschäftigte, oder dank eines gesicherten Besitzes und geregelter Versorgung seine Tugend für den Königsdienst bereithielt. Der Dienst im Bauamt wurde als Tugendleistung aufgefaßt, die an sich nicht meßbar und auch nicht bezahlbar war.[231] In ihrer Amtstätigkeit erbringen John und Alexander keinerlei handwerkliche Leistung, sie erledigen ihre Aufgaben vielmehr in einem rein dispositiven Sinne. Obwohl wir nicht wissen, ob ihnen Bauzeichnungen als dispositives Medium dabei behilflich waren, ist doch die Ablösung der Invention von der Realisation, des Baukünstlerischen und -technischen vom Bauhandwerklichen, in der Definition und Einstufung des Amtes schon enthalten. Nicht als ›Handwerker‹, sondern als ›Erfinder‹, nicht als Handarbeiter, sondern als Kopfarbeiter treten die Hofbaumeister in den Ritterrang und erhalten Steuerfreiheit. Die Steuerfreiheit ist das einzige Privileg, von dem wir wissen, daß es auch Guillaume de Saint-Pathus als königlicher Baumeister in Paris besaß. Es wird von ihm jedoch auch hervorgehoben, daß er einen Eid geleistet hatte. Der Eid begründet nicht mehr nur ein vertragliches, sondern ein amtliches, auf Treu und Glauben gegründetes Dienstverhältnis zum König.[232] Wenn man diese spärlichen Nachrichten über die Stellung des Hofbaumeisters in Frankreich um die Nachrichten aus England ergänzt, dann zeigt sich auch dort der Hofarchitekt in einer abgehobenen Sphäre, die ihn weit von der städtischen Handwerker- und Künstlerschaft, die um

1250 bereits allenthalben in die strengen, quantifizierenden Reglemente der Zünfte eingebunden war, abrückte.

Ihre Heraushebung und Freistellung verdanken die Hofarchitekten nicht etwa einem theoriegestützten, wachsenden Selbstbewußtsein, sondern der objektiven Entwicklung, in der eine auf das Gemeinwohl verpflichtete weltliche Gewalt auch die Bauverantwortung übernahm, wozu der königliche Bauwille wirksamer, verfügungsfähiger Instrumente bedurfte. In diesem Kontext entfaltet sich historisch der Künstlerrang.

Eine Weiterentwicklung nicht nur der organisatorischen Strukturen höfischer Bauorganisation, sondern mit ihnen auch der Stellung des Hofarchitekten läßt sich im Königreich Neapel seit dem Regierungsantritt Karls I. von Anjou (1270) beobachten. Dort erscheint ein Peter von Angicourt zunächst als einfacher »lathomus« oder »maczonarius«, dann, 1271 als Leiter von Umbauten, die Karl an den staufischen Kastellen vornehmen ließ. 1273 bezieht Peter ein Monatsgehalt von drei Goldunzen, und drei Jahre später wird er als »familiaris« des Königs bezeichnet. Der Titel diente den Anjou dazu, nichtadlige, bürgerliche Kreise an den Hof zu binden.[233] Im Jahre 1282 heißt Peter von Angicourt auch »vallectus«, womit ein Hofamt in der Privatsphäre des Königs bezeichnet wird, in das später vornehmlich die Hofmaler einrücken werden. Als Kammerdiener hatte Peter jederzeit Zugang zum König. Der freie Zutritt war vielleicht notwendig geworden, nachdem Peter seit März 1278 »Protomagister und Verwalter der Hofbauten« geworden war, ein Amt, durch das er berechtigt war, sich von vier bewaffneten und berittenen Dienern begleiten zu lassen. Seit 1289 aber – inzwischen herrschte Karl II. von Anjou – erscheint hinter seinem Namen die Bezeichnung »miles«: Möglicherweise ist er also der erste geadelte Künstler, von dem wir Kenntnis haben. Ähnlich wie zuvor in Frankreich und England, erscheint neben dem Hofbaumeister der Hofzimmermeister: Johann von Toul zählt als ›Hofzimmermeister‹ seit 1270 ebenfalls zu den ›Familiaren‹ des Königs.[234]

Diese Reaktivierung der höfischen Kunstorganisation auf italienischem Boden hat für die Geschichte des Künstlerberufes weittragende Konsequenzen gehabt. Denn an den höfischen Normen und Privilegien orientieren sich die ersten großen Künstlerfiguren der italienischen Kunst, die seit dem 19. Jahrhundert als Exponenten und Produkte eines kommunalen, städtischen Geistes hingestellt werden. Cavallini, Arnolfo di Cambio, sicherlich auch Niccolò Pisano sind mittelbar oder unmittelbar mit der Neapolitaner Hofsphäre in Berührung gekommen.

Als Giotto 1330 in Neapel Hofmaler wurde, kam er in den Genuß aller Privilegien eines königlichen »familiaris«. Diese waren die Grundlage dafür, daß er 1334 das Amt eines Florentiner Dom- und Stadtbaumeisters unter Bedingungen übernehmen konnte, die im Hinblick auf die eingefahrene städtisch-zünftige Reglementierung unerhört, im Hinblick auf höfische Anstellungsnormen jedoch geläufig waren. In Florenz hat Giotto eine Zeichnung für den Campanile hinterlassen, im übrigen aber hat ihn die Signoria schon bald an den Hof der Visconti nach Mailand entsandt, um dort eine Freskenserie der »Uomini famosi« zu malen.[235] Damals waren die Wechselwirkungen schon voll im Gange, in denen die höfischen Privilegierungsformen das etablierte städtisch-zünftige Normensystem zersetzen und überlagern. Auch Simone Martini war aus Neapel mit dem Rittertitel nach Siena zurückkekehrt.[236] Die Zunftbewegungen seit der Mitte des Jahrhunderts werden diesen Rückwirkungsprozeß unterbrechen. Er wird sich erst um 1400, jetzt auf europäischer Ebene und bald in aller Grundsätzlichkeit, entfalten und jenen Künstlertypus hervorbringen, der als ›Renaissancekünstler‹ durch die Kunstgeschichten geistert. (vgl. Abb. 10-12)

Als Folge einer Entwicklung, die allenthalben überregionale Ansprüche wirksam werden ließ, hat sich für die Architekten ein Auftrieb ergeben, der ihnen einen angehobenen Platz in der vorgegebenen Sozialordnung anwies. Die Mobilisierung einer staatlichen Bauverantwortung verknüpft mit der Bautätigkeit hoheitliche Befugnisse und führt zur Einrichtung öffentlicher Bauämter. Die Übertragung dieser Ämter an Architekten erbringt diesen nicht nur eine höhere persönliche Rangeinstufung, sondern auch eine Arbeitsstellung, die ihre Tätigkeit fernab vom Bauplatz lokalisiert. Die Amtsstellung am Hofe erfordert einen Architektentypus, der durch seine Distanz zum lokalen Baugeschehen die Fähigkeit entwickelt, die universalen, gesamtgesellschaftlichen Voraussetzungen und Folgen einer öffentlichen Bautätigkeit zu übersehen und zu berücksichtigen. Im 15. Jahrhundert werden Alberti und Filarete von der Perspektive ihrer Hofpositionen aus jene globale Verantwortung des Architekten für eine vernünftige Einrichtung der Welt kompendienhaft ausführen. Nicht ganz richtig heißen diese Entwürfe utopisch, denn in der höfischen Bauorganisation stand ihnen ein Instrumentarium bereit, welches dem Programm gewachsen gewesen sein könnte. Utopisch werden solche Entwürfe erst, wenn mit dem Wegfall oder dem Verfall der Höfe der Architekt ganz den Konjunkturen privater Bedürfnisse und Möglichkeiten ausgeliefert sein wird: Erst dann verliert der Gedanke, die baukünstlerische Phantasie habe ›höheren Orts‹ vorauszuleisten, was die unvollkommene Wirklichkeit noch nicht hat leisten können, seinen institutionellen Rückhalt.

Schluß
Überleitung zur Form

Die Neulektüre kunstgeschichtlicher Quellen zur mittelalterlichen Architektur zwingt oder berechtigt zu einigen grundsätzlichen Überlegungen über ein kunstwissenschaftliches Interesse, das die künstlerische Tätigkeit aus einem sozialen Handlungsfeld hervorgehen sieht.

Einer Vorliebe der überlieferten Schriftquellen folgend, waren eher Zielvorstellungen als Zielergebnisse zu beschreiben. Unsere Untersuchungen hatten es mit Handlungen zu tun, die zu einem gegenständlichen Ergebnis, zu einem Bauwerk, führen konnten. Sie gingen nicht aus von gegenständlichen Ergebnissen, von erhaltenen Bauwerken, um von ihnen aus auf Handlungsintentionen zu schließen.

Diese Verlagerung des Interesses auf vorgegenständliche Sinn- und Handlungsverläufe spart aus, was erst eigentlich in die Zuständigkeit der kunstgeschichtlichen Wissenschaft gehört: die überlieferte, bestimmten Gegenständen mitgeteilte ästhetische Form. Eine Arbeit, die die Formebene nicht erreicht, gilt in der Kunstwissenschaft mit Recht als Vorarbeit; eine wissenschaftliche Methode, die vor dem wissenschaftsspezifischen Gegenstand bleibt, als Hilfswissenschaft.

Nun ist aber die Einschränkung des kunstwissenschaftlichen Gegenstandsbereichs auf die Entwicklung ästhetischer Formen nicht die Folge fortschreitender Einsicht in die Komplexität künstlerischer Erzeugnisse. Daß Kunstwerke ihr ästhetisches Aussageziel in einem geschichtlichen Bedingungszusammenhang entfalten, war seit Winckelmann eine der Voraussetzungen ihrer Wissenschaftswürdigkeit. Die Kultur- und Geisteswissenschaften, die sich der Einsicht in eine genuine Funktion der Kultur verdanken, haben jedoch jene Verantwortung der Formen gegenüber der Geschichte immer mehr so verstanden, daß die Entwicklungen und Ziele ästhetischer Kultur eher als Derivate, Ausdrucks- und bestenfalls Zierformen von geistigen, politischen oder sozialen ›Lebensströmungen‹ einer geschichtlichen Epoche anzusehen seien. In solchem Verständnis wurden die künstlerischen Formerscheinungen zu Ausdrucksträgern zeitgleicher geschichtlicher Interessenrichtungen. Auch die Kunstsoziologie hat sich auf dieser wissenschaftsgeschichtlichen Grundlage, von der aus die Eigentümlichkeit der künstlerischen Leistungen gleichsam in fremde Hände geriet, entwickelt.

Gegen eine von Kultur-, Geistesströmungen oder Gesellschaftsmächten in Dienst genommene Kunst wendet sich in ihrem ursprünglichen Impuls die Stil- und Formanalyse. Die radikale methodische Absonderung, die Herauslösung und Isolierung der Formphänomene, das Beharren auf einem Eigenwert der künstlerischen Tätigkeit, war eine Entzugshandlung von der gleichen Art und Berechtigung wie die gleichzeitig erfolgende Verselbständigung der künstlerischen Formen und Mittel gegenüber außengesetzten Inhalten in der Malerei. Das Abwehrpathos ist bei Wölfflin eisig gegenwärtig, wenn er die Zeitkonstellation des beginnenden Weltkriegs (1914) in seine *Kunstgeschichtlichen Grundbegriffe* lediglich als verlegerische Einschränkung in der bildlichen Ausstattung eingegangen sieht.[237]

Als jedoch das Interesse an der Eigenentwicklung der Formen in einen stilgeschichtlichen Ordnungsmechanismus mündete und der dialektische Rückbezug formgeschichtlicher Errungenschaften aus dem Bewußtsein schwand, da war auch jener Entzugsakt entschärft, und wieder konnte sich eine zeitgemäße Disziplinerwartung durchsetzen: Die geistes- oder kulturwissenschaftlichen Methoden holten auf subtilerer, formwissenschaftlicher Ebene wieder ein, was ihnen einmal hatte entrissen werden sollen. In der Kunstgeschichte wurde jener asketische Antrieb nur sehr beiläufig als werkanalytische Methode wieder wirksam. Es blieb vorwiegend bei einer Klassifikationsarbeit, die das Besondere an den Kunstwerken dahingestellt sein läßt oder so lange verreibt, bis es Stilbegriffen subsumiert ist.

Trotz solcher Rückentwicklung bewahren Form- und Stilanalyse für die Kunstwissenschaft Vorzüge, die unverzichtbar sind. Sie haben der Kunstwissenschaft die Ausbildung eines sinnlichen Organs, des Auges, übertragen. Keine andere Wissenschaft lehrt, die visuelle Fähigkeit an vorgegebenen Gegenständen zu schärfen. Die Form- und Stilanalyse kann erschließen, was an Formen der Vergangenheit in einem gegenwärtigen Erfahrungs- und Wahrnehmungszusammenhang noch spontan zu affizieren vermag. Indem sie sich grundsätzlich allein auf eine Augenkontrolle verläßt, gestattet die Stilanalyse einen scheinbar unbelasteten Nachvollzug historischer Formangebote, deren Distanz in visueller Unmittelbarkeit aufgehoben erscheint.

Mit diesem großen Vorzug freilich verliert die Form- und Stilanalyse so gut wie alle Berechtigung, Kunstwissenschaft als eine historische Wissenschaft zu verstehen. Sie projiziert die unter sehr besonderen Einflüssen organisierten sinnlichen Wahrnehmungsfähigkeiten und geschmacklichen Normerwartungen um Jahrhunderte zurück. Daß die Gotik Körper und Massen nicht mehr, wie die Romanik, ›additiv‹, sondern ›divisiv‹, die Wand nicht mehr geschlossen, sondern ›diaphan‹ gestaltet, mag jedem, der die baukünstlerischen Errungenschaften des 20. Jahrhunderts übersieht, stringent entwickelt und gesichert erscheinen, – ein gotischer Baumeister oder Betrachter würde sich schwerlich angesprochen fühlen. Aufgrund der von ihr vermittelten vergegenwärtigenden Seherfahrung hatte die Stilanalyse in der Kunstpädagogik ihre größte Berechtigung und ihren anhaltenden Erfolg.[238] Die Besonderheit dieser Seherfahrung zeigt aber auch, warum der Abstand stilgeschichtlicher Begriffsinhalte zu den geschichtlich rekonstruierbaren Erfahrungsmöglichkeiten unüberbrückbar erscheint. Je anschaulicher die Formanalyse ihre Ergebnisse darzubieten weiß, um so näher ist sie einem gegenwärtigen, um so ferner aber einem historischen Bewußtsein. Diese Unvereinbarkeit liegt in der wissenschaftlichen Literatur offen zutage, wenn sie auf beiden Ebenen Deutungen anzubieten versucht: Es führt kein Weg von der ›divisiven‹ Massengliederung oder der ›diaphanen Wandstruktur‹ der gotischen Kathedrale zu deren Deutung als Königskathedrale, Bürgerkathedrale, als himmlisches Jerusalem, als gebaute Scholastik oder als Verwirklichung augustinisch-platonischer Zahlenmystik. Das stilgeschichtliche Auge bleibt blind für die geschichtlichen Bedingungen und das erklärungsbedürftige historische Organ findet keinen Zugang zu der Formenwelt, in der sich Geschichte materialisiert hat.

Sofern die Kunstsoziologie ihr methodisches Ziel über das 19. Jahrhundert hinaus entwickelt, in dem ihr die Erstellung von ›Lebensräumen‹ in Gestalt von Daten über Verträge, Organisationsformen, Preise, Künstler- und Auftraggebermilieu zugewiesen worden war, stellt sie den Anspruch, den vorgearbeiteten Stilbegriffen zuzuarbeiten, indem sie deren Korrelationen im gesellschaftlichen Bereich aufsucht. Sie muß die Kunst in einer höheren Stellung vermuten, um ihr den historischen Stellsockel beschaffen zu können. Sie läßt sich von der Stilanalyse die Eindrücke vorgeben, die sie dann als Ausdrucksbedürfnis bestimmter und bestimmender Gruppen der Gesellschaft deutet. Dabei gerät sie notwendig in ein unauflösbares Dilemma: Während die Stilanalyse auf einer gegenwärtigen Wahrnehmungsgrundlage aufbaut und daraus ihre sinnhaften Begriffe entwickelt, muß eine Kunstsoziologie, die von jenen Begriffsbestimmungen ausgeht, die geschichtlichen Bedingungen so sehr biegen und brechen, daß ihr dabei ebenfalls fast jeder Kontakt mit der jeweiligen historischen Realität verlorengeht. Während jedoch die Stilanalyse von vornherein einen in der Gegenwart konstituierten Erfahrungszusammenhang anspricht, verstärkt sich in der kunstsoziologischen Formanalyse der Verfremdungseffekt dadurch, daß jene aktuellen Erfahrungsgehalte in sozialgeschichtliche, oft geistesgeschichtlich gefärbte Begriffsschläuche zurückgestaut sind. Die Kontinuität der Erfahrung, die die Stilanalyse über das Augenerlebnis zu aktualisieren weiß, wird liquidiert, ohne damit einen sachlich befriedigenden Erkenntnisgewinn zu erzielen, es sei denn, man sähe in der formalen Tatsache, daß eine aktuelle Methode zur Anwendung gekommen ist, auch schon ein aktuelles Erkenntnisinteresse befriedigt.

Ebensowenig wie die geistes- und kulturgeschichtlichen Ableitungsmodelle können die kunstsoziologischen damit rechnen, erfolgreich zu sein, solange sie beständig daran arbeiten, wegzubringen, wovon sie zuallererst auszugehen hätten: daß die künstlerische Formverwirklichung nicht eine vertretbare, sondern eine genuine, unvertretbare Weise menschlicher Tätigkeit darstellt. Wenn in diese Tätigkeit gesellschaftliche Momente eingehen, dann können es nicht anderswo und anderswie ebenso oder besser erfüllbare Momente sein, dann müssen ihr vielmehr Bedürfnisse zugrundeliegen, die durch kein anderes Medium gesellschaftlichen Handelns abgedeckt werden können.

Ein Haupthindernis, diese Spezifika der Formarbeit gesellschaftlich zu bestimmen, ist der Ausdrucksgedanke. Ihm zufolge verwirklicht sich das Ausdrucksverlangen eines Subjekts, einer Klasse oder einer geistigen Tendenz konsistent in Kunstwerken; diese erscheinen aus einem unteilbaren Ausdruckswillen oder -bedürfnis entsprungen, und man versteht sie, wenn man hinter sie zurückgeht und die vermuteten oder feststellbaren Träger, Förderer und Besteller oder die vermuteten vorwaltenden Kultur- und Geistesströmungen als für sich seiende Willenseinheiten herausstellt und sich in ihre Bedürfnislage einfühlt. Die Ausdrucksvorstellung muß darauf bestehen, daß das ästhetische Produkt der unverfälschte Ausfluß einer reinen, monadisch gedachten Bedürfnisquelle ist. Das Kunstwerk und seine Formaussage verwirklichen einen Alleinvertretungsauftrag von Seiten einer vorgängigen, allein sich selbst bestimmenden Willensinstanz. Dieses dem romantischen Schöpfungsgedanken verpflichtete theoretische Modell ist wohl der Hauptgrund dafür, daß geisteswissenschaftliche und kunstsoziologische Ableitungsvorschläge selten stimmig und überzeugend sind. Der Zwang, in den künstlerischen Erscheinungen den ungebrochenen Ausfluß einer geschichtlichen Urheberquelle zu sehen, führt dazu, daß die rekonstruierten Außenbedingungen die Komplexität eines ästhetischen Gebildes nie erreichen und nur mit Hilfe von Äquivokationen berühren können. Die theoretische Voraussetzung, wonach Kunstwerken eine ableitbare Abbildfunktion in dem Sinne zukomme, daß ein Seiendes sich als Schein reproduzieren läßt, hat kaum jemals zu einem Ergebnis geführt, das anschaulich und wissenschaftlich vor der formalästhetischen Organisation eines Kunstwerks standgehalten hätte.

Im Rahmen dieses Nachworts können nicht alle Folgerungen und Prämissen theoretischer Art entwickelt werden. Aber es lassen sich doch einzelne Gesichtspunkte, die sich aus dem hier gesetzten sachlichen und zeitlichen Rahmen ergeben, auf ihre Verallgemeinerungsfähigkeit hin prüfen.

Wenn wir die Aussagen der Schriftquellen richtig geordnet und gedeutet haben, so ergibt sich für das Vorfeld der großen Bauunternehmungen seit Beginn des 11. Jahrhunderts ein Handlungszusammenhang, dessen besondere Bewegungstendenz darin bestand, daß er immer mehr Interessens- und Willensrichtungen aufnahm. Mit dem Begriff ›Anspruchsniveau‹ bezeichne ich die Summe der Voraussetzungen, die dem Einzelwillen Bauziele setzen, die seine Möglichkeiten übersteigen. Es setzt Maßstäbe, die schon materiell nicht mehr von einer einzigen Person, Gruppe, Schicht oder Klasse einzulösen waren. Das Interesse der Quellen an den Bauvorgängen scheint auch deshalb so lebhaft geworden zu sein, weil die Verfügungsverhältnisse über die Bauten mit allem, was ihnen anhing und zuging, flüssig geworden waren. Mit jedem Beitrag, der einem Bau zufloß, konnte sich das Spektrum der Anteilsansprüche an ihn erweitern. Im 12. Jahrhundert waren die Beiträge von Seiten mehrerer Mittelparteien immer wichtiger geworden, und im 13. Jahrhundert wurden die Mitsprache- und Beteiligungsformen institutionalisiert.

Aus den Bedingungen, unter denen ein mittelalterlicher Großbau aufwuchs, läßt sich nicht schließen, daß eine der gesellschaftlichen Potenzen allein ein Bauwerk zum Träger ihrer Vorstellungen hätte machen können. Einer partikularen Willenswillkür ist ein Bau auch schon dadurch enthoben, daß er Adressaten sucht, daß er ein Anspracheziel hat, durch das ein unbedingter Selbstausdruck herrschaftlicher Macht relativiert wird. Nimmt man an, ein König hätte in einer Bischofsstadt einen Kathedralbau alleine finanziert, so ist schwer vorstellbar, daß in einem solchen Bau das monarchische Interesse ohne Rücksicht auf die Erwartungen der städtischen Umgebung sich hätte verwirklichen und durchhalten lassen. Keiner der mittelalterlichen Großbauten wuchs in einem widerspruchsfreien gesellschaftlichen Vakuum auf. Die Vorstellung von einem repräsentativen ›Kaiserdom‹ oder einer reinen ›Königskathedrale‹ war ebensowenig realisierbar wie Vorstellungen von einer ›Bischofskathedrale‹ oder einer ›Bürgerkathedrale‹. Eher ließe sich behaupten, daß ein Machtträger, der über Mittel und Möglichkeiten verfügte, einen Kathedralbau als Ausdruck seiner selbst durchzusetzen, eben dies kaum nötig gehabt hätte, da eine vollkommen abgesicherte und verfügungsfähige Machtposition einer Selbstdarstellung in einen Leerraum hinein kaum bedarf.

In diesem Zusammenhang verdient ein Zitat Erwähnung, das sich bei Sedlmayr 559 unter den ›Offenen Fragen‹ findet: »Daß sich die Kathedrale auch und gerade als Königskathedrale an den ›populus‹, das ist aber auf dieser Stufe wesentlich das früh-›bürgerliche‹ Stadtvolk, wendet, steht mit der Erkenntnis, daß die Kathedrale ihrer Genesis nach Königs- und keineswegs Bürgerkunst ist, nicht in Widerspruch. In dieser Bezogenheit gründet jener Zug zur Ostentation, zur Befriedigung der Schaulust, die sie wesentlich von der größeren Unnahbarkeit der romanischen Kaiserkunst unterscheidet. (Worauf mich eine Frage Theodor Adorno-Wiesengrunds aufmerksam gemacht hat).« Man hat den Eindruck, daß Adornos Frage unter die ›Offenen Fragen‹ rücken mußte, damit die Kathedrale eine reine Emanation des Königtums bleiben konnte. Wäre auch der Adressatenbezug, die Geltung, in die

Analyse der Kathedralformen eingegangen, dann hätte sich, wie Sedlmayr selbst andeutet, etwas ganz anderes ergeben als die unvermischte Königsidee der Kathedrale. Die Argumentation kennzeichnet ein verbreitetes methodisches Verfahren, das die Deutung auf eine Dimension verkürzt und dadurch wesentliche anschauliche Charaktere gar nicht erst in den Blick bekommt. Zur juristischen Abgrenzung des Begriffes ›Königskirche‹ sehr nützlich die Ausführungen von Grass 159 ff.

Die Quellen bieten keinerlei Hinweise, die einen vereindeutigten gesellschaftlichen Rückbezug mittelalterlicher Großarchitektur erlaubten. Vielmehr ist zu beobachten, daß neben der Verallgemeinerung der Mittelgrundlagen eine Tendenz zur Verallgemeinerung auch des Bausinns und des Bauziels einhergeht. Die Überhöhung des Bauziels auf Gott hin oder die Rechtfertigung von Bauinitiativen aus dem Gemeinwohl bieten eine argumentative Ebene an, auf der besondere Anteilsansprüche ausgeklammert bleiben. Der Bauherr baut gleichsam nicht mehr nur für seinen, sondern für einen allgemeineren Gott, der über alle Beteiligten am Bauwerk wirkt. Ein Hoheitsträger baut einen Nutzbau nicht mehr für sein Wohl, sondern für das Gemeinwohl, das in ihm sein Organ hat.

Man braucht nicht die Gemeinschaftsideologie, die im 19. Jahrhundert dem mittelalterlichen Kathedralbau zugrundegelegt worden ist, wiederzubeleben und kann doch den Eindruck gewinnen, daß der Bau einer Kathedrale ein soziales Handlungsfeld darstellte, in dem unterschiedliche, auch widerstreitende gesellschaftliche Kräfte einen Modus fanden, konstruktiv auf ein gesetztes Ziel hin zusammenzuarbeiten. Ohne eine solche kooperative Basis wäre ein Unternehmen, wie es ein mittelalterlicher Großbau darstellt, nicht in Gang zu bringen gewesen. Es mag andere, ähnlich vereinbarte Handlungsfelder gegeben haben, in denen die Konfliktpotentiale positiv gebunden waren – bestimmte Institutionen etwa, Verteidigungsmaßnahmen oder liturgische Handlungen. Keines von ihnen jedoch erforderte in gleichem Maße die dauernde Zusammenfassung aller materiellen, technologischen und intellektuellen Fähigkeiten. Sofern es sich um einen Nutzbau handelte, blieb die Kooperation zweckorientiert, begrenzt. Bei einem Kultbau jedoch sind Bauziel und Bausinn dem Kontext gesellschaftlicher Alltagserfahrungen entrückt und außerhalb des zweckbestimmten Verkehrszusammenhangs gestellt, auch wenn dieser in Teilerscheinungen in den Kirchenraum eindringen konnte.[239]

Die Voraussetzung jedoch für die umfassende Mobilisierung aller Fähigkeiten und Mittel bestand darin, daß die beteiligten gesellschaftlichen Kräfte ihre partikularen Interessen so weit zurückstellten, daß sie einander nicht handlungsunfähig machten. Dies führte zur symbolischen Bestimmung eines Bauziels, das die aktuellen Interessen und Ansprüche so weit überstieg, daß alle sich darin aufgehoben sehen konnten. Der sakrale Großbau stellt die Summe dessen dar, was die mittelalterliche Gesellschaft außer sich setzen, was sie an Überwindung ihrer selbst leisten konnte. Man könnte ihn bezeichnen als die experimentelle Verwirklichung einer Sinnvorstellung, die aus der konkreten gesellschaftlichen Erfahrung heraus denkbar, in dieser selbst aber nicht einlösbar war.

Eine Bedingung dafür, daß der mittelalterliche Bau in den Rang eines ›künstlerischen Ausgleichserzeugnisses‹[240] gelangt, ist die Annahme eines Anspruchsniveaus, durch das die Einlösung einer Bauaufgabe einer einzelnen Willensinstanz unerreichbar wird. Wenn subjektiv ein religiöser Antrieb die Bauten projektiert hat, dann mußten objektiv darin tradierte Eigenansprüche schon aufgegeben sein, sollte das Vorhaben tatsächlich zur Ausführung kommen. Auch ·wenn die Quellen darüber nichts aussagen würden, müßte es einem nachrechnenden Verstande unvorstellbar bleiben, daß ein Bau den Gesamtumfang der gesellschaftlichen Möglichkeiten und Fähigkeiten auf sich zieht, ohne daß sein Ziel und Sinn für ein breiteres Spektrum aktiver Bedürfnisse offen blieb. Vor den weitgehend abgeschlossenen Ergebnissen wird leicht übersehen, daß im ganzen Herstellungsprozeß, in den vorgängigen Bauhandlungen Voraussetzungen enthalten sind, die eine Deutung jenes Ergebnisses aus einem einzigen Bedingungsfaktor ausschließen. Die Größe des mittelalterlichen Sakralbaues, die jedes Verfügungsmonopol in eine Kooperationsbereitschaft zwang, beschreibt das Ausmaß an Konsensfähigkeit, zu der die auseinanderstrebenden Kräfte der damaligen Gesellschaft gelangen konnten. Sie verwirklicht sich auf einer Zielebene, auf der die aktuellen Ansprüche, Machtpositionen und Normwerte in gleichem Maße eingebracht wie überwölbt erscheinen.

Wenn die aus unseren Quellenuntersuchungen abstrahierte Annahme richtig ist, daß die mittelalterlichen Großarchitekturen aus einem Interaktionsfeld hervorgehen, auf dem die unterschiedlichen gesellschaftlichen Interessensrichtungen eine Beziehungsform zu verwirklichen suchen, die über ihre realen Möglichkeiten hinausgeht, dann könnte der ästhetischen Formarbeit eine spezifische Aufgabe und Notwendigkeit zugekommen sein. Die Notwendigkeit, einen symbolischen Bezugsrahmen jenseits des praktischen Interessenszusammenhanges einzurichten, erforderte neben der technologischen Entwicklung, die jenen Rahmen für Einzelne unerfüllbar weit absteckte, auch die Entwicklung einer Formensprache, die im alltäglichen Erfahrungsbereich nicht schon besetzt war, die sich diesem gegenüber als relativ autonom darstellte. Aus einem Defizit an wirklicher Entfaltungsfähigkeit könnte sich der Auftrag an die Baukunst ergeben haben, einen Erfahrungsraum jenseits unmittelbarer Zweckzusammenhänge zu erstellen und mit ihm gleichsam vorstellig zu werden. Jene Kräftekonstellation, die das sakrale Bauziel außerhalb bestimmter, eingegrenzter Anspruchs- und Erfüllungsnormen verlagert hat, muß auch die Bedingungen dafür geschaffen haben, daß die Formphantasie ihr Material zu immer höher greifenden, differenzierteren Strukturen entfalten konnte. Der in jeder Hinsicht so anspruchsvolle, zweckenthobene ästhetische Überschuß, wie zumal die gotische Kathedrale ihn anbietet, verweist auf eine Nachfrage, für deren volle Befriedigung die Stunde noch nicht geschlagen hatte.

Man darf vielleicht eine historische Bekräftigung dieser Funktion der Form darin sehen, daß die gesellschaftliche Instanz, die den Anspruch, eine Synthese aller Partialinteressen darzustellen, am weitesten entwickelt hatte, nämlich das Königtum, versuchte, die Bauzuständigkeit bei sich zusammenzufassen. Durch sie war dem Architekten ein Aktionsradius gesichert, von dem aus ihm nicht nur ein erhöhtes Rangbewußtsein zuwuchs, sondern von dem aus auch der Symbolwert baukünstlerischer Synthesen jenem königlichen Anspruch überregional verfügbar gemacht werden konnte. Wenn es von Ludwig dem Heiligen heißt, er habe sein Königreich mit Kirchen füllen lassen, wie ein Buchmaler die Seite mit Farben füllt (s. o. S, 124), dann ist in dem Vergleich wohl auch die Fähigkeit der Formen angesprochen, eine überhöhte Stimmigkeit vorzustellen, die sich erst noch zu verwirklichen hätte.

Was die synthetisierende Leistung der baukünstlerischen Formen von entsprechenden Versuchen auf literarischem, theologischem oder philosophischem Gebiet unterscheidet, ist nicht allein ihre anschauliche Ausstrahlungskraft. Sieht man in der Kathedrale lediglich einen theologisch-philosophischen Begriff veranschaulicht, müßte man sie sich in einer Klosterzelle besser definiert denken als in der gebauten Wirklichkeit. Der Entschluß zur Veranschaulichung eines Begriffs durch Architektur wäre zugleich schon der Entschluß, den Begriff in wirkliche Handlung umzusetzen und über sie zu modifizieren. Der praktische Vollzug, der Modus tatsächlicher Verwirklichung steht nicht zufällig gegenüber allen Bedeutungsspekulationen im Vordergrund des chronistischen Interesses. Das Maß an technischem Aufwand, an Arbeits- und Finanzorganisation, das von der Baupraxis bewältigt werden muß, ist dem Bausinn nicht äußerlich, sondern gibt ihm den Charakter eines operationalisierten, sich verwirklichenden Sinnes. Ihre praktischen Implikate, die in sie eingegangene Handlungsform macht die baukünstlerische und tendenziell jede künstlerische Tätigkeit unvertretbar. Daß die Formen über alle Zweckverhältnisse hinausgreifen und doch ein Maximum an zweckorientierter Arbeit erfordern, daß die alltäglichen Verkehrsformen außer Kraft gesetzt und doch auf eine Zielperspektive hin praktisch gebunden sind, heißt doch auch, daß am mittelalterlichen Großbau eine gesellschaftliche Konfiguration die Verwirklichung derjenigen Möglichkeiten erprobt, die vom Stand ihres Wissens und Könnens, ihrer Norm- und Wertvorstellungen aus denkbar geworden sind; daß die in die ästhetischen Formen eingegangenen Vorstellungs- und Beziehungsmuster nicht nur als anschaubare, sondern auch als einlösbare Versprechen anzusehen waren.

Daß nur wenige Großbauten im Mittelalter das vorgestellte Ziel erreicht haben, bekräftigt eher deren Praxisbezug. Neue Bewegungen und Verschiebungen im gesellschaftlichen Vorfeld können neue Vergleichsmaßstäbe, neue ästhetische Paradigmata, neue Ansprüche an die ikonographischen Programme, an die technischen und künstlerischen Fähigkeiten entstehen lassen. In jeder Baugeschichte, in jeder Baunaht, in jeder Stilwendung bei Kapitellen, Maßwerken oder Bauskulpturen sind die Spuren zu finden, die eine geschichtliche Konfiguration auf dem Wege über sich hinaus hinterlassen hat. Der Vollendungsdrang, den das Bürgertum im 19. Jahrhundert den Kathedralen und Domen zuteil werden ließ, zehrt noch von jenem synthetischen

Symbolgehalt und versucht zugleich, seine perspektivische Wirkung endgültig einzuholen. Es läßt sich vielleicht verallgemeinernd sagen, daß bei entschiedenen, definierten, relativ abgeschlossenen gesellschaftlichen Kräftekonstellationen die Tendenz besteht, den Bausinn zu vereindeutigen, dienstbar und kompakt zu halten, die formalen Beziehungsstrukturen festzulegen und zu begrenzen und die Formphantasie in fest umrissene Absichten einzuschränken. Je deutlicher dagegen im gesellschaftlichen Vorfeld die Kräfte auseinandertreten, ohne doch ihre Kooperationsabsicht aufzugeben, je unentschiedener die gesellschaftliche Kräftekonstellation sich darstellt, um so höher werden die Ansprüche an die Formphantasie, ausgreifende und differenzierte Formsysteme zu entwickeln und sie ungebunden zu entfalten, weniger als rückbeziehbare Abbild-, denn als perspektivische Vorbildangebote. Diese Vorgegebenheiten bestimmen auch die Erwartungs- und Rezeptionshaltungen gegenüber den ästhetischen Formleistungen vergangener Jahrhunderte.

Der Umstand, daß tradierte Formergebnisse zwar geschichtlich konstituiert, in ihrer Wirkung aber aktuell erfahrbar bleiben, gehört durchaus in den Bereich der Historie. Die Kunstwissenschaft hat eine Vielzahl methodischer Varianten entwickelt, um jene Erfahrungsaktualität zu neutralisieren. Die visuelle Sprache vergangener Jahrhunderte wird immer wieder ihrer eigentümlichen Aussagefähigkeit entfremdet, indem sie in andere Medien übersetzt wird. Wir lernen Architekturformen in abgeschlossene Stilbegriffe zu übersetzen, – ›Gotik‹ zu sagen, wenn wir sehen, daß sich die Wandstruktur auflöst. Wir lernen Formen in geistesgeschichtliche oder psychologische Tatbestände zu übersetzen, – ›Mystik‹ oder ›sursum corda‹ zu assoziieren, wenn wir Pfeiler und Dienste in die Höhe schießen sehen. Wir lernen auch, heute sehr viel differenzierter als früher, in sozialgeschichtliche Termini zu übertragen, – ›Feudalismus‹ am Werke zu sehen, wenn die Formen trutzig und geschlossen, ›Bürgertum‹, wenn sie offen und rational wirken. Wir haben aber noch nicht gelernt, ästhetische Formen als ein Medium sui generis zu sehen, als eine gesellschaftliche Tätigkeit, die nicht in erster Linie diskursiv schon Geläufiges ausdrückt, sondern sich, aufgrund bestimmbarer geschichtlicher Erfahrungen und Bedürfnisse, allein in der künstlerischen Verarbeitung eines vorgegebenen Materials verwirklichen kann.

Unsere kunstsoziologische Untersuchung wollte klären helfen, unter welchen Bedingungen in dem Zeitraum von 1000 bis 1250 ein spezifischer Aussageauftrag an die Baukunst ergehen konnte. Von jenen Bedingungen aus sind Zielvorstellungen an die künstlerische Phantasie weitergegeben worden. Wenn diese Vorstellungen praktisch noch nicht eingelöst sind, dann könnten auch ihre ästhetischen Projektionen uns noch zugänglich sein.

Anmerkungen

[1] Der Begriff wird hier in fachspezifischer Absicht benutzt, womit eine Erweiterung seiner Bedeutung gegenüber der Psychologie und Pädagogik verbunden ist. Dort bezeichnet er einen »subjektiven Gütemaßstab, mit dessen Hilfe ein Individuum seine eigenen Handlungen bewertet«. Vgl. *Wörterbuch der Soziologie*. Hg. von W. Bernsdorf, Stuttgart 1969, 31 ff. und *Historisches Wörterbuch der Philosophie*. Hg. von Joachim Ritter, Bd. 1, Basel/Stuttgart 1971, Sp. 356-357.

[2] »Quo nostris posteris innotescat quarumlibet provinciarum homines omnium ordinum atque officiorum, sive extranei sint, sive indigene, sive peregrini, sive mercatores, sive pedites, sive equites, sive pauperes, sive divites, sive cum plaustris, sive cum onustis vacuisve jumentis, vel quibuslibet animalibus, sive quocumque modo iter agant, abseque ullius penitus telonei exactione, liberam per ipsum pontem transeundi, nobis concedentibus, habere facultatem« (M 102 f.).

[3] Honorius von Regensburg: *Speculum Ecclesiae, Sermo generalis, Ad divites*. PL Bd. 172, 864 B: »Et cum necesse sit vos alienis divitias vestras relinquere, festinate nunc eas per manus pauperum in coelestes thesauros praemittere ... debetis ... pontes et plateas aedificare, per hoc vobis ad coelum parare; pauperibus et egenis et peregrinis hospitia, victus et vestitus neccessaria praebere, per hoc vobis aeternas divicias emere.« Interessant auch die Ansprache *Ad mercatores* ebd. 865: »Omnium nationum ministri estis, dum eis periculis fluminum, periculis latronum, periculis in itinere ... defertis.«

[4] Der Bischof von Passau: »ad communes utilitates efficere ... nihil ... videbatur utilius.« Die Draubrücke wird »ad communem populi utilitatem« errichtet, vgl. Dirlmeier 18 ff.

[5] So Haller Bd. 2, 194.

[6] »... quasi pro lege nobis imponere« (M 392 f.).

[7] »... quod misericorditer factum fuerat scire nolentes, sed se fingentes ignorare, asserebant de Burthonia abbatem pontem illum debere reparare et in perpetuum sustentare, gratiam et eleemosynam in consuetudinem convertere cupientes« (LBE Nr. 1506).

[8] »Videbant enim magnam pecuniam ex provisione domini Petri abbatis huic loco dimissam magna ex parte nunc utiliter, nunc inutiliter defluxisse, et summo affectu hoc opus desiderabant perfici ex illo residuo quod adhuc sciebant superesse« (M 393).

[9] Die *Mühlen* waren »eine der frühesten Investitionsmöglichkeiten, die ein Grundherr ... wahrnehmen konnte, um bald zu risikolosen Erträgen zu kommen« (Dhondt 274 f.). Unsere Quellenwerke waren, wie die Stichwortregister ausweisen können, großzügig genug, sie in das kunstgeschichtliche Gegenstandsfeld einzubeziehen. Vgl. dazu auch Enlart Bd. 2/1, 243 ff., Roehl 135, White 1970, 83 ff. – Der Nutzen des Fremdenheims, des *Xenodochs,* wird schon von Alkuin und auch von Theodulf in Versen gepriesen (Schl. 1892, Nr. 739a, 878). Zu Beginn des 9. Jahrhunderts baut Wilhelm von Aquitanien in St. Guilhem-le-Desert eine Mühle und ein »Xeno-

dochium pauperum« (Schl. 1892, Nr. 686). Eine Quelle aus dem 12. Jahrhundert berichtet über den Bischof Birnstanus († 934) in Winchester: »xenodochium constituit, ubi peregrinos quosque et hospites de diversis partibus adventantes colligens, et tanquam Christum in membris suis suscipiens, summo tripudio gratulabatur, et eorum obsequiis sedule delectabatur« (LBE Nr. 4671). Vgl. im übrigen die Registerstichworte bei M, MD, LB und LBE. – Um 856 hat der Bischof von Le Mans einen *Aquädukt* gebaut, »cum ergo cives videret aquae penuria conflictari, quam foris in urbem importari, pretioque redimi oportebat . . .« (Schl. 1892, Nr. 697). Zu einem Aquädukt in Liessies vgl. Schl. 1892, Nr. 705. – Zum Bau von *Lagerhallen* (cellarium publicum), in denen Waren diebessicher aufbewahrt werden konnten und die 1061 dem Erbauer 2 Schilling jährlich eintragen konnten, vgl. M 186 und ebd. Anm. 4; spätere Beispiele s. o. S. 50, 52, 86. – Zum Zentralisierungseffekt solcher fiskalischen Maßnahmen vgl. auch Dirlmeier 180 f.

[10] »Non enim insula tunc nisi navigio adiri poterat. Sed nostra aetas sollertior vicit naturam, aggeribusque in paludem iactis, tramitem terrestrem praebuit, et insulam pedibus accessibilem fecit.« Der Passus aus den *Gesta pontificum Anglorum* des Wilhelm von Malmesbury bei LBE Nr. 1567. Ähnliche Formulierungen nach Virgil, *Georgica* I, 145 auch um 1100: »Sed quoniam labor omnia vincit« (LBE Nr. 706) oder um 1113/14: »consuetas nature leges viritim transgrediens« (M 271).

[11] Vgl. Maurer 96 ff.; Herzog 225; auch oben S. 86 ff.

[12] Die Stelle aus Glaber bei M 4; vgl. hierzu Le Goff 1965, 17 f. und Spörl 317, sowie 499 f., wo weitere entsprechende Äußerungen zu finden sind. – Die oft zitierte Stelle aus der Vita des André de Fleury § 40, S. 80, wird von dem Herausgeber und Übersetzer neuerdings so verstanden, als habe der König den Abt, als den »artificus«, gefragt, von dem er die zitierte Antwort erhielt. Die Stelle lautet: »Porro Gauzlinus abbas, nobilitatem generis probitatis exornans titulis, turrim ex quadris lapidibus construere statuit . . . Hunc etiam benignissimum cum princeps interrogasset artificum quodnam opus juberet agrediendum: Tale, inquit, quod omni Galie sit in exemplum.« Herbert Köllner hat mich freundlicherweise durch seinen Rat darin bestärkt, mit Harvey 1972, 26 oder Colombier 59 »princeps artificum« zu lesen und darunter den leitenden Baumeister zu verstehen.

[13] »Airardus abbas . . . cum sagaci intenderet animo plures dominici gregis pastores sua aetate per Gallias enituisse, qui ecclesias suas ex vetustate in potiorem statum studuerant reformare, deliberavit et ipse operam adhibere in ejus quae sibi commissa erat renovatione. Quapropter viris, qui architecturae periti ferebantur, ascitis, futuri templi fabricam ex quadris lapidibus erigere coepit a fundamentis, multo quidem operiosorem illis quam praenotatum est in Gallico regno renovatas, et ambitiosorem, ideoque sibi et illius aevi hominibus inconsummabilem« (M 40). Vgl. dazu auch Harvey 1972, 56 f. Zur Tradition und Verbreitung der Formel »in meliorem ut prius statum decoremque perduxit« vgl. Spörl 333, Anm. 173. Hierzu noch folgende Stellen: Nach Raoul Glaber 473 f. hat der Abt Wilhelm von St. Benigne († 1031) bei Dijon den Bau einer Kirche angeordnet, die »totius Galliae basilicis mirabiliorem atque propria positione incomparabilem perficere disponebat«. Der Biograph des Bischofs von Wigmore fragt sich um 1000 angesichts der Leiden-

schaft, mit der dieser den Klosterbau von Ramsey vorangetrieben hatte, ob es nicht eines homerischen Ingeniums bedürfe (quis roboratus ingenio Homeri potest exprimi?), um auszudrücken, wie begeistert sich während der eifrigen Arbeiten an jenem Ort andere Kirchenherren zeigten, nachdem sie vom gleichen Geist angeweht worden waren (eodem spiritu afflati) (LBE Nr. 3547). Bischof Adalbert von Bremen († 1075) baute zwei Propsteien, »ut Bremam similem ceteris efficeret urbibus« (LB Nr. 234).

[14] Panofsky 1946, 86.

[15] »Caput autem ipsius monasterii fecit miro opere, in similitudinem monasterii Sancte Marie, matris Domini . . . in Claromonte . . .« (M 56).

[16] »Interea fervet opus, surrexit ecclesiae murus (vgl. Virgil, Aeneis I, 1, 436 f.) cuius formam ante Alebrandus ad instar Coloniensis incepit, ipse vero ad exemplum Beneventanae domus cogitavit perducere« (LB Nr. 232, auch 230). Es gibt viele Hinweise dafür, daß man die Fähigkeit entwickelte, weit voneinander entfernte Bauwerke in einem Vergleich aufeinander zu beziehen: Der Bischofschronik von Eichstätt fällt in der 2. Hälfte des 12. Jahrhunderts auf, daß in Ravenna die »basilica s. Mariae, ad similitudinem Romanae Pantheon formata« gewesen sei (LB Nr. 2372). In Venedig ist unter dem Dogen Vitalis Phaledrus († 1096) San Marco »consimili constructione artificiosae illae ecclesiae, quae in hon. duodecim Apostolorum Constantinopolis est constructa« (LB Nr. 2471). Der Abt Bruno von Montecassino baut um 1115 in Capua eine neue Marienkirche, »magnificam et speciosissimam ad similitudinem huius ecclesiae s. Martini (in Montecassino)« (LB Nr. 2151). Und »als Abt Desiderius von Montecassino († 1087) damals die ehernen Türen am Bischofssitz von Amalfi sah, die seinen Augen wohl gefielen, sandte er alsbald die Maße der alten Kirche von Montecassino nach Konstantinopel und ließ dort jene Türen, wie sie heute (nach 1098) sind, verfertigen« (Hahnloser 79; LB Nr. 2277). Der Bischof von Arezzo entsendet 1026 seinen Baumeister nach Ravenna, um die dortigen Bauten zu studieren (Colombier 61), und Bischof Meinwerc von Paderborn († 1036) hat seiner Vita aus dem 12. Jahrhundert zufolge den Abt Vino von Helmershausen nach Jerusalem geschickt, um die Maße der Grabeskirche zu nehmen (LB Nr. 1048). Die spezifische Form der mittelalterlichen ›Baukopie‹ ist von Krautheimer 1942 analysiert und am Beispiel der Jerusalemer Grabeskirche dargestellt worden. Vgl. auch Bandmann 1951, 48 ff.; Lehmann-Brockhaus 1935, 33 ff.; Crozet 23 ff. weist auch auf die Reiseaktivität der Bischöfe hin.

[17] »ad exemplum Octaviani Caesaris«, habe man sich scherzhaft gerühmt, alles in Holz vorgefunden und in Marmor hinterlassen zu haben (so auch schon die Vita Gauzlini, M 38). Zu Odilon's Ruhmesliebe vgl. Hourlier 312 f. Zum antiken Formenrepertoire in Cluny vgl. Sauerländer 16 ff., zu dessen Deutung Bandmann 1951, 241 ff. – In Montecassino ließ der Abt Desiderius die gleichen Verse am Apsismosaik anbringen, die Konstantin auf den Triumphbogen der Vatikansbasilika hatte setzen lassen (vgl. LB Nr. 2279 und Bandmann 1951, 236).

[18] LBE Nr. 2047. Zur Nachwirkung der Aachener Pfalzkapelle vgl. Bandmann 1951, 202 ff., Verbeek 113 ff. Bei Guillaume de Poitiers findet sich ein Kapitel (Lib. 2, Cap. 40, 248 ff.), in dem »Caesari Guillelmus Rex comparatur«.

¹⁹ ». . . ad instar et ad modum et in memoriam veteris magne Troie« (LBE Nr. 2569).

²⁰ Salomon-Vergleiche: LB Nr. 865, 2054, 4616, Fleury § 66, 136. Zu Bernwards Selbstvergleich mit Salomon und zu Suger vgl. Hirschfeld 45, 51; vgl. auch Simson 2, 201, Anm. 142. – Zum Konstantin-Vergleich s. o. S. 76 (LBE Nr. 5704). Zum Caesar-Vergleich auch André de Fleury § 65, 134, auch Anm. 17.

²¹ Suger, *Vita Ludovici,* cap. 5, 26.

²² ». . . ut regiam ab eo dignitatem surriperent . . .«, LBE Nr. 5678. Ein zeitgenössischer Bericht schildert, wie sich 1139 Stephan vom Bischof Roger von Winchester dessen Kastell in Devizes zeigen ließ. Die Besichtigung geriet ihm zur Demütigung, denn »non erat aliud splendidius intra fines Europae« (LBE Nr. 1236). S. u. S. 117.

²³ »Hinc iam novi templi aedificatio, quod maiori se ambitu dilataret, coepta est, ubi tanta se liberalitate beatissimus pater Otto pro fervore accelerandi operis profudit, ut cunctis stuporem, multis quoque invidiam tanta pecuniae profusio pareret« (LB Nr. 115). Petersohn 1971, 346, Anm. 111 verweist zur »liberalitas« auf Cicero, *De officiis* I, 2-6. Der Terminus wird uns öfters begegnen. Hier seien noch folgende Stellen angegeben: LB Nr. 1875; MD 80, 85, 158 f.; LBE Nr. 22, 45, 1824, 2502, 2540, 4626, 4696.

²⁴ »Duo enim nobilia sumptuosissimo opere castella . . . construxit; vanissime satagens ne reciperent comparationem in regno.« »Et, quoniam huiusmodi exstructio episcopalem honestatem minus decere videbatur, ad tollendam illius exstructionis invidiam et quasi expiandam maculam, totidem monasteria construens, collegiis religiosis implevit« (LBE Nr. 1234).

²⁵ Guillaume de Poitiers, Lib. 2, cap. 42, 256.

²⁶ Vgl. LB Nr. 2629 sowie Frugoni 123 ff., Schramm 1922/23, 162, Haller Bd. 3, 40 f., 101, 368.

²⁷ »Et quidem alia causa est episcoporum, alia monachorum.« »Ipso quippe visu sumptuosarum, sed mirandarum vanitatum, accenduntur homines magis ad offerendum, quam ad orandum. Sic opes opibus hauriuntur, sic pecunia pecuniam trahit: quia nescio quo pacto, ubi amplius divitiarum cernitur, ibi offertur libentius« (M 367 f.).

²⁸ »Diversa est tamen diversorum ratio aedificiorum . . . Episcopi domos non impares ecclesiis magnitudine construunt . . .« »Sic, fratres, sic quidam turres aedificant, ut securius rapiant; alii sola delectatione et superfluitate gaudent; alii necessitate et timore ne opprimantur a potentibus . . . laborare non desinunt« (MD 92 f.).

²⁹ Vgl. den *Dialogus inter Cluniacensem et Cisterciensem* bei LB Nr. 3058-3060. Über die Beerdigungsbestimmungen vgl. MD 34, 140, 157, 179, 214.

³⁰ Vgl. LBE Nr. 3885. Die entsprechende Bemerkung Bernhards s. o. S. 59. Über die reale Möglichkeit des Kostenvoranschlags in dieser Zeit diskutieren kurz Otto von Simson und Robert Branner in: *Art Bulletin,* Bd. 37 (1955), 235 ff.

³¹ »Quae (scil. ecclesiam) a multo iam tempore fundata, et vestris eleemosynis

magna iam sui parte constructa, tot sumptus exigit et haurit expensas, quod quia per nos subministrare non possumus, nisi ferat opem vestra benignitas, de caetero providere recusando desperabimus. Quia vero quod inutiliter conatur unitas, hoc saepius efficaciter adimplet universitas, si vos adiutores habuerimus, spem bonam concipimus, ut ... opus Domino per vos manum misericorditer apponente, completum videatis« (LBE Nr. 2591).

[32] »... fundante et coadjuvante ... comitissa, auxiliantibus etiam canonicis, ... cooperantibus quoque baronibus et parochianis fidelibus« (M 71).

[33] Mitteis 105.

[34] Zur Zurückdrängung des Eigenkirchenwesens vgl. Stutz 47 ff., 79 ff., Feine 170, Leesch 47 ff. Die Entwicklung der geistlichen Eigenklöster in ihrem Verhältnis zum König in ottonischer und salischer Zeit behandelt Graff 63 ff. – Zu dem Dekret von 1059, seinen Voraussetzungen und Konsequenzen, die zur Rückgabe von Kirchen aus Laienhand führen konnten, vgl. Haller Bd. 2, 234 ff., Lot/Fawtier Bd. 3, 63 ff., 86, 108 f., sowie Gantier 126 ff. – Beispiele adliger Stiftungen »pro sepultura« etwa für St. Emmeram in Regensburg zusammengestellt bei Schulte 359 ff. Eine Analyse der Einkünfte für die »cura animarum« in Marmoutier bei Gantier 132 ff. Nicht zufällig auch, daß die unten S. 39 zitierte Stelle zu Chartres auf dem Innendeckel des Nekrologs steht.

[35] Vgl. LThK Bd. 3, 496, DHGE Bd. 12, 368, Lot/Fawtier Bd. 3, 167 ff., 185 ff.

[36] M 62; vgl. Bulteau Bd. 1, 53 ff., 68; Colombier 12.

[37] So Schramm/Mütherich 85. – Vgl. dazu die um 1100 gemachte Bemerkung, die kostbaren, an die Abtei von Croyland weitergegebenen Reliquien, seien dem englischen König von anderen Königen geschenkt worden, »regum Anglorum benevolentiam et amicitiam captare cupientes« (LBE Nr. 1154). – Wir kennen Bittbriefe nicht nur an die eigenen Oberherren (vgl. etwa Schl. 1892, Nr. 412, 673, 674), sondern auch Bittbeziehungen zu fremden Herrschern: An König Edgar von England († 975) wendet sich der Abt von Saint-Ouen in Rouen mit der Bitte um Hilfe für den Wiederaufbau des Klosters (Musset 307); die Bittbriefe des Bischofs Ivo von Chartres an den englischen König bei Bulteau Bd. 1, 68 ff.; die des Abtes Etienne von Tournai 1188–1190 nach Lund, Dänemark und Schleswig bei MD 158 f. – Anschaulich wird auch das Interesse geschildert, das Kaiser Heinrich II. gelegentlich einer Begegnung mit dem Erzbischof von Canterbury an den dortigen Reliquien bekundet haben soll, und seine daraus erwachsene Bereitschaft, der Kirche zu stiften (LBE Nr. 639). – Ein bemerkenswertes Verhalten legt König Heinrich I. von England gegenüber dem Kloster Tiron bei Chartres an den Tag: »Officinis quoque monachorum Tironis construendis nonnulla adjumenta praevidit, excepto dormitorio quod ex integro ipse fieri ob memoriam sui ex suis solum modo impensis voluit« (M 279, Anm. 2). Im übrigen ergäbe sich aus einer Zusammenstellung aller königlichen Stiftungen für Bauunternehmungen (wie sie Schramm loc. cit. 96 ff. für Kaiser Heinrich II. unternommen hat) keineswegs, daß die Könige, wie es eine weitverbreitete Meinung will, im 11. Jahrhundert wenig baufreudig waren (vgl. etwa Hauser 191, Colombier 26, Aubert Bd. 118, 251); man kann lediglich feststellen, daß die Könige sich auf eine Zuschußpolitik beschränkten.

[38] Bulteau Bd. 1, 75. Die Eintragung befindet sich auf der Innenseite des Deckels des Nekrologiums.

[39] Vgl. Kulischer Bd. 1, 121 ff.; dies gilt nicht gegenüber den Stadtherren in Gründungsstädten, vgl. Kroeschell Bd. 1, 220 f.

[40] Vgl. Aubert Bd. 118, 248, 252 f.; s. o. S. 103 f.

[41] Zum Begriff des ›pauder‹ vgl. HDWS Bd. 1, 150. Zur Namensnennung als Indiz für den Prozeß der »Individualisierung« vgl. Planitz 123 f.

[42] Vgl. Boutruche Bd. 1, 219 ff., Bloch 320 ff., Mundy 400 ff.

[43] LBE Nr. 429, 3150; vgl. auch MD 106 und LBE Nr. 3019, 3038, 3309.

[44] Vgl. Schulte 156 f.

[45] »Cumque . . . per mutua aedificationis colloquia aliquamdiu . . . delectarentur, obtulit abbati ecclesiam . . .« (LB Nr. 1774). – Von einem »colloquium« über Bauangelegenheiten berichtet auch Einhard zwischen 828 und 840 in dem Brief an einen Abt, und auch für ihn begründet es eine Hilfsbeziehung: »colloquium quando in palatio simul positi, de tecto basilicae (in Seligenstadt) . . . quam ego nunc licet cum magna difficultate construere molior, locuti sumus et constitit inter nos de plumbo emendo contra precium 50 librarum . . . proinde precor benignitatem tuam, ut me de eodem plumbo emendo per literas tuas digneris facere certiorem« (Schl. 1892, Nr. 411). – Auffällig ist, daß Ehefrauen öfters als antreibende und ratgebende Instanzen erscheinen: Fulco III. von Anjou baut um 1000 eine Jerusalemkirche, »cui inter ceteros a propria etiam uxore, que valde sano pollebat consilio, suggestum est . . .« (M 2). Graf Eberhard hätte 1064 in Schaffhausen St. Salvator gebaut »consilio et auxilio piissimae suae coniugis« (LB Nr. 1292). Der Graf von Blois und Tours gibt in der oben S. 14 erwähnten Urkunde an, der Brückenbau sei auch »uxoris mee hortatu« zustandegekommen (M 102). Die Stiftung einer Abtei durch Artaud de Argentan geschah 1062 »cum consilio et voluntate Fiae, uxoris meae et omnium militum de Argentan« (M 187).

[46] Seit dem Ende des 12. Jahrhunderts häufen sich die päpstlichen Dekrete, die bestimmen, daß die Errichtung eines jeden Sakralbaus der Zustimmung des zuständigen Bischofs oder Abts bedürfe. Das Ratsverhältnis geht über in eine Genehmigungspflicht des Laien gegenüber den kirchlichen Behörden. Mehrere päpstliche Privilegien für englische Klöster besagen – wie 1178 für Ramsey – »ne quis infra parrochiam monasterii vestri ecclesiam aut oratorium, sine assensu dyocesani episcopi et vestro, aedificare praesumat« (LBE Nr. 3599; vgl. LBE Nr. 1937, 3047, 4649).

[47] »quod nos . . . attendentes quod inter cetera opera pietatis et misericordie sit templa et monasteria Dei ornare et fabricationibus prebere auxilium, consilium ac juvamen . . .« (MD 222).

[48] Vgl. jene Empfehlung in einem Brief des Bischofs Fulbert von Chartres, den Behrends 271 für eine Fälschung aus der Zeit um 1100 hält: »Scire itaque debet pia sollicitudo pastorum quia nichil omnino agere debent de rebus aecclesiarum sine consensu et consilio subditorum, quoniam prudentiae eorum commissum et ministrandi officium, non dispergendi arbitrium.« – Zur staatsrechtlichen Funktion des ›Volkes‹ vgl. Schulte 297, HDWS Bd. 1, 264.

[49] »Quocirca eorum qui inter sibi commissos prudentiores habebantur, et senio-

164

rum Remensis provinciae consilio usus, difficulter aggressus est inchoatum diruere opus: quo paene diruto, et fundamentis quibusdam relictis, quae architectis visa sunt necessaria fore futuris aedificiis, divinam domum coepit faciliori quidem structura, sed non indecentiore construere ...« (M 41).

[50] Vgl. Lot/Fawtier Bd. 3, 214, Branner 1955, 61 f.

[51] »Et ... transitum fluvii periculosum judicans, de pecunia, quam propriis pauperum usibus collegerat, quid agendum esset, prudentiores quosque consuluit. Illi vero ... ut in fabrica poncium pecuniam collectam expenderet melius esse dixerunt. Et, sicut consuluerant, postmodum non multis interjacentibus annis completum esse conspexerunt« (M 261). Bei den »prudentiores« wird es sich, ebenso wie bei den »probi homines« oder »meliores«, um gehobene Vertreter der Unterschichten handeln, vgl. Planitz 119 ff., HRG Bd. 1, 491 f., Mundy 243.

[52] Zur terminologischen Unterscheidung zwischen »voluntas propria« und »voluntas communis« bei Bernhard von Clairvaux vgl. Bertau Bd. 1, 282 ff., wo die einschlägigen Stellen zitiert sind.

[53] Die Formel »salvis tamen privilegiis Romanae Ecclesiae« oder »Pontificum Romanorum« etwa bei LBE Nr. 1937, 3047, 3599, 4649.

[54] M 22; dazu Lot/Fawtier Bd. 3, 58. Ähnliche Fälle bei Haller Bd. 2, 188 f., 406.

[55] »Unde iratus Bernardus, Xantonensis episcopus, in cujus dioecesi est Rupella, praedictum opus Guillelmo priori interdixit. Qua de causa Guillelmus prior, consilio fratrum suorum, cum domino abbate Cluniacensi perrexit, et papae Eugenio, ... rem gestam exponens, licentiam et concessum et libertatem aedificandi ecclesiam, sicut volebat, ab eodem papa obtinuit« (MD 91).

[56] »... nobis est, nullo mediante, subjecta« (LBE Nr. 682, 749). Zur Entstehung und Entwicklung der Klosterexemtion vgl. Szainert 295 f.

[57] »... non erit persona cui conventus possit conqueri de iniuriis abbatis, qui nec episcopum nec archiepiscopum nec legatum timebit« (LBE Nr. 506). Der Kanzler Bruno empfiehlt dem von ihm zwischen 1115 und 1118 gegründeten Stift St. Margen die Unterstellung unter den Schutz des hl. Petrus, vgl. Hausmann 46 f.

[58] van der Meulen 165; siehe auch oben S. 41 f.

[59] Vgl. Haller Bd. 3, 234, auch Moore 300 ff. Zur Entwicklung königlicher Immunitätsprivilegien an geistlichen Eigenklöstern und zur Wirkung des Königsschutzes vgl. Graff 68 ff.

[60] »... ita tamen quod dictus comes tradidit eis litteras suas et regis, quod ad hoc non tenebantur, sed hoc faciebant de gratia speciali ...« (MD 75).

[61] »Aderant ei in consilio venerabiles fratres sui ... Hic ergo atque alii plures viri providi, et de communi utilitate solliciti ... indicabant ei quae domus necessitas exigebat ... In primis Vir Dei non acquievit consilio: ... Si haec omnia confregerimus, poterunt homines saeculi male de nobis sentire ...« (MD 25).

[62] S. o. S. 51 f.

[63] »Anno ... 1099 ab incolis ... quesitum est, ubi tanti operis designator, ubi talis structure edificator inveniri possit. Donante quippe Dei misericordia inventus est vir quidam nomine Lanfrancus, mirabilis artifex, mirificus edificator. Eius denique consilio et auctoritate ceperunt Mutinenses cives et omnis populus eiusdem basilice

... fundamentum ponere ...« (LB Nr. 2262). Vgl. auch Breitenstein, in: Binding 1974, 101.

[64] Zu den scholastischen Implikationen dieses »inter se disputando« vgl. Panofsky 1970, 87 f. Um 1170 wird die Geschichte der Gründung von Ramsey folgendermaßen geschildert: Beim Anblick des Landes, das der Graf Ailwinus ihm für einen Kloster-bau zuweisen möchte, erklärt Bischof Oswald dem Grafen, er wolle einen erfahrenen Baumeister kommen lassen, »cuius ordinatione et consilio« das Dormitorium und das Refektorium errichtet werden sollen, »donec nos denuo convenientes super construendae basilicae forma et quantitate consilium simul accipiamus« (LBE Nr. 3550). Jene oben S. 42 als Ergebnis langer Beratungen zwischen Bischof und Dom-kapitel erwähnte Verlegung der Kathedrale von Salisbury wird nach Matthew Paris († um 1259) vollzogen, indem die Fundamente gelegt werden »consilio nobilium artificum, quos a remotis convocaret« (LBE Nr. 4067).

[65] Bulteau Bd. 1.

[66] MD 87. Zu Bernhards Kritik an Suger vgl. Panofsky 1946, 3 ff., 10 ff., Simson 67 ff., Hirschfeld 48 ff., Gimpel 13 ff.

[67] Haller Bd. 2, 270.

[68] Der (gefälschte) Brief Fulberts bei Behrends 270 (s. Anm. 48).

[69] Die oft gebrauchte Wendung »Deo inspirante« etwa bei Suger, vgl. Panofsky 1946, 42. Vgl. auch Spörl 334, 501. – Die Erzählung, Abt Hugo von Cluny sei, als er sich zu einer Bauerweiterung zunächst nicht entschließen konnte, von dem Mönch Gunzo von Baume durch eine Traumvision, in der das Bauwerk erschien, über zeugt worden, wurde auch illustriert, vgl. Hunt 83, Tafel II, auch Stiennon 354 f. Es sei hier nur noch ein Passus aus der *Vita (alia) sancti Geraldi* (um 1100) zitiert: Geraldus hatte sich vorgenommen, in der Diözese von Bordeaux das Kloster Sauve Majeure zu errichten. »Postulavit sibi signum a Domino, an vellet eum ibi sistere gressum suum, et in honore illius opus propositum inchoare ... Cumque diutius in ovatione persistens, responsum a coelesti consilio expectaret, quasi in extasi fac-tus, ecce Filius Dei in vexillo Crucis offert se aspectui servi sui ... Loco igitur, qui conceptioni suae competeret, certis limitibus designato, libertate quoque et immuni-tatis integritate a terrae illius nobilibus dominis impetrata, coepit operari consilio manuum suarum ...« (M 259). Eine positive Deutung des Brandes in der Kathe-drale von Chartres als Gotteszeichen gibt das Gedicht des Guillaume le Breton im Anschluß an den Bericht der *Miracula Virginis Carnotensis* (MD 170).

[70] »Omnes ... unum dedere consilium, ut ... ecclesiam aedificaret« (M 112).

[71] Zum Nachleben dieser Wendung aus 1. Kor, 3, 11 vgl. RAC Bd. 1, Sp. 1268 ff.; von diesem Artikel hätten die Erwägungen von Böker (in: Binding 1974, 75 f.) über die Stelle und ihre mittelalterliche Rezeption gleichsam ihr Fundament bezie-hen können.

[72] So Mundy 416.

[73] Vgl. Stutz 49; ähnlich Feine 163, 169 (»fast ein Gewerbebetrieb«).

[74] Zur Thesaurus-Lehre vgl. Paulus Bd. 1, 290 ff., Bd. 2, 184 ff., Poschmann 112 ff. Bei Paulus Bd. 1, 142 ff. auch eine ausführliche Behandlung der echten frühen Ab-lässe in Verbindung mit Bauvorhaben.

75 Paulus Bd. 1, 185 Anm. 1. – Bei Paulus Bd. 2, 60 ff., 218 ff. über das Ablaß-privileg der Bischöfe und Bd. 1, 177 ff. die Indulgenzbriefe der Bischöfe zugunsten von Klöstern. Beispiele, daß Bischöfe sich gegenseitig Ablässe gewähren: LBE Nr. 2069, 2643; zu Regensburg 1272, vgl. Simson 242.

76 Die oben S. 31 zitierten Unvermögens-Formeln entstammen zumeist Ablaß-briefen.

77 »Difficultate namque rerum idem locus cingebatur, tum petrarum, tum lignorum, tum, quod maxime in humanis necessitatem iuvat, pecuniarum. Qua necessitate compulsus, dominus abbas Walterus, convocatis ad se binis fratribus loci, honori-fice omnibus necessariis sufficienter dispositis, cum reliquiis s. patris nostri Ecgwini illos per Angliam direxit. Qui praecepto spiritualis patris obedientes . . . pecuniam plurimam suae ecclesiae acquisiverunt« (LBE Nr. 1620).

78 Brandl-Ziegert 37.

79 Auch die mobile, auf Reisen geschickte Reliquie steht ursprünglich im Zusam-menhang der Übergabe. Jedenfalls wußte schon der Freisinger Bischof Hitto († 835) das Übergabeverfahren »dadurch zu vereinfachen, daß er die Reliquien des Heili-gen in einem kleinen transportablen Schrein stets mit sich führte, so daß die Über-gabe geschenkter Grundstücke gleich an Ort und Stelle erfolgen konnte«. Kroeschell Bd. 1, 97. Auch im Eigenkirchenwesen kommt der in einen fest verankerten Altar eingelassenen Reliquie die Funktion einer Eigentumsfundierung zu: Der Name des Heiligen »ist die Firma, unter welcher der Grundherr als Eigentümer von Kirchen-gut auftritt und an dem Verkehr mit dem Kirchengut teilnimmt«. Stutz 19, auch Feine 163. Ich vermag nicht anzugeben, ob oder wie in diesem Zusammenhang die interessanten Beispiele, die Harald Keller 33 ff. für die Beisetzung der Reliquien in Architekturteilen seit dem Ende des 10. Jahrhunderts zusammengetragen hat, zu beurteilen sind.

80 Der »magister operis« gräbt und sagt: »Credo, ait, quia hoc est quod quaesie-ramus diu multumque nec invenire potueramus.« Der »pretiosus occultatus thesau-rus« wird nach einem »consilio« mit Abt und Fratres in feierlicher Prozession neu aufgestellt und »laetissimus rumor hic mox se per omnem civitatem velociter dif-fudit, commovitque adeo populum, ut cum summa frequentia concurrerent ad lo-cum, et sanctarum reliquiarum tumulationi contenderent interesse . . .« (MD 89 f.).

81 van der Meulen 165, Appendix A; s. o. S. 41.

82 Dazu etwa Kulischer Bd. 1, 91 f. oder Simson 239 ff.

83 »Totus igitur conversus ad Dominum, communicato fratrum consilio indictoque tridui ieiunio, exclusis omnibus, sub armata quoque custodia, ne quis extraneus arbiter interveniret, . . . infodi . . . precepit.« Der Bischof, »in hoc ipsum evocatus, in editiori loco ante ecclesiam s. Martini consistens caputque b. martyris reverenter omnibus ostendens« (LB Nr. 792).

84 Panofsky 1946, 54, auch 169 ff.

85 Haller Bd. 3, 271.

86 Paulus Bd. 1, 147 ff., 157 ff. bezweifelt die Echtheit aller in das 11. Jahrhundert datierten Papstablässe und hält sie auch im 12. Jahrhundert noch für selten. – Einen entsprechenden Aufruf wie in England läßt in Spanien der Legat 1126 zugunsten des

Kirchbaus von Osuna ergehen. Paulus Bd. 1, 180. Zur Lateranbestimmung von 1215 vgl. Paulus Bd. 1, 31, 176 f.; Bd. 2, 60. Zur Ablaßvollmacht des Legaten vgl. Paulus Bd. 1, 219 f.

[87] Nach einem Bericht von 1339 konnte um 1030 in Maguelone der Bischof Arnaldus bei seinem Amtsantritt die verfallene Kirche nicht, wie er wollte, aufbauen, weil die bischöflichen Besitzungen und Rechte von anderen besetzt gehalten wurden. Er wandte sich deshalb an den Papst und erhielt von diesem das Privileg, daß ein jeder, woher er auch komme, der zur Kirchweihe heranreise und Gott seine Spenden darbringe und seine Sünden bekenne, deren Vergebung und das ewige Leben gewinnen solle, sofern er noch im gleichen Jahr sterbe. Mit diesem Privileg im Rücken, hat der Bischof zunächst eine Brücke zur nahegelegenen Insel gebaut, damit diese frei zugänglich werde – zum Nutzen der Menschen und zum Ruhm seines Namens: »ut ... liber pateret accessus ... ad utilitatem hominum ... et sui nominis memoriam ...« Erst danach hätte er die Pfarrkinder zusammengerufen (parochianos suos convocavit), um sie aufzufordern, für den Bau der Kirche zu spenden, worauf viele von ihnen Sachgüter und Gelder heranschleppten, »pro redemptione suorum peccaminum« (M 88 f.; vgl. aber bei Paulus Bd. 1, 34, 37, 143 die Zweifel an der Richtigkeit). Der Bericht mischt historisch Mögliches mit Unmöglichem zu einem Wunschbild päpstlich-bischöflicher Kooperation. – 1186 erlaubt der Papst dem Erzbischof von Canterbury, die Opfergaben, die den Reliquien gespendet würden, zu einem Viertel den Armen, zu einem weiteren Viertel Werken seines eigenen Gutdünkens (pro tuae voluntatis arbitrio) zuzuführen (LBE Nr. 831). 1194 ergeht ein Spendenaufruf des Papstes Coelestin III. zugunsten des Klosters St. Frideswide, wo die Mönche bereits einen Bau begonnen hatten, doch »ad consummacionem eiusdem operis eis non proprie suppetant facultates« (LBE Nr. 3382).

[88] Zur Stellung des Legaten in Frankreich vgl. Lot/Fawtier Bd. 3, 148 ff., zu den verschiedenen Formen, in denen die Päpste Rechtsentscheidungen über Legaten trafen, vgl. Moore 296 ff. – Zum Décime écclesiastique vgl. Favier 176 ff.

[89] In Chartres erhebt König Philippe-Auguste ebenfalls den Schrein mit den Reliquien eigenhändig, vgl. Bulteau Bd. 1, 121; Simson 252. Aufschlußreich auch der Bericht, in dem geschildert wird, wie König Heinrich II. († 1189) in Ramsey Anstoß daran nimmt, daß auf dem Hochaltar der Leib Christi in einer so kümmerlichen Pyxis dargeboten wird: »Cum praesens monasterium excellenter ab antiquo dotatum sit, cur corpus Dominicum omnibus fidelibus adorandum tam vili metallo reconditis?« Als er auf die Armut der Abtei hingewiesen wird: »Non patietur, inquid, maiestas ... regia tantum monasterium in adorando Dominico corpore tantae vilitati de caetero subiacere«. Iussit itaque praedictus rex 14 marcas de thesauro suo in crastino conventui sine dilatione persolvi« (LBE Nr. 3603).

[90] Zum Engagement der Könige vgl. Simson 95 ff., 195 ff.; Colombier 11 ff.; zu den Ausgaben der normannischen Herzöge und Könige für den Kirchenbau vgl. Musset 308 ff. Siehe auch oben S. 77, 117 f.

[91] Vgl. Binding 1972, Nr. 26, 28, 29, 30.

[92] Vgl. Mitteis 191 f., HDWS Bd. 1, 257 f., Strayer 22 ff., Ménager 306 ff.

[93] Den Reflex einer solchen Differenzierung erkennt man etwa in einem Bericht

von ca. 1125 über die Bautätigkeit König Edgars († 975), wenn es dort heißt, Edgar habe sich nicht damit begnügt (non contentus), überall sowohl selbst wie auch durch Bischöfe (cum per se tum per episcopos) neue Klöster zu errichten; vielmehr habe er auch die alten Klöster wiederhergestellt, indem er etwa die Abtei Chertsey wieder in ihre zwischenzeitlich usurpierten (quae quidam ex magnatibus seu vi seu vetustatis auctoritate occuparent), alten Rechte eingesetzt habe (LBE Nr. 996).

[94] ». . . non de iure nec de consuetudine sed ad nostrarum precum instantiam . . .« (LBE Nr. 849).

[95] Vgl. Mundy 336; Strayer 47. Zur Problementwicklung der Verbindung geistlicher und weltlicher Gewalt beim Bischof vgl. Hürten 16 ff.

[96] »Alias eciam villas multas, oppida et municipia regni muris spissis et turribus inexpugnabilibus munivit; in quibus constructionibus equitatem et justiciam servare visus fuit. Nam licet de jure scripto posset propter publicum regni commodum in alieno fundo muros erigere et fossata rumpere, tamen juri preferens equitatem, cuncta dampna que per hoc homines incurrebant de fisco proprio compensavit« (MD 151 Anm. 6). Zum Rechtsgehalt des Begriffs der »aequitas« vgl. HRG Bd. 1, 431-437.

[97] Zum Nachleben des Grundsatzes: »Utilitas publica prefertur utilitati privatae«, vgl. Ullmann 30 ff.

[98] LBE Nr. 5690. Zu der Stelle vgl. Petit-Dutaillis 111 und den Deutungszusammenhang, den Hauck 59 ihr gibt; vgl. auch Harvey 1972, 64 f.

[99] Dazu Colvin Bd. 1, 109 und Lancaster 81 ff.

[100] Zur Aufnahme des Begriffs der »publica utilitas« in den mittelalterlichen Staatszweck, zur römischen Herkunft des Begriffs und seiner Beurteilung in der Forschung vgl. Dirlmeier 182 ff., auch Strayer 25 f., 54.

[101] Vgl. Whitelock 75 ff., Uslar 65 ff., 225 ff., Mitteis 97 f., 113 f., Ennen 87 f., Berges 139 (der auch eine Zielrichtung von Heinrichs Burgen nach innen sieht). Zum Burgenbau Alfreds des Großen vgl. Colvin Bd. 1, 8 ff.

[102] ». . . sic demum rebelles et infidos quietos manere« (Schl. 1896, 217).

[103] Vgl. Schrader 2 ff., Mitteis 100.

[104] M 252; MD 104 f., 107, 233; vgl. auch Boussard 1956, 69.

[105] Vgl. LBE Nr. 5711, MD 81 f.; Mitteis 169 f.; Bloch 552; Whitelock 75 ff.; Boussard 1956, 69 ff.

[106] M 364; MD 210. Zu den Wehrklöstern und -kirchen seit dem 9. Jahrhundert vgl. Uslar 73, 224, Rey 38 f.

[107] Über die Burgmannen vgl. etwa Le Goff 1965, 67 f., 70 ff.; Boutruche Bd. 2, 267 ff.; für Anjou vgl. Guillot Bd. 1, 398 ff. – Zur verfassungsrechtlichen Entwicklung vgl. Schrader 30 ff. – Zum Anteil Bennos an dem Burgenkonzept in Sachsen vgl. LB Nr. 3005 und Hindenberg 16, 74 ff. – Zu den Motiven des Aufstands, der sich gegen die »infimos homines et nullis maioribus ortos« richtet, vgl. Bosl Bd. 1, 83 ff., Baaken 80 ff., Berges 148, 156.

[108] Zum Burgenbau Wilhelms des Eroberers vgl. Colvin Bd. 1, 20 ff. Zum staufischen Burgensystem vgl. Maurer 67.

[109] Zu den Immunitätsmauern und Stadtmauern vgl. Herzog 22 ff., 111, 208 f., 236 f., 255 f., Planitz 114 f., 168 ff., 236 ff., Ennen 92 ff.

[110] Zu Pisa vgl. Davidsohn Bd. 1, 265 ff.; zu Köln LB Nr. 726-727, 731, 733; sowie Planitz 114; Ennen 116.

[111] Vgl. dazu Bandmann 1951, 96 ff.

[112] Zu dieser Funktion der Neugründungen, in deren Zusammenhang auch die gegen Altstädte gegründeten Neustädte gehören, vgl. Dirlmeier 24 ff., 205 ff., 40 ff. – Allgemein zur königlichen Fiskal- und Städtepolitik vgl. Mundy 422 ff., 431 ff.; Ennen 85 ff., 122 ff.; Planitz 130 ff.; Stenton 175 ff., 257 ff.; Rörig 36 ff, 47 ff.

[113] Vgl. Dirlmeier 73, 200, wo die Vorgänge, bei denen von der »saluti totius patriae« und von den »necessitatibus pauperum« die Rede ist, ausführlich behandelt sind.

[114] MD 145, 147. Zu diesem Hallenbau und zu der fiskalischen Wirtschaftspolitik der Könige und Fürsten allgemein vgl. CEH Bd. 3, 310 ff.; Le Goff 1972, 88 f.; Thrupp 241 ff.; zu den wirtschaftspolitischen Maßnahmen Friedrich Barbarossas vgl. Dirlmeier 73 ff., 200. Zur Entstehungsgeschichte der Pariser Hallen vgl. den Vorgang, der sich drei Jahre früher im lokalen Rahmen von Mediran abspielte; s. o. S. 52.

[115] Beurteilt man diese Episode bei Wipo 560 von den Klassifikationen der Architekturtheorie her, so läßt der Geschichtsschreiber den Kaiser mit einer Distinktion argumentieren, die der Hofarchitekt des Augustus, Vitruv, auch dem Mittelalter überliefert hatte: »Aedificatio autem bipartito, e quibus una est moenium operum in publicis locis conlocatio, altera est privatorum aedificiorum explicatio« (Lib. 1, cap. 3, 42 f.). Nach Vitruv fallen wohl Festungswerke, Theater, Tempel, die Basilika und die Curia unter die Kategorie der »aedes publicae«, nicht jedoch die Residenz des Princeps, die es als selbständige Bauaufgabe für Vitruv noch gar nicht gibt. Als Amtsperson bleibt der Princeps auf die überkommenen öffentlichen Amtsgebäude verwiesen, als Privatunterkunft dient ihm sein Haus, das im privaten Rahmen der übrigen Patrizierhäuser verbleibt; nur ansatzweise werden unter Augustus beide Sphären einander angenähert (vgl. Millar 42 f.). Der Begriff des »palatium publicum« als Bezeichnung für die Königspfalz ist in karolingischer Zeit durchaus geläufig (vgl. Classen 1963, 81, 89), und im 9. Jahrhundert wird auch für Klostergebäude gelegentlich unterschieden zwischen »aedificia et publica et privata« (Schl. 1892, Nr. 678, 870). Neu bei Wipo ist die Problematisierung der Abgrenzung, so daß spätestens für die Zeit seit Wipo die These, das Mittelalter kenne die Unterscheidung von öffentlichen und privaten Bauten nicht, hinfällig ist. Die Stelle hätte es verdient, in der Kunstgeschichte genauso beachtet zu werden wie in der Geschichtswissenschaft, wo ihr eine Schlüsselrolle in der »Entwicklung transpersonaler Staatsvorstellung« (Beumann) zugewiesen wird, vgl. etwa Mitteis 149, Bloch 565, Vaccari 168 ff., Hyde 45 ff., Luzzatto 97 mit der Vermutung, daß die Angreifer aus der ›Mittelklasse‹ gekommen seien.

[116] Die Roncalischen Gesetze jetzt bequem einzusehen bei Kroeschell Bd. 1, 180; vgl. dazu auch Hyde 85 f. – Zu Rahewins Lob auf die Pfalz Kaiserslautern (LB Nr. 666) vgl. auch Hauck 59 f. – Zur Frage der burgartigen Befestigung deutscher

Königspfalzen vgl. Gauert 48 ff. – Als die italienischen Bischöfe die kaiserlichen Legaten nicht in ihre Paläste aufnehmen wollen, argumentiert Barbarossa gegenüber dem Papst Hadrian, eine Weigerung sei berechtigt, wenn ein Bischof seinen Palast »in proprio solo et non in nostro« habe, nicht aber, »si autem in nostro solo et allodio sunt palatia«, vgl. Classen 1963, 93. Aufschlußreich auch die Bemerkung, der Bischof Heinrich von Winchester († 1175) habe den Königspalast nicht nur zerstört, sondern »in maiorem publicae potestatis offensam« sich aus den Steinen seinen eigenen Stadtpalast gebaut. (S. a. LBE Nr. 4744).

[117] MD 148; dazu auch Enlart Bd. 2/1, 273.

[118] Eine »laubia« wird unter Otto III. auch am Palast von Pavia genannt, worunter Lehmann-Brockhaus 1935, 10 f, einen Vorbau mit Säulenhalle verstanden wissen will. Über eine »logie« am Bischofspalast zu Auxerre zwischen 1116 und 1136, sowie ein »lobium aulae episcopale« in Paris vgl. M 95, Anm. 4. Um 1200 schildert Lambert d'Ardres das Schloß des Seneschalls des Grafen von Boulogne, das um 1120 errichtet worden war: Treppen führen »a domo in logium; quod bene et procedente ratione nomen accepit – ibi enim sedere in deliciis solebant ad colloquendum – a *logos*, quod est sermo, derivatum« (M 185). In den Anweisungen Philippe-Augustes von 1212 an seine Baillis ist ebenfalls von »logias« die Rede (MD 217). Im Kloster St. Germain in Auxerre baut der Abt zwischen 1252 und 1278 eine »aulam pulcherrimam cum logiis supra curtem, ex quibus prospici possunt introitus abbatiae et fere omnium officinarum, et videri et percipi aeris amoenitas gratiosa« (MD 76, 203, 207 f.; vgl. LB Nr. 2004). Um diese Hinweise seien die Quellenbemühungen bei Büttner 127 ff. und Anm. 63 ergänzt, dessen Überlegung zur Loggia, nämlich »daß Offenheit der Fassade zugleich Öffentlichkeit bedeuten kann«, ich allerdings bekräftigen möchte.

[119] Nach Petit-Dutaillis 111; vgl. auch Le Goff 1965, 117.

[120] Zum »Rex illiteratus quasi asinus coronatus« vgl. Classen 1966, 167 und Grundmann 47 ff.

[121] »tamquam caput reliquo corpori, sic toti supereminet civitati« (LB Nr. 2326). Das Bild vom Kopf und den Gliedern taucht seit Paulus (1. Kor. 12, 4 ff.; Ephes. 1, 23; Rö. 12, 5) immer wieder in der Staatsmetaphorik auf, etwa in den Leges Visigothorum aus dem 7. Jahrhundert; mit ihm rechtfertigt etwa 1015 Kaiser Heinrich II. die Inkorporation kleiner Klöster in größere (vgl. Ullmann 109 Anm. 9, Holtzmann Bd. 2, 457). Ullmann 34 betont auch den Zusammenhang mit der »publica utilitas«, die er ausschließlich im Willen von oben verkörpert sieht. Es gibt aber auch die Umkehrung: Unter Papst Johannes XIX. († 1032) fordern die Bischöfe, der Papst solle ihre Urteile nicht revidieren, »denn so wie die Glieder ihrem Haupte folgen müssen, so ist auch nötig, daß das Haupt die Glieder nicht kränke«, und um 1140 verwendet auch Gerhoh in seiner Papstkritik dieses Bild: »Die Kirche ist ein Körper aus vielen Gliedern, die einander über- und untergeordnet sind. Wo bleibt aber der Körper, wenn das Haupt, der römische Bischof, alles sein will?« (Haller Bd. II, 188 f.; Bd. III, 83). In Cambridge wird das Bild anläßlich einer Klosterstiftung und seiner Unterordnung gegenüber dem Kloster Ramsey benutzt: »et locus ille ad ecclesiam Ramesiensem quicquid in futuro contingat velut membrum ad

caput suum semper respiciat« (LBE Nr. 586). Francesco di Giorgio wird dann um 1482 den bekannten anthropomorphen Stadtplan liefern, in dem das Kastell der Kopf und die Stadtteile die anderen Körperglieder darstellen. – Ein Bericht darüber, wie 1164 Thomas Becket in die Londoner »domus regis« zu Heinrich II. vordrang, schildert in etwa die Situation, wie sie für Palermo beschrieben wird: »Rex autem erat in secretiori thalamo cum suis familiaribus« (LBE Nr. 2601); zum privaten »thalamo« vgl. Jolliffe 352. – Zum Familiaren-Rat Wilhelms II. in Palermo vgl. Schadek 213 ff.

[122] »... ne forte locus tam munitus a rege occuparetur« (LBE Nr. 1627). Zum Öffnungsrecht an den Burgen vgl. Mayer Bd. 1, 138, Schrader 18 f.

[123] Haseloff 10.

[124] Dies ist wohl die Grundintention des überschwenglichen Briefs, den Peter von Blois, der als Erzieher am Hof von Palermo und dann als einflußreicher Sekretär Heinrichs II. in England einschlägige politische Erfahrungen hatte sammeln können, an das Kapitel von Salisbury richtet, um ihm für die Verlegung der Kathedrale aus dem Schatten der Burg hinunter in die Stadt, die vom König ebenfalls gefördert worden war, zu gratulieren: Die Kirche habe zuvor auf einem windigen, engen und steilen Berg gestanden, wo sich eine Burg befunden habe, »quasi in Siloe (Lukas 13, 4), quae habitatores loci onere longae servitutis oppressit«; doch dann sei der Geist des Othoniel (Richter 3) wieder aufgekommen, »ut a populo Dei iugum tyrannicae oppressionis excuteret«. Er zieht den Vergleich mit alttestamentarischen Befreiungstaten, mit der Rettung der Arche Noah, und preist dann den fruchtbaren Segen der Ebene: »Descendamus ergo felici auspicio ad complana, ubi valles abundabunt frumento, ubi campi speciosa pinguescent, ubi comedet quisque sub vite sua, et sub ficulnea sua, eritque melior diesuna in atriis illis super millia« (Ps. 84, 11; LBE Nr. 4062).

[125] Dirlmeier 191.

[126] Vgl. Schrader 34, 42 ff. Das »Statutum in favorem principum« bei Kroeschell Bd. 1, 294 ff.

[127] »nisi est de consensu concilii totius regni Angliae« (LBE Nr. 5791).

[128] »Unum est enim inexpugnabile munimentum: amor subjectorum.« Haseloff 8, Anm. 5). Zur Nachwirkung dieser Stelle vgl. Alberti, De Re Aedificatoria, Lib. 5, cap. 1 und 3, wo die unterschiedlichen festungspolitischen Maßnahmen, die ein Tyrann und ein legitimer Herrscher zu treffen haben, kühl analysiert werden. Vielleicht unter Aufnahme der emphatischen Moralisierung dieses Verhältnisses in Albertis Schrift De Iciarchia, Lib 1, kommt dann Machiavelli zu Schlußfolgerungen, die denen des Thomas de Gatta fast wörtlich entsprechen: »Però la migliore fortezza che sia, è non essere odiato dal populo« (Il Principe, cap. 20). »Tanto che un principe savio e buono, per mantenersi buono, per non dare cagione né ardire a' figliuoli di diventare tristi, mai non farà fortezza, acciocché quelli non in su le fortezze ma in su la benivolenza degli uomini si fondino« (Discorsi, cap. 24).

[129] »Potest ergo conjici quanta vis pecuniae fuerit in omnibus«, schreibt William von Malmesbury um 1130 bei seiner Aufzählung und Wertung der Schätze von St. Marien in Glastonbury (LBE Nr. 1859).

[130] ». . . larga manu pecunias oportune dispensas . . .« (LB Nr. 2277).

[131] Vgl. Favier 37.

[132] Dazu Bandmann 1969, sowie ders. 1951, 143 f., 249. Die Entschuldigung, Bischof Bruno habe in Verden mit Holz bauen müssen, »quia lapis defuit ei«, mitgeteilt bei Lehmann-Brockhaus 1935, 14.

[133] ». . . ut illorum mos est . . .« (LB Nr. 2264). In Aniane hatte man sich um 840 noch mit den eigenen Schultern helfen können: »Lignamina vero saepe propter penuriam boum humeris propriis cum discipulis deferebat« (Schl. 1892. Nr. 573). Nach Rahewin hätte man die Pfalzgebäude zu Monza zu zustandegebracht, »ut boves undecim plebium terre Mediolani lapides a civitate ibi bis in mense vehebant« (LB Nr. 2307). – Zum Schiffs- und Transportwesen vgl. Thrupp 236 f., White 1972, 166 ff. Zu den Schwierigkeiten im Bauzusammenhang Colombier 15 ff.; Aubert Bd. 119, 309 ff., 314 ff. und Salzman 349 mit Schätzung der erheblichen Kosten.

[134] Dazu White 1970, 39 ff.

[135] Vgl. die Stichworte »praecipitare-praecipitium« im Register bei LBE, und »accidents« bei M und MD. Über den Einsturz von Bauten vgl. Salzman 25 ff., auch 187 ff., 318 ff.

[136] »Retinet etiam rusticos . . . deserentes patrios usus et adherentes diversis generibus artium« (MD 53).

[137] Die *Freistellungen* von Handwerkern sind der Form nach schon den *Edicta Rothari* von 643 bekannt: »Magistri commacini sive commacinorum homines liberi erant, qui opera pro certe mercede facienda conducebant« (vgl. Ven Bd. 1, 177 ff.; Luzzato 41 ff.). Relevant werden sie aber wohl erst im 12. Jahrhundert: 1120 befreit der Graf von Anjou die Handwerker der Abtei von St.-Jouin-de-Marnes: »Immunes sint cementarii, immunes sint carpentarii, sint immunes et alia quelibet officia exercentes« (M 361 f.). 1127 befreit der Herzog von Aquitanien die Handwerker, die an zwei Abteien bauen: »lignorum seu lapidum opifices ac postremo omne operariorum genus, quandiu operibus eorum intendunt . . . salvi remaneant undique et illaesi . . .« (M 378 f.). Die Befreiung gilt also nur für die Bauzeit. Ähnliche Privilegien ergehen 1187 durch den Grafen von Toulouse für die Steinmetzen von Nîmes (MD 155 f.), 1210 durch den Grafen von Auxerre für die dortigen Bauhandwerker (MD 211).

[138] Zu dieser Unterscheidung vgl. Duby 187, 197; Heers 18 oder Thrupp 251 f. Zur Entwicklung des Handwerks vgl. HDSW Bd. 1, 122 ff., 202 ff.

[139] Als erzieherische Kulturtat schildert schon Beda († 735), daß Benedikt Maurer und Glasarbeiter von Gallien nach England kommen ließ, um die Angelsachsen in den Steinbau und in die Glaskunst einzuführen (Schl. 1896, 47 f.). Ähnlich motiviert noch die Chronik von Montecassino, warum der Abt Desiderius († 1087) einen Legaten nach Konstantinopel schickte, um dort Mosaikkünstler für Montecassino anzuheuern: »Legatos interea Constantinopolim ad locandos artifices destinat, peritos utique in arte musiaria et quadrataria, ex quibus videlicet alii absidam et arcum . . . basilicae musivo comerent . . . Et quoniam artium istarum ingenium a quingentis et ultra iam annis magistra Latinitas intermiserat, et studio huius inspirante et cooperante Deo, nostro hoc tempore recuperare promeruit, ne sane id ultra

173

Italiae deperiret studuit vir totius prudentiae plerosque de monasterii pueris diligenter eisdem artibus erudiri« (LB Nr. 2278; vgl. Hahnloser 79).

[140] »primis peritiores architectos ab externis finibus exquirens, et eis disciplinam totius structurae committens« (LB Nr. 270).

[141] Besonderes Interesse ist den Wanderungen lombardischer Bautrupps zuteil geworden, vgl. Pevsner 1930/31, 107; Luzzatto 49; Bandmann 1951, 231 ff. Allgemein haben Wirtschaftshistoriker sich für diese Mobilitätserscheinungen interessiert: Eine fast vollständige, quellenkritisch allerdings nicht ganz stichhaltige Aufzählung der frühen Fälle bei Kulischer Bd. 1, 75 ff. Vgl. auch Whitelock 225; Colombier 38 ff.; HDWS Bd. 1, 123, 202 f. Bei Kulischer Bd. 1, 77 auch Beispiele von Bitten um Handwerker. Dazu: Um 873 heißt es: »vero roganti Privvino misit Liuprammus archiepiscopus magistros Salzburch muratores et pictores, fabros et lignarios, qui … ecclesiam construxerunt …« (Schl. 1892, Nr. 525). So auch 1081 eine Empfehlung des Bischofs von Trier an den von Bamberg: »Artificem etiam vestrae pietati commendo … Et ut eum adiuvetis, rogo enixius, et gratiam vestram per me obtineat plenius« (LB Nr. 3033). Beispiele von Bitten um einzelne Künstler, deren Name schon bekannt war, werden oben S. 129 f. mitgeteilt; dort auch Beispiele von internationalen Wanderwegen einzelner Baumeister.

[142] So für St. Père in Chartres 1151 (MD 89 f.; s. o. S. 71) und für Chartres 1194 (van der Meulen 165), für Reims 1039 (M 41). – Daß die Handwerker »lucri cupidos« gewesen sind, wird in der *Historia Ramesiensis monasterii* gesagt: »Operariis igitur tam devotionis fervore quam mercedis amore laborem continuantibus« (Lehmann-Brockhaus 1935, 44). Die entsprechende, Wilhelm dem Eroberer in den Mund gelegte Äußerung s. o. S. 113.

[143] Das bloß negative Ergebnis, wonach etwa »fecit« oder »aedificavit« als »machen oder bauen lassen« zu übersetzen sei, noch einmal herauszuarbeiten (vgl. Aubert Bd. 118, 244 ff.; der größte Teil der von Binding 1974 herausgegebenen Schrift befaßt sich damit), besteht um so weniger Grund, als dieses Ergebnis schon von Schlosser 1891, 33 f., dann auch bei M 107 Anm. 5 (wo die Boethius-Stelle zitiert ist) und besonders bündig auch von Dehio Bd. 1, 86 f. klar formuliert worden ist. Hadrian gilt bekanntlich noch heute als prominenter Architektur-Dilettant. Könige und Fürsten als Maler aufgezählt bei Alberti, *De Pictura*, cap. 27 (dazu die Nachweise von Janitschek in der Alberti-Ausgabe 234, Anm. 34). Solche Nachrichten auch bei Curtius 543, Anm. 3, Hirschfeld 65 f. Sodann wird Bischof Aethelwold ein »magnus aedificator« und ein »theoricus architectus« genannt, der auch selbst Hand angelegt hätte (Colvin Bd. 1, 13). Der Topos ist für die Beurteilung auch von ›Künstlern‹ wie Bernward von Hildesheim in Rechnung zu stellen.

[144] So die Deutung von Bandmann 1951, 47.

[145] So interpretieren Harvey 1972, 57 und Coulton 508. – Von dem »vir humilitatis et gratiae«, dem Grafen Friedrich von Verdun, werden solche Taten um 1100 berichtet, wobei die Frage gestellt wird: »Quis jam similia facere erubesceret, cum videret Fredericum … imperatoris consanguineum, et fecisse et non erubuisse?« (M 45; vergleichbare Stellen s. o. S. 42 und Lehmann-Brockhaus 1935, 39 f., 42).

[146] Das Zurücktreten des Bauherren seit dem 13. Jahrhundert erklärt Bandmann 1951, 47 damit, daß »sich ein eigener Architektenstand und ein autonomes Hüttenwesen bilden, das Bauwerk als Kunstwerk sich konstituiert und die inhaltliche Aussage vor dem formalen Ausdruck zurücktritt«. Die Schriftquellen legen es nahe, diesen Übergang differenzierter zu deuten, indem sie den Bauherren nicht durch den Architekten, sondern durch die mächtigen Bauverwalter abgelöst zeigen. Die Stellen, die eine bauherrliche Eigenleistung hervorheben, zielen immer auch auf diese dispositive Funktion am Bau. Die Chronik von St. Bénigne in Dijon, die die Bautätigkeit des aus Italien gekommenen Abtes Guglielmo († 1031) schildert, geht zunächst von Dispositionsbeschreibungen des Bischofs und des Abtes aus: Der Bischof »expensas tribuendo, ac columnas marmoreas ac lapideas undecumque adducendo, et reverendus abbas magistros conducendo, et ipsum opus dictando, insudantes dignum divino cultui templum construxerunt«. Dann folgt eine detaillierte symbolische Ausdeutung der Bauteile, von der betont wird: »quoniam multa in eo videntur mystico sensu facta, que magis divine inspirationi quam alicujus debent deputari peritie magistri« (M 27). Schon hier also steht die Bedeutungsleistung in einem komplexen Spannungszusammenhang. Um 1070 wird die Tätigkeit eines zeitgenössischen Abtes in Bonneville geschildert: »Ipse non solum operi praesidebat, sed opus ipsum efficiebat, terram fodiens, fossam efferens, lapides, sabulum, calcemque humeris comportans, ac ea in parietem ipsemet componens« (M 46). Während »praesidere« als selbstverständliche Tätigkeit hingestellt ist, erscheint die körperliche Mitarbeit als zusätzliche Leistung. Es wird also großer Wert auf eine aktive Beteiligung gelegt, wobei die dispositive Funktion eine Rolle spielt. Das erlaubt auch den Schluß, daß die Bezeichnung des Bauherrn als »sapiens architectus« – durchaus im Sinne von Paulus: er habe den Grund gelegt, ein anderer baut darauf, wobei dieser Grund Christus ist (s. o. S. 65) – neben der Bedeutungskompetenz auch die organisatorische Kompetenz meint. Eindeutig ist dies von Bischof Gerhard I von Cambrai († 1092) in der Chronik von 1133 gesagt: »Quo facto, omni studio accinctus, utpote sapiens architectus, incepto labori sollicitus instat, et necessariis sumptibus prudenter expensis, ad reedificandum tantae difficultatis opus anhelat« (M 65 f.; LB Nr. 1664). Auch die Schilderung des Amtsantritts des Bischofs Jean de Commines († 1130) in Thérouanne von 1139 läßt diese Deutung zu: »Ecclesiam ... miserabiliter dissipatam invenit, mox ... biformi structura sapiens architectus reparare preparavit« (M 313) (Die weiteren Stellen bei Binding 1974, 9 f. genannt; die Stelle mit dem Hinweis auf Paulus aus dem *Liber Constructionis* von St. Blasien ist erst um 1400 geschrieben, vgl. LB Nr. 173). Ich meine also, daß die Wendung »aedificavit« etc. und die Herausstellungen des Bauherren als »sapiens architectus« eine bauherrliche Funktion meinen, die sich zwar auch auf die symbolische Sinngebung beziehen kann, die aber vor allem die Fähigkeit bezeichnet, für einen Bau Mittel und Leute zu beschaffen und die Organisation zu bewältigen; eine baukünstlerische Funktion kann dabei noch gar nicht in Frage kommen. Dieser Akzent auf bauorganisatorischen Fragen kann sich gegen die eminente Rolle der Verwaltungsämter im Bauwesen richten; die Reformorden etwa haben es vorgezogen, keine ministerialischen Amtsträger aufkommen zu lassen, vgl. hierzu Schulte 123 ff., 138 ff.

147 Vgl. dazu etwa Lot/Fawtier Bd. 3, 19 ff., 111 ff., 120 ff., 188 ff., oder zum Domkapitel HRG Bd. 1, 757-761.

148 Auf die Frage »unde denarios haberet ad hoc faciendum«, die Antwort: »quosdam burgenses dedisse ei occulte pecuniam«; den Opferstock stellt er »in communi transitu vulgi« auf (LBE Nr. 509).

149 Kroeschell Bd. 1, 134. In der Ordnung von Cluny um 1039-1049 wird eine »domus« genannt, »et ibi sedeant omnes sartores atque sutores ad suendum quod *camerarius* eis praecipit« (M 137). Jener *camerarius* Petrus in Coutances (s. o. S. 104) setzt die bischöflichen Einnahmen ein für »scultoribus, vitriariis, caementariis, aurifabris, et caeteris omnibus, quibus opus erat« (M 74). An diesen »dominum Petrum« wendet sich auch einer der Pfarrholden mit der Bitte, »ut juberet dolabrum praestari« (M 144 f.; s. o. S. 99).

150 Die »convencio« zwischen den Bauern und dem Kapitel von Poitiers ist angeregt worden von »Alboinus, *decanus*« und von »Otgisus, qui de ipso loco *prepositus* est, per consensum et consilium Hisimberti *archipresbiteri* et Raimundi Clari Oculi, qui de ipso Otgiso in fedum habent . . .« (M 200 f.). Siehe auch oben S. 173.

151 Das Reglement der Abtei St. Benigne in Dijon nennt zwischen 1077 und 1113 die Ämter (obedientia) eines *»camerarii«*, eines *»cellerarii«*, sowie eines *»sacrista«*, die Gelder und Arbeiter liefern sollen (M 245). 1190 schließen Domkapitel und der *Praepositus* in Lille einen Vertrag über dessen Bauleistungen (MD 161); ebenso einigen sich 1232 in Douai Kollegiatstift und *Praepositus* über die gegenseitigen Baupflichten (M 249 f.). Die Statuten von Southwell bestimmen 1248: *»custos fabricae* ecclesiae singulis annis . . . reddat computum suum« vor zwei Kanonikern (LBE Nr. 4259). Vor 1183 heißt es vom Abt von St. Trond: »consideransque, quia *prepositi* operis edificium non sine magnis sumptibus expleri posset . . . exspectavit donec congruentiori temporis aura alios commodius afferri faceret« (LB Nr. 2017). Zum Kampf der Domkapitel gegen die Praepositi, die seit dem 10. Jahrhundert die Tendenz zeigen, sich immer mehr die geistlichen Verwaltungsgüter selbst anzueignen, vgl. Lot/Fawtier Bd. 3, 190 ff. Zum Verhalten der Reformorden, vornehmlich der Hirsauer Kongregation vgl. Schulte 123 ff., 138 ff., 190 ff.

152 M. E. handelt es sich auch bei Hézélon de Liége, der von Stiennon 345 ff. als Architekt von Cluny III aufgewertet wird, um einen Vertreter dieses Typus. – Der Begriff des *»operarius«*, an dem die Funktion des Bauverwalters oft festgemacht wird, reicht nicht aus und kann zudem immer doch auch den Handwerker meinen (vgl. Aubert Bd. 118, 247, Colombier 32, Binding 1974, 7).

153 Der Abt Theoderich von St. Reimis in Reims hat »ejusdem loci *praepositum*, Herimarum nomine, adhuc vivens« zu seinem Nachfolger bestimmt (1045), einen Mann, »qui sibi adjutor et cooperator exstiterat ante omnes in praefati operis exsecutione, maximaque suppeditaverat subsidia, ex reditu villarum suae commissarum providentiae« (M 42, nach 1070 geschrieben). Der Bischof Heribert von Eichstätt († 1042) »Capellam s. Martini prius parvam per . . . domnum Woffonem, tunc *camerarium,* postea Merseburgensem episcopum, ampliari et ut hodie est meliorari fecit. Idem camerarius veterem illam et sanctissimam s. Mariae capellam . . . deiecit, et hodiernam fecit, maiorem quidem quantitate sed longe imparem sanctitate« (LB

176

Nr. 338). In St. Hubert baut um 1080 der Abt das Kloster wieder auf, »et cooperantibus sibi sui monasterii *praepositis,* maxime Theodorico«, der dann auch sein Nachfolger wird (LB Nr. 1775). In Bury St. Edmunds ist zwischen 1173 und 1180 der Chor von einem »Samson *subsacrista*«, der später Abt wurde, erbaut worden, wobei er als »magister super operarios« fungierte (LBE Nr. 507, 509).

[154] Siehe oben S. 116. – Vergleichbar sind etwa folgende Vorgänge: Die zwischen 995 und 1005 geschriebene Vita des Erzbischofs Oswald († 992) schildert, wie dieser nach Ramsey kam und den Ort für die Anlage eines Klosters geeignet fand, so daß er gleich »praecepit *dispensatori* coenobii, Eadnotho sacerdoti ... ut ad eundem quantotius properaret, et omnia quae monachi indigent ibidem construeret. Qui accepta potestate tanti operis, non diebus, non noctibus cessabat a labore sibi iniuncto« (LBE Nr. 3546). Am 1. 3. 1021 erhält Bischof Meinwerk von Paderborn von Kaiserin Kunigunde die Grafschaft Imbshausen unter der Bedingung, daß er sie nicht an einen »miles« als Lehen weitergeben dürfe, sondern daß *»ministerialis* ipsius ecclesie ... presit predicto comitatui ac de eius utilitatibus provideat ad restaurationem constructionis ipsius ecclesie, ut inde muri releventur, tecta reparentur« (LB Nr. 658, dazu HDWS Bd. 1, 236 f.).

[155] »... missus est praefatus Robertus cum Willelmo (monacho) tanquam operis dispositor, custos et procurator. Videres philosophum antiquum factum novum operarium ...« (LBE Nr. 4561). Immer scheint es auch möglich gewesen zu sein, daß einer von den Mönchen oder Verwaltern ad hoc als Baukontrolleur abgestellt wurde: So schon 845 in Fulda ein Mönch Racholfus, den der Abt einsetzte und der ohne Murren (sine felle) auch geduldet wurde (Schl. 1892, Nr. 362). In Conques hat ein »monachus, nomine Salustis« zwischen 1035 und 1065 »precepto patris cenobii parens, montem in quo lapidum cesores ad opus edificandi monasterii operi instabant, cum viginti et sex jugis boum expetiit, ut de vehiculo epistilia deduceret, necnon et ingentes basium moles«. Beim Transportverlauf wird genannt ein Magister Hugo, »qui huic negotio preerat« (M 105 f.). Für St. Benoit-sur-Loire wird um 1080 erwähnt »unus ex fratribus, cognomento Gallebertus, qui cementariis fuerat praefectus« (M 11; vgl. auch LB Nr. 2810).

[156] Beispiele für solche Mitsprachen bei der Besetzung von Bauämtern s. o. S. 46 f.

[157] Siehe unten S. 133 ff.

[158] Es kann hier nicht der Ort sein, eine der hartnäckigsten Konstruktionen romantischer Phantasie, die *Bauhütte,* auf die ihr zukommende Bedeutung zu reduzieren. Seit Heideloffs Publikation von 1844, die man unter die wichtigen sozialprogrammatischen Schriften des Vormärz einreihen kann, müßten dazu zahllose Verwicklungen verfolgt werden. Von der Quellenlage her kann jedoch immerhin festgehalten werden, daß alle Vorstellungen der Bauhütte und die Darstellungen ihrer Organisation von Quellen und Statuten ausgehen, die dem späten 14. und dem 15. Jahrhundert angehören. Dieser wahrhaft herbstliche Tatbestand kann nicht durch das beliebte Argument neutralisiert werden, die Hütten hätten erst in den Zeiträumen, in denen sie bereits überflüssig wurden, ihre Statuten und Grundsätze niederschreiben und rechtfertigen müssen. Nichts deutet darauf hin, daß ihre Praxis wesentlich älter ist. Das Argument dient zumeist nur dazu, die späten Nachrichten

unbesorgt um Jahrhunderte zurückzuprojizieren und sie dort mit sporadischen Lesefrüchten aus Chroniken und Viten zu vermischen. Ausnahmslos tut die umfangreiche Literatur zum Baubetrieb des Mittelalters so, als seien drei Jahrhunderte ein Augenblick, – man stelle sich vor, wohin eine entsprechend verfahrende Stilgeschichte gelangen würde. Das inzwischen schier unentwirrbare Nachrichtenknäuel hat beispielsweise dazu geführt, daß auch die von Etiénne Boileau (im Auftrag des Königs) zusammengestellten Statuten umstandslos zu Gesetzen der Bauhütten werden. Nichts weist auch darauf hin, daß es berechtigt wäre, von dem Skizzenbuch des Villard d'Honnecourt als von einem ›Hüttenbuch‹ zu sprechen. Es soll hier auf Einzelfragen nicht eingegangen werden. Manche erledigen sich im Lauf unserer Untersuchung, etwa die ganz unverständliche Streitfrage, ob es eine Trennung zwischen dem Kunstamt und dem Verwaltungsamt gegeben habe. Die Bauhütte als organisierte Institution jedoch liegt jenseits des hier in Betracht gezogenen Zeitraums. Überspitzt ließe sich sagen: Die Quellen mußten unbeachtet bleiben, damit die Vorstellung von der Bauhütte am Leben erhalten werden konnte. Wir sehen die Bauhütte geradezu als eine Form der Stillstellung aller derjenigen Bewegungen, die den Kathedralen und Domen die eigentlichen Gründungsenergien zugeführt haben.

[159] »Das mittelalterliche Mäzenatentum ist in seiner Breite noch nicht erforscht«, schreibt J. Fleckenstein in: Gebhardt. Handbuch der Deutschen Geschichte. 9. Aufl., München 1973, Bd. 3, 120. Anm. 10. Zu Friedrich II. vgl. etwa die Ausführungen bei Hirschfeld 64 f., wo ein Vergleich zu J. F. Kennedy gezogen wird.

[160] Kroeschell Bd. 1, 87. Diesem Eindruck steht, was die Bauorganisation betrifft, die feste Vorstellung gegenüber, die seit Schlosser 1891, 29 »eine sehr strenge Disziplin und Centralisation des öffentlichen Baubetriebs« annimmt. Sie hat sich dann auch personalisiert: Hatte noch Schlosser 1891, 30 ff. für Einhard eine Stellung angenommen, die ihm dem »director fabricae des späteren Mittelalters« vergleichbar schien, so ist Einhard bei Buchner 83 ff. zum »Leiter der fränkischen Kunstakademie« avanciert, woraus bei Hinks 108 ff. ein »minister of fine arts«, bei Pevsner 1930/31, 193 ein »Surintendant«, im Katalog der Karls-Ausstellung 1965, 195 eine »Leitung der kaiserlichen Bau- und Kunstwerkstätten« wird. Diese Titel verdankt Einhard letztlich allein dem literarischen Freundschaftsspiel, in dem er von Walahfrid als »Beseleel« apostrophiert wird, »qui percipit omne/Artificum praecautus opus« (Schl. 1892. Nr. 1140). Doch dieses Beiwort (vgl. 2. Mos. 31, 2-11; 30-35) ist damals und noch später auch solchen zuteil geworden, die nicht Kunstintendanten waren (vgl. Schl. 1892. Nr. 447, 1138; M 38; Grinten Nr. 119). Einen weiteren Hinweis gibt Einhard selbst, wenn er einen seiner Amtsnachfolger als »palatii bibliothecarius, cui tunc temporis etiam palatinorum operum ac structurarum a rege cura commissa erat«, bezeichnet (Schl. 1892, Nr. 24). Schließlich wird der Abt Ansegis als »exactor operum regalium in Aquisgrani palatio regio sub Einhardo abbate« genannt (Schl. 1892, Nr. 21). Dies belegt einen temporären, nicht schon einen amtlichen Einsatz für die Aachener Bauten. Fleckenstein Bd. 1, 92, 66 ff., 234 ff. hat den Vorschlag entwickelt, die Kunstorganisation am Hofe Karls des Großen in der Hofkapelle zu lokalisieren. Dieser Vorschlag dürfte für die Buchmalerei brauchbar sein (ebd. Bd. 1. 233 f.), doch fehlen für die Bauorganisation fast alle sicheren

Anhaltspunkte. Nicht nur ist unsicher, ob Einhard Mitglied der Hofkapelle war, auch Odo von Metz kann ihr nicht zugeordnet werden (ebd. Bd. 1, 68 f., 233). Fleckenstein fragt, ob man aus der Tatsache, daß der Kölner Dombau unter dem Erzkaplan Hildebald und St. Riquier unter Angilbert Elemente des St. Gallener Klosterplans vorwegnehmen, schließen könne, daß dies »auf eine vorausgehende Planung in der Kapelle zurückzuführen ist« (ebd. Bd. 1, 236 Anm. 28). Sicher deutet es auf Kontakte, noch nicht aber auf ein Planungsbüro in der Kapelle. Alle zeitgenössischen Quellen deuten darauf hin, daß die Bauaktivität auf der Initiative der Amtsträger selbst beruhte. Einhard weiß in seiner um 835 verfaßten Karlsvita nur von einem Befehl des Königs an die Bischöfe und Priester, sie sollten die Kirchen erneuern (Schl. 1892, Nr. 52), womit eine Anweisung im *Capitulare missorum* (803) korrespondiert, überflüssige Kirchen sollten niedergelegt, die anderen erhalten werden (Kroeschell Bd. 1, 81). Im übrigen aber treten die lokalen Amtsträger ganz selbständig hervor, so Einhard selbst in Seligenstadt (s. Anm. 45). Man mag dabei vorgegangen sein wie der Graf Wilhelm († 812) im Unterkönigtum Aquitanien beim Bau von St. Guilhem-le-Désert: »accitis quoque magistris quos secum educebat, virisque sapientibus quos in suo comitatu habebat ... ipse dux ad opus rediit, operarios ponit, artifices praeponit; qui quibus insistant operibus, quaeve exerceant, studia diligenter et opportune disponit« (Schl. 1892, Nr. 686). Auch den Baubetrieb in Aachen wird man in diesem lokal begrenzten, zweckorientierten Sinne zu verstehen haben, wobei ihm – nicht anders als den lokalen Amtsträgern – Leistungen aus den abhängigen Ämtern zustanden: So sah Einhard in Aachen einen »iuvenis nomine Gerlaicus de urbe Remorum inter eos, qui propter aedificia palatii construenda iussi de illa civitate venerunt« (Schl. 1892, Nr. 124). Wenn der Bischof von Thoul 840 an den Archikaplan Hilduin schreibt, er könne für die Pfalz in Aachen keine Bauleistung erbringen, da ihn »alia servitia et necessitates« davon abhielten (Schl. 1892, Nr. 233), so deutet das zumindest auf eine gewisse Konkurrenz zwischen den verschiedenen Bauträgern. – Nun hat Schlosser sein Urteil über eine zentralisierte Bauorganisation auf eine um 850 niedergeschriebene grundsätzliche Äußerung des Monachus Sangallensis stützen können: Er spricht von einer »consuetudo in illis temporibus«, nämlich »ut ubicumque aliquod apus ex imperiali praecepto faciendum esset, siquidem pontes vel naves aut traiecti sive purgatio seu stramenta ... ea comites per vicarios et officiales suos exequerentur, in minoribus dumtaxat laboribus; a maioribus autem, et maxime noviter extruendis nullus ducum vel comitum, nullus episcoporum vel abbatum excusaretur aliquo modo«. Unter den profanen Großbauten nennt er die Rheinbrücke, zu der ganz Europa beigetragen hätte; unter den sakralen die Aachener Pfalzkapelle, für die Karl »de omnibus cismarinis regionibus magistros et opifices omnium id genus artium advocavit. Super quos quendam abbatem cunctorum peritissimum ad executionem operis ignarus eius fraudium constituit« (Schl. 1892, Nr. 35, 36, 104). Diese Verfahrensweise setzt eine baukünstlerische Zentralisation, aber auch eine Verfassungsstruktur voraus, von der nicht belegbar ist, daß sie auch nur in Ansätzen existiert hat. Die Quellenlage zwingt vielmehr dazu, die Auslassungen des Monachus Sangallensis für eine idealtypische Rekonstruktion zu halten, die angesichts des Reichszerfalls die Absicht verfolgt, den Gedanken der Reichseinheit wiederzubeleben. Der Mönch könnte seine Vorstellung genährt haben aus Nachrichten über die Bauorganisation im byzantinischen Reich, wo man zwischen einem staatlich-öffentlichen Bauwesen (Kanäle, Wasserleitungen, Speicher), das in die Zuständigkeit des Wirtschaftsministers (Praefectus Praetorio) fiel, und einem privaten kaiserlichen Bauwesen (Residenzen, Landhäuser), das in die Zuständigkeit des Domänenministers (Comes Rerum Privatarum) fiel (vgl. Haussig 52 f.), unterschied, ein Modell, das auch im arabischen Spanien maßgebend gewesen zu sein scheint.

[161] Eine Zusammenstellung der Nachrichten über eine ›Einflußnahme‹ ottonischer Kaiser auf die Architektur bei Lehmann-Brockhaus 1935, 64, Anm. 8. Über Bauten ottonischer Äbtissinnen vgl. Braunfels 33 ff. Die Hoffnung, die Mütherich 1963, 39 in den zweiten Band von Fleckensteins Werk über die Hofkapelle setzte, er werde »new light not only on the artistic activities of the court but on the whole field of Ottonian art« bringen, hat sich nicht erfüllt. Fleckenstein hat den Faden aus der Karolingerzeit (s. Anmerkung 160) kaum zufällig nicht wieder aufgegriffen.

[162] Der Text bei Lehmann-Brockhaus 1935, 60 f. und Schl. 1896, 149 ff. Die um 1050 geschriebene Mitteilung ist viel beachtet worden, vgl. etwa Holtzmann Bd. 2, 483 oder Jahn 165. Die Wendung »eumque inter primos regiae domus habebat« erinnert an eine Wendung in einer Künstlergeschichte, die um 839 im *Liber Pontificalis* von Ravenna wiedergegeben wird: Um 480 habe Kaiser Honorius einen Architekten, der eine Mission in Caesarea nicht befehlsgemäß ausgeführt hatte, doch rehabilitiert und »acsi patrem eum venerare coepit et secundum se inter omnes in palatio habuit« (Schl. 1896, 104 f.).

[163] Zu den Trupps der angelsächsischen Könige vgl. Colvin Bd. 1, 13 f.

[164] Einige Beispiele für die Indienstnahme von Mönchen: In St. Martin-du-Canigou baut der Graf zwischen 1001 und 1009 ein Kloster, »quod extruxit quidam presbyter, nomine Selva, vel monachus, praecipiente, ordinante et in omnibus perficiente ... comite, ejusque conjuge ...« (M 25). In Albi war ja unter denen, die den Abt zum Brückenbau drängen, auch der »proconsul« und »princeps«, und von ihm heißt es ausdrücklich, daß er »totum hoc, ut suprascriptum est, fieri voluit« (M 104; s. o. S. 13). Für den Grafen Fulco von Anjou bauen nach 1030 zwei Mönche ein Kastell: »duo monachi Glomnenses, Thetbaudus praepositus et Albaldus cellerarius, lapideo robore concluserunt, qui per annos circiter sexaginta mirabili instantia ipsum locum gubernarunt atque instauraverunt« (M 21). Graf Eberhard von Nellenburg baut 1064 »prefiguratione atque adiutorio cuiusdam Liutbaldi, sui fidelissimi ac venerandi presbiteri, artis architectoriae satis conscii« (LB Nr. 1292). Siehe auch oben S. 65.

[165] »Praeterea autem architectus praecipuus, cementarii operis solertissimus erat dispositor, qua etiam ex re regi ... inseparabili semper fuit familiaritate devinctus.« Hinsichtlich der Burgen in Sachsen hat der Kaiser »dominum Bennonem praeesse constituit, sciens se huius rei non habere fideliorem nec ad hoc munus exequendum magis industrium. Poterat enim eius in hac re summa peritia ex Hildesheimensi, ubi tunc praepositus fuit, ...« (LB Nr. 3005). Siehe auch Anm. 101, 107.

180

[166] Zu Gundolf und Robert de Bellême vgl. Colvin Bd. 1, 28 f., 35. Zu den Zerstörungsmaschinen Roberts vgl. M 273 ff.

[167] »... nec per aliquam violentiam ministerialium nostrorum quisquam operariorum ab opere ipsorum amoveri atque ad alia traduci sit licitum ...« (M 379). Siehe oben S. 105 ff.

[168] Es kann hier nicht die verwickelte sozial- und verfassungsgeschichtliche, aber auch geistesgeschichtliche Bedeutung dieser sogenannten Mittelschichten beschrieben werden. Ich verzichte auch auf Literaturangaben zu diesem wohl am lebhaftesten erforschten Komplex mittelalterlicher Sozialgeschichte. Daß sie auch für die Kunstgeschichte eine eminente Rolle spielen, wäre erst noch zu erarbeiten.

[169] Herbord berichtet: »Imperator vero famosum illud ac laboriosum opus Spirensis monasterii habebat in manibus, omnes sapientes et industrios architectos, fabros et cementarios aliosque opifices regni sui, vel etiam de aliis regnis in opere ipso habens, aurum et argentum et pecuniam multam sumptusque infinitos annis singulis expendebat. At magistri operis, partim negligentes, partim etiam sua commoda sectati, rem tarde promovebant. Commonitus ergo princeps a fidelibus suis de iactura impensarum, diligentius tractare coepit, ac securus de Ottonis sui fide, diligentia et sagacitate, omne opus ei commisit, praecipiens, ut tam opifices quam magistri eorum illi soli parerent, omnem pecuniam, sumptus et impensas ab eo expeterent illique retaxarent. Sed quid? Non facile dici potest, quanta conservatio rerum facta sit, et quanta structurae promotio« (LB Nr. 1366). Ebbo schreibt: »Sed magistri operis fraudulenter et sine Dei timore agentes, magnam pecuniae quantitatem suis usibus insumebant, ita ut frequenter ad opus tam mirificum pecunia ipsa deficeret. Unde augustus non mediocri dolore permotus, ex consultis accito familiari auriculario suo Ottone, ei tocius operis magisterium commisit, utpote cuius sapientia cunctis probata, eciam ad maiora quaeque et ardua dispensanda esset idonea. Qui sagaciter et provide commisso operi intendens... frequenter ad curtem regiam regressus, pecuniam, quae supererat statuto operi, fideliter ei resignabat. Insuper ad indicium ingeniosae diligentia suae aequam fenestrarum aecclesiae mensuram prudenter a se dispositam imperatori considerandam offerebat« (LB Nr. 1367).

[170] Die Mitteilungen in den Viten des Herbord und Ebbo werden von der kunstgeschichtlichen Literatur durchweg als zeitgenössisch angesehen. Auch die Studie von Bender, in: Binding 1974, 92 ff., die sich kritisch mit dem Ruf Ottos als Architekten befaßt, berücksichtigt nicht die Zeitdistanz und allgemein die im übrigen sehr komplexen und strittigen Text- und Interpretationsprobleme der Otto-Viten, wie sie Petersohn, meines Wissens zuletzt 1971, 178 ff., 314 ff. dargelegt hat. Möglicherweise ist es kein Zufall, daß die Vita eines Prüfeninger Mönches, die vielleicht schon zwischen 1140 und 1146 entstanden ist, von Ottos Tätigkeit in Speyer überhaupt nichts weiß. Zum Speyer-Bericht noch folgende Anmerkungen: Die Wendung, daß Heinrich IV. Handwerker aus allen Nationen heranzog, ist ein Topos, den schon der Monachus Sangallensis um 850 für Karl den Großen beansprucht (s. Anm. 160), die dann ähnlich für Cluny 1086, und auch von Suger benutzt wird (s. o. S. 101). Selbst stilgeschichtlich ist ja nicht mehr gesichert, daß in Speyer auch Lombarden gearbeitet

haben (vgl. Adam Bd. 1, 78; Sauerländer 24). – Merkwürdig auch die Wendung bei Herbord, der Kaiser habe »annis singulis« seine Gelder und Schätze für Speyer ausgeschüttet; das setzt ein Jahresabrechnungsverfahren voraus, wie es mir eigentlich nur von England bekannt ist (s. u.). Auch die Formulierung bei Herbord, der Kaiser sei von Getreuen auf die nutzlose Geldverschwendung hingewiesen worden, erinnert an einen Finanzrat, wie man ihn im englischen Exchequer vorfindet. Ebbo setzt statt dessen die nicht weniger merkwürdige Wendung, der Kaiser habe sich von den Ratschlägen Ottos selbst leiten lassen. Die Mitteilung Herbords, die »magistri operis« sollten alle Ausgaben und Einnahmen bei Otto ausweisen, bezeichnet das Verfahren, mit dem die Sheriffs vor dem Exchequer Rechnung ablegen mußten. Ebbo, der diesen Vorgang nicht kennt, macht jedoch aus Ottos Auftrag für Speyer ein regelrechtes Amt (magisterium) und läßt ihn mit den Restbeträgen oft an den Hof zurückkreisen. – Eine Orientierung an England ist im Grunde nicht verwunderlich; man denke nur daran, daß Heinrich der Löwe, als Schwiegersohn des englischen Königs, öfters dort gewesen ist. Mit völliger Gewißheit läßt sich diese Orientierung dennoch nicht nachweisen, weil einerseits die Ebbo-Viten, für deren Entstehung die Kanonisation Ottos 1159 als terminus ante quem vermutet wird, doch nicht in allen Teilen sicher datiert sind (vgl. Petersohn 1967, 101 ff.) und andererseits auch die Anfänge eines systematischen Einsatzes der Sheriffs seitens der Zentralen in England nicht genau datiert werden können. Im ganzen aber gehört die Stelle in die Form der Projektionen, wie ich sie oben S. 77 f. aufgeführt habe, hier erweitert um die hervorragende Rolle eines geistlichen Hofbeamten. Deren Sicht könnte um 1160 auch vorgeprägt worden sein nicht nur etwa durch die Rolle des Abtes Suger, sondern auch durch die des königlichen »cancellarius« Thomas Becket, der nach dem Bericht eines Zeitgenossen zwischen 1155 und 1162 die »regni sedem, palatium Londoniae (den Tower), prius fere ruinam, reparari facit; mira celeritate tantum opus perficiens intra quoddam pascha et pentecosten, tot fabris lignariis et aliis operariis tantae instantiae motu et sonitu operantibus, ut vix alter alterum proxime admotum posset audire loquentem« (LBE Nr. 2586). – Als Detail ist auch merkwürdig, daß Herbord und Ebbo den Terminus »magistri operis« benutzen, der als Amtsbezeichnung sich erst seit der Mitte des 12. Jahrhunderts verbreitet (s. Anm. 211), der im Zusammenhang mit einer königlichen Bauunternehmung auch in der *Vita s. Edwardi regis et confessoris* († 1066) des Abtes Aelredus († 1167) benutzt wird: »Accidit aliquando regale palatium construi in loco cui Bruheham nomen est. Missa est a magistris operum ad ligna caedenda rusticorum non parva manus« (LBE Nr. 442).

[171] Vgl. Knoop/Jones 15 ff., Colvin Bd. 1, 33 ff., 40 ff. John und Alexander schlossen auch Verträge mit Baumeistern, vgl. Salzman 51. Zur Staatsreform Heinrichs II. vgl. Boussard 1956, 256 ff., Jolliffe 16 ff.; zur Finanzorganisation Boussard 1958, 482 ff., Stenton 94 ff., Mundy 382 ff., Favier 178 ff.

[172] Zum »visor« vgl. Colvin Bd. 1, 54 f., 56. Zur Funktion und Entwicklung des Kämmereramtes vgl. Jolliffe 340 ff.

[173] Unter den Spezialisten in königlichem Dienst verdient Elias von Oxford besondere Erwähnung, der seit 1187 über ganz Südengland hin als Belagerungsspezia-

list, Restaurator, als Maschinenbauer und Entwerfer von Kastellen, Jagdhütten oder Residenzen eingesetzt wurde. Vgl. Colvin Bd. 1, 57 ff. Salzman 10 ff.

[174] Über den Einsatz der »custodes« vgl. Harris 535 ff., Jolliffe 11 ff., Bond 225 ff.

[175] »... per visum senescalli nostri vel ballivorum nostrorum ...« (MD 166). Siehe auch oben S. 58.

[176] Siehe oben S. 16. Richard Löwenherz überträgt 1189 den Bürgern von Agen das Recht, den »pontenarius« der Brücke selbst zu wählen (MD 159 f.). Das Privileg zugunsten des Erbauers der Brücke von La Rochelle, Magister Isembert, richtet Johann Ohneland 1220 an den »Senescallo Pictaviensi majori et burgensibus de Rupella« (MD 194). Über die »justitiarii« der Normandie, sowie über das Amt des Bailli und die Wechselwirkung zwischen den Verwaltungsorganisationen in Anjou, Normandie und England vgl. Lot/Fawtier Bd. 1, 26 ff., 53 f., 60 ff.

[177] »... in foro quod Campellis vocatur, ubi ob decorem et maximam institorum utilitatem, per ministerium predicti servientis qui in hujusmodi negotiis probatissimus erat, duas magnas domos, quas vulgus halas vocat, edificari fecit, in quibus tempore pluviali omnes mercatores merces suas mundissime venderent, et in nocte ab incursu latronum tute custodirent« (MD 147).

[178] »... convocatis autem burgensibus cum preposito ipsius civitatis« (MD 148).

[179] Das Amt des »prévôt« oder »praepositus« ist seit dem 11. Jahrhundert in Frankreich nachweisbar. Ihm obliegt auch die Unterhaltung der Kastelle, wie der Brief des Erzbischofs von Bordeaux von 1148/1149 an den Abt Suger zeigt (s. o.S. 114). Es sind meist niederbürtige Leute, die aber schon im 11. Jahrhundert die Tendenz zeigen, sich ihre »praepositura« erblich anzueignen. Dem »praepositus« stehen wiederum Unterbeamte zur Verfügung, die »probi homines«, »prudhommes«, auch der »Maire« oder »Major«. So erscheint 1182 in Bourges eine Gruppe von »probos homines ipsius civitatis«, die dort »ab antiquo« Recht zu sprechen haben und Schäden ahnden, die an der Stadtmauer angerichtet werden. Oder 1185 verfügt der König, daß, wenn ein Bürger (burgensis) einem Handwerker den Lohn nicht zahlt, der »maior« dafür sorgen soll, daß er ihm unverzüglich bezahlt wird; in der entsprechenden Verfügung für St. Quentin kommt 1195 der Zusatz: »in quocumque districto burgensis maneat« (MD 145 und Anm. 1). Zuerst in Flandern erscheinen jene »Baillis«, die einen neuen Beamtentypus darstellen, und die von Fall zu Fall königliche Gerechtsame und Aufträge im Lande vertreten; erst seit 1248 geht die Verantwortung für das Bauwesen ganz von den Prévôts auf die Baillis über, die dann zu einer Hauptstütze der königlichen Verwaltung werden. Zu diesen Entwicklungen vgl. Lot/Fawtier Bd. 1, 140 ff., 194 f., 400 ff. – Auch in den großen französischen Grafschaften begegnet diese Verwaltungsform: Der Graf Thibaut IV. von der Champagne befreit einen »magister carpentariorum« um 1223 »ab omni tallia et exactione et submonitione prepositorum et ballivorum meorum«; dem »majori de Castro Radulfi« wird befohlen, dem Zimmermann Fleisch und Getreide zu liefern (MD 232). Vgl. auch etwa MD 237 f., 294 ff. – Die Projektion einer solchen Beamtenleistung liefert die Chronik des Lambert d'Ardres um 1194-1198, wo sie das Verhältnis des Grafen von Boulogne zu seinem Seneschall schildert, ein Amt, das bald wieder verschwinden wird: Der Seneschall baut in Ardres mit Eifer einen Donjon, zerstört

alle Gebäude in Selnesse, um Ardres zur Stadt und zu seiner Residenz zu machen. Er habe dort um 1060 einen Markt und eine Markthalle (rerum venalium forum) errichtet, eine Kirche gebaut, für sie Reliquien erworben, Kanoniker herangeholt »et in nova basilica quasi in sua capella« eingesetzt; schließlich habe er um 1120 von einem Zimmermann (artifex vel carpentarius) einen Palast (domum ligneam) errichten lassen (M 181 ff.).

[180] Die immer wiederkehrende Formel lautet: »sicut sunt divise« – »sicut Rex divisit« – »sicut fuit divise ante Regem« oder seltener: »sicut magister Amanricus divisit« (MD 214 ff.).

[181] In den Ruf großer Bauorganisatoren sind die Staufer dadurch gekommen, daß man die vollausgebildete höfische Bauorganisation, die dann die Anjou in Süditalien realisieren und die für ganz Italien maßgebend sein wird, methodisch fehlerhaft als ein Erbe angesehen hat, das den Anjou von den Staufern hinterlassen worden sei. Haseloff verdanken wir die ausgezeichnete Analyse des anjouvinischen Baubetriebs, der seit 1270 mit Karl I. von Neapel aus entwickelt wird: Das öffentliche Ausschreibungsverfahren zur Ermittlung des preiswertesten Unternehmers; die Kostenvoranschläge aufgrund von Bauvorschriften (provisio, ordinacio, designacio, modus et forma). Während die Pläne von Architekten am Hof ausgearbeitet wurden, oblag es den Justitiaren, die Finanzen herbeizuschaffen und den Bauten oft städtische, im übrigen schadenersatzpflichtige Aufsichtsbeamte (superastantes, praepositi) voranzustellen. Die Ausführung des Baus konnte ausgeschrieben werden, wobei das ausführende Unternehmen während der Bauzeit von den »generales subventiones et alia exactiones« befreit war (Haseloff 142-184). Haseloff hat aber den m. E. verhängnisvollen methodischen Fehler gemacht, eine Kontinuität dieser Organisationsform von der Stauferzeit bis in die anjouvinische Epoche anzusetzen. Er ging davon aus, daß die zahlreichen anjouvinischen Dokumente »die Lücke ergänzten«, die eine Kenntnis der staufischen Bauorganisation verhinderte; denn es schien Haseloff, daß die »Verwaltungsordnung der Bauten Karls I., wie die anjouvinische Verwaltung überhaupt, auf der Grundlage der staufischen Übung aufgebaut ist« (ebd. 12). Die Organisation unter den Anjou entspricht jedoch einer fortgeschrittenen Entwicklung, die die englische und französische, nicht aber die staufische voraussetzt; für diese wird man bestenfalls den Stand der zeitgleichen normannischen oder englischen ansetzen können. Der Irrtum Haseloffs ist jedoch gleichsam so zeitgemäß gewesen, daß die auf ihn gegründete Vorstellung schwer zu revidieren sein dürfte.

[182] Die frühen Baugesetze zusammengestellt bei Schl. 1896, 49; Schl. 1892, Nr. 25-34. Vgl. auch Ven Bd. 1, 176 ff.

[183] ». . . pro utilitate regis et reipublicae« (LBE Nr. 5777).

[184] Die städtischen Bauämter sind meines Wissens noch gar nicht erforscht. Durch eine einseitige Fixierung auf die Zünfte und auf die baurechtlichen Fragen sind sie überhaupt noch nicht in den Blick geraten. In Venedig gab es im 12. Jahrhundert – vielleicht nach byzantinischem Vorbild – einen »protomagister« der Signoria, der jedoch wohl ein reiner Verwaltungsbeamter war (vgl. Demus 193). Zwischen 1156 und 1162 baut ein »magister Guillelmo« in Mailand im Auftrag der Kommune Festungen, Brücken und Kriegsmaschinen (Hyde 76). Es ist schwer zu sagen,

184

auf welche Erscheinungen sich die verwunderte, ausdrücklich gegen die Kommunen gerichtete Bemerkung Ottos von Freising bezieht, in Italien lasse man die »opifices mechanicarum artium« zu hohen Ämtern gelangen, wogegen man sie in anderen Ländern von jeder freien und würdigeren Tätigkeit »wie die Pest« fernzuhalten suche; dabei weist er auf römische Traditionen hin: »In civitatum quoque dispositione ac rei publicae conservatione antiquorum adhuc Romanorum imitantur sollertiam ... Ut etiam ad comprimendos vicinos materia non careant, inferioris conditionis iuvenes vel quoslibet contemptilium etiam mechanicarum artium opifices, quos caeterae gentes ab honestioribus et liberioribus tamquam pestem propellunt, ad miliciae cingulum vel dignitatum gradus assumere non dedignantur« (Gesta Fridirici Lib. 2, cap. 13). Arnould de Langres ist übrigens 1250 vom Domkapitel auch für den Kathedralbau in Bourges herangezogen worden, vgl. Thieme-Becker Bd. 2, 145. Bei Branner 1965, 10 die Nachricht aufgrund von G. Corrozet: *Antiquites* (1586) über den Stadtbaumeister von Paris. Zur Regelung kommunaler Baubelange s. o. S. 120 f., sowie die Statuten und Bauvorschriften für London 1212 (LBE Nr. 2659), Avignon und Dax 1243 (MD 268, 336 f.), für Toulouse 1286 (MD 304), Bayonne 1294 (MD 318 f.).

[185] Siehe dazu die Bemerkungen Anm. 158.

[186] Vgl. Harvey 1972, 138 ff.

[187] Boileau 107. Zu Guillaume de Saint-Pathus vgl. Branner 1965, 9 und Aubert Bd. 119, 84 f.

[188] Den Vergleich mit einem Buchmaler benutzt Joinville († 1317), vgl. Branner, 1965, 7.

[189] Vgl. Colvin Bd. 1, 100, Salzman 10.

[190] Vgl. Colvin Bd. 1, 103 ff., Bond 234 f. und die zusätzlichen Fälle bei Lancaster 98 ff.

[191] Mitteis 328. Vgl. auch Jolliffe 352 f.

[192] Ich habe hier Informationen zusammengezogen, die man detailliert in dem großartigen Werk von Colvin Bd. 1, 51 ff., 93 ff. ausgebreitet findet. Leider jedoch sind dort die Dokumente nicht im Original zitiert, so daß hier wenigstens die Verfügung von 1256 vollständig nach den *Close Rolls*, S. 11 wiedergegeben sei: »Pro magistris Johanne de Glouc' et Alexandro carpentario. – Quia rex multa dampna sustinuit per hoc quod operaciones suas per Angliam fieri fecit per vicecomites et alios ballivos regis, rex providit quod magistri Johannes cementarius regis et Alexander carpentarius regis operaciones illas de cetero ad tascham vel alio modo fieri faciant, et eas personaliter videant et disponant prout commodo regis magis viderint expedire. Et pro eo quod ipsi circa hoc propriis sumptibus laborare non possunt, rex vult quod vadia sua dum itinerantes fuerint pro operacionibus predictis duplicentur, et mandatum est Philippo (tesaurarius) Lovel (tesaurarius) et Eduardo de Westmonasterio quod sic fieri et inrotulari faciant.« – Die Bedeutung dieser Institutionalisierung ist unter englischen Forschern umstritten. Colvin Bd. 1, 107 und auch Shelby 1964, 395 haben Harveys 1941, 23 geäußerte Ansicht, daß es sich um die Inauguration des »Office of Works« handle, bestritten oder eingeschränkt, indem sie geltend machen, es handle sich um das Ergebnis einer zufälligen personellen Konstellation. Ande-

rerseits weist Colvin Bd. 1, 108 f. selbst auf die politischen Gründe hin, die eine Weiterführung des Amtes verhindert hat. Mir scheint, daß ein Blick auf die gleichzeitige Entwicklung in Frankreich deutlich macht, daß es sich um eine objektiv gegebene Konsequenz handelte. Die Einführung der Akkordbezahlung weist übrigens auch nach Frankreich, wo sie für königliche Bauten schon länger üblich war. Vor allem aber wird die Parallelität zu Frankreich evident durch die Tatsache, daß auch dort dem königlichen Baumeister der königliche Zimmermeister zur Seite gestellt war: In einem Manuskript des *Livre de métiers* des Boileau aus dem 13. Jahrhundert wird dem Namen des Fouques du Temple beigefügt: »mestier de charpenterier du Roy« (Boileau 105; vgl. Aubert Bd. 119, 84 f.). Heinrich III. ist 1254 selbst in Paris gewesen. Über die künstlerischen Wechselbeziehungen vgl. Branner 1965, 124 ff.; Brieger 106-199.

[193] Vgl. Colvin Bd. 1, 63, Knoop/Jones 17.

[194] »en la quele abeie il a tant d'uevre que l'en ne croit pas que ele peust avoir esté fete par aucun autre de ces parties fors que par le roy« (MD 242). Zu Royaumont vgl. auch Branner 1965, 30 ff.

[195] »Rex abbati, ut mittat sibi artificem qui sibi edificet turrem unam. 'Nunquam erit structura nobilis cujus erit ignobilis architectus. In castello fundato proposui turrem unam, ut si mihi conminetur obsequio (?) quocunque tempore, vel meis heredibus, formidare minus oporteat innocentes. Auditum mihi est, et multum gaudeo, quod in vestro cenobio positores felicium habetis operum, et de vestra confido benivolencia, quod de eis aliquem admittatis, cuius pericia turrem, sicut desidero, confirmabit. Ego vos deprecor, ut velitis mihi concedere talem virum, quem in tali scientia preminentem et majorem pre ceteris cognoscetis« (MD 136).

[196] Siehe Anm. 12.

[197] M 292 ff.; vgl. auch M 306, sowie Coulton 43 ff., Harvey 1972, 155.

[198] »... cujus ingenii laus super omnes artifices qui tum in Gallia erant transcenderat ...« (M 276). Zu einer abgewandelten, Caesar unterstellten Version der Erzählung in den *Gesta Romanorum* (um 1300) vgl. Coulton 31.

[199] »... vir quidem fallax et falsidicus, sed artifex praeelectus« (LBE Nr. 3886).

[200] Zu den verschiedenen Statusbestimmungen vgl. etwa Knoop/Jones 94 ff., Harvey 1972, 87 ff., Panofsky 1970, 23 ff., wo die Epitheta »prudens«, »sapiens« oder »doctus« eine gewisse Rolle spielen. Die Namensnennung und Signaturen betont Jahn 153 ff.; die Titel beurteilen etwa Pevsner 1930/31, 104 f. und Pevsner 1942, 549 ff., sowie Aubert Bd. 119, 7 ff., wobei der Magister-Titel eine Rolle spielt. Das ›staufische Persönlichkeitsgefühl‹ namhaft gemacht bei Binding 1972, 8.

[201] »... quibus praesidet Guarinus ceteris doctior« (LB Nr. 2073).

[202] »Abbas vero ... lapides de lapidicinis advehi maturius praecipit; convocat latomos; architectos invitat; caementarios et artis sculptoriae peritos viros conducit. Inde, iactis fundamentis, opus nobile visuque delectabile feliciter inchoatur« (LBE Nr. 480).

[203] Colombier 118.

[204] Vgl. Ven Bd. 1, 135, 168 ff., 188 ff.

[205] »De tuo itaque honore, quem nomine tuo adquisisti, et de avere, fac in vita et

in morte quod tibi placuerit post illud septennium« (MD 129 ff.). Zu diesem Vertrag vgl. Colombier 57, Harvey 1972, 243 f. – Hier seien noch eine Reihe solcher Nachrichten über Arbeitsverträge angeführt: Eine Anstellungsform liegt vielleicht schon bei jenem Brückenbau im Languedoc zwischen 1038 und 1048 vor, wo einer der Äbte sich verpflichtet »redemptionem dare ad magistrum« (s. o. S. 14). Erst im 14. Jahrhundert (was Pevsner 1930/31, 106 f. nicht in Rechnung stellt) wird ein Vorgang beschrieben, der sich um 1100 in Utrecht abgespielt haben soll: »Fuit autem in latomorum consortio quidam Friso, Pleberus nomine, qui eandem ecclesiam sub iudicio mortis fundare promisit, veruntamen immoderatum inde salarium exegit, quapropter episcopus largis encoeniis a filio praefati Frisonis arcanum magisterium didicit, et inchoatam ecclesiam ... conditit« (LB Nr. 1482). Zu dem Vertrag des Raimond de Monfort 1129 mit dem Kapitel von Lugo vgl. Aubert Bd. 119, 89. Der Graf von Dreux hat 1224 einem Baumeister 1175 libras und Kleidung für einen Kastellbau in Aussicht gestellt (MD 234 f.). In dem Vertrag zwischen Bischof und Kapitel einerseits und Gautier de Varinfroy andererseits wird in Meaux 1253 ausgehandelt, daß der Baumeister 10 libras jährlich erhält, so lange wie am Bau gearbeitet wird; bei Krankheit wird nicht bezahlt; er darf »sine licentia nostra« außerhalb der Diözese keine Arbeit übernehmen (MD 283 f.). 1261 wird in Saint-Gilles dem Martin de Lonoy die Leitung des Baues übertragen, wofür er 2 Turonen täglich erhält, die Nahrung für sich und sein Pferd, wenn er im Kloster essen will (MD 289, vgl. Booz 25, Aubert Bd. 119, 89). Im einzelnen zu den Verträgen vgl. Colombier 74 ff., Aubert Bd. 119, 81 ff., Salzman 413 ff.

[206] Gelegentlich erfahren wir, wie die Wege der »fama« eines Architekten verliefen. Man wird immer mit Empfehlungsbriefen rechnen können, in der Form, in der sich etwa 1081 der Bischof von Bamberg zugunsten eines Goldschmieds an den Erzbischof von Trier wendet (LB Nr. 3033). Doch es scheint auch eine Art Probeleistung üblich gewesen zu sein. Die *Vita Meinwerci* berichtet, wie ein »vir incognitus« in Paderborn nach einer Probezeit eingestellt wurde (s. o. S. 101). Die um 1142 entstandene Vita des Abtes Wilhelm von Mons Virginis in Apulien schildert, wie während der Bauarbeiten ein Mann namens Gualterius vorbeikam und »coepit quasi explorator respicere«. Gefragt, warum er so genau zuschaue, erzählt er: »Ego namque in Liguriae partibus, architectonica arte non ignarus, imo peritissimus extiti et instructus«; bei einem Absturz sei ihm der Arm zerschlagen worden. Der Abt weist ihm einen Stein: »sume lapidem illum, et aedificio compone«; der Angesprochene »gaudens et exultans, celeri cursu aedificio composuit«. Später hat er noch »plurima suae artis peritia construxit opera« (LB Nr. 2267, 2268). In Modena suchte man 1099, bis »vir quidam nomine Lanfrancus, mirabilis artifex«, gefunden war (LB Nr. 2262).

[207] Vgl. etwa Bloch 103 ff., le Goff 1965, 55 ff.

[208] »Et ibi frater eorum devenit et insuper homo abbatis liber factus est« (M 264 f.).

[209] Die Entlohnungsformen der Werkarbeiter werden in der einschlägigen Literatur ausgiebig behandelt. Nur ein Wort zu Gimpels (S. 83) Vermutung, die oft anzutreffende Zweigleisigkeit der Lohnzahlung im Akkord und im Tages- oder Wochen-

lohn stelle eine erste Stufe der Differenzierung dar: Im Akkord wären diejenigen bezahlt worden, die man noch erproben wollte, im Tages- und Wochenlohn diejenigen, die sich schon bewährt hätten. Das träfe zu, wenn man davon ausgehen könnte, daß bei Tages- oder Wochenlohn die Leistungen vom Handwerker selbst festgelegt worden wären. In Wahrheit konnte in diesen Fällen der Leiter oder Verwalter die Leistung festsetzen, und in der Regel wird sie höher gewesen sein, als die gleiche Lohnsumme im Akkord gebracht hätte; das, was bei Wochenlohn an Mehrleistung erpreßt werden konnte, konnte der Verwalter als Gewinn kassieren (s. o. S. 125).

[210] »volo etiam et concedo ipsum liberum esse, et Mariam uxorem ejus, ... et pueros qui de prenotatis pueris exibunt, tantum ab omni tallia et exactione et submonitione prepositorum et ballivorum meorum; ita tamen quod alii pueri qui exibunt de predictis pueris puerorum non erunt liberi, sed erunt ad usus et consuetudines aliorum burgensium de terra mea« (MD 232). – Andere Formen der Entschädigung durch Immobilien: Von einem Vertrag, den der Abt Paulus († 1093) in Saint Albans mit einem »Rodbertus caementarius« abgeschlossen habe, berichtet die spätere Chronik: Für seine Kunstfertigkeit und Arbeit, in der er sich vor allen anderen Steinmetzen ausgezeichnet hatte (pro artificio suo et labore, – qui prae omnibus caementariis suo tempore pollebat), übertrug man ihm ein Haus und zwei Grundstücke, für die der Vorbesitzer 60 Schillinge Zinsgeld bezahlt hatte; außerdem erhält er Einzelarbeiten gezahlt. Das Land gibt er kurz vor seinem Tode an das Kloster zurück, um rechtmäßig beerdigt zu werden. Er war es wohl auch, der nach einer anderen Chronik, »circa reaedificationem huius ecclesiae (s. Albani) ... singulis annis, quamdiu vixit, dedit decum solidos s. Albano« (LBE Nr. 3814, 3815. Entsprechende Verträge 1183 in Durham bei Knoop 96). – Der Kathedralbaumeister in Mans, Thomas Toustain, erhält 1258 ein Grundstück als erblichen Besitz mitsamt den Gebäuden (MD 287 f.). Die Zusicherung einer lebenslänglichen Rente 1244 in Modena; sie wird Meister Heinrich versprochen »pro se et suis filiis, heredibus et successoribus, qui magistri fuerint huius artis« (Meyer 42, Anm. 1). Ich übergehe Einzelbedingungen, z. B. Vereinbarungen über Materiallieferungen.

[211] Im 9. Jahrhundert werden für Auxerre »exactores magistrique operum« gesucht (Schl. 1892, Nr. 602). In der Vita Eigilis aus dem 9. Jahrhundert wird bemerkt: »operis magistri consequenter fundamenta ponebant« (Schl. 1892, Nr. 368), und im Cartularium der Abtei Whitby (Yorkshire) ist wohl für die Zeit vor 1087 ein Zeuge »Godefridus, magister operis eiusdem loci« angegeben (LBE Nr. 4580). Dies sind die einzigen Stellen, die mir für die Zeit vor 1150 bekannt geworden sind. Es muß dahingestellt bleiben, ob es ein Zufall ist, daß die Bezeichnung um die Mitte des 12. Jahrhunderts an verschiedenen Orten auftaucht. Ein »Geraldum, magistrum operis« wird zwischen 1140 und 1163 nach einem Absturz wieder zum Leben erweckt in Grandmont (M 354). Als Zeuge wird 1160 in Saint-Benoit-sur-Loire ein »Giraudus, magister operis« genannt (M 35, Anm. 4) und ebenfalls als Zeuge tritt zwischen 1161 und 1184 in York »Thoma, magistro operis (s. Mariae Eboracensis)« auf (LBE Nr. 5001). Auch der 1167 verstorbene Abt Aelredus erwähnt die »magistris operum« in seiner Vita König Edwards (s. Anm. 170). Auf-

fallend, daß sowohl Ebbo wie Herbord von Veruntreuungen der »magistri operis«
in Speier sprechen, womit zugleich ein Verwaltungsamt gemeint ist (s. Anm. 170).
Nur sinngemäß in der Vita Meinwerks aus der 2. Hälfte des 12. Jahrhunderts (LB
Nr. 1032). Vgl. auch Anm. 80, 216.

²¹² LB Nr. 3005, Anm. 165.

²¹³ In den Privilegien des Grafen von Toulouse für seine Neugründung Montauban
1144 werden auch die Aufgaben und Pflichten festgelegt, die das »officium« eines
»Carbonellus faber« bezüglich der verschiedenen Eisenarbeiten an Mühlen, an den
Hufen der gräflichen Pferde oder an den Stadttoren zu leisten hat (MD 61 f.). Als
eine Art Ämterkauf läßt sich die Überlassung der Brückenzölle in Avignon 1166
an »ministris et magistris et hospitalariis sive fabricatoribus« durch den Bischof
interpretieren (MD 115 f.; s. o. S. 108). Der Vertrag zwischen dem Erzbischof und
den Konsuln von Arles einerseits und den dortigen Juden andererseits über die Modalitäten eines Brückenbaus im Jahr 1178 nennt auch einen einnahmebefugten »pon-
tanarius sive operarius« (MD 135). Das Patentschreiben von Richard Löwenherz
zugunsten der Brücke von Agen im Jahre 1189 überläßt es den Bürgern, die entsprechenden Ämter zu besetzen: »Donamus etiam et concedimus libertatem duobus
hominibus qui, communi consilio ville Agenni et pontenarii, eligantur ad perquiren-
das prefato ponti faciendo elemosinas ... Concedimus etiam Stephano de Artiges
quod sit magister pontenarius ibidem vita sua, et post mortem ipsius, alius bonus
ibi sit magister pontenarius, aliorum duorum et communi ville consilio electus«
(MD 160).

²¹⁴ Vgl. Colvin Bd. 1, 60.

²¹⁵ Dazu vgl. Coulton 511 f., Andrews 60, Binding 1972, und oben S. 102 f.

²¹⁶ »Fuerunt igitur ad jam dictum faciendum et fodiendum fossatum operarii non
pauci, licet asperitate temporis et famis inedia magis quam labore diei et estus
afflicti: operarii tamen invicem confabulantes et jocosis verbis plerumque laborem
sublevantes, famem temperabant. Ad tanti autem spectaculum fossati multi multis
de causis conveniebant. Pauperes enim, qui nec erant operarii, in delectationem
perspecti operis rerum penuriam non sentiebant; divites vero, milites et burgenses
et plerumque presbiteri et monachi, non tantum semel in die, sed pluries, ad tam
mirificum cotidie in delectationem corporis conveniebant spectaculum. Quem enim,
nisi pigrum et etate vel curis emortuum, tam doctum geometricalis operis magistrum
Symonem fossarium, cum virga sua magistrali more procedentem, et hic illic jam in
mente conceptum rei opus non tam in virga quam in oculorum pertica geometrican-
tem, domosque et grangias convellentem, ... licet a quibuslibet indignantibus et inge-
miscentibus et ei sub silentio maledicentibus, non delectaret aspicere?« (MD 189 f.).

²¹⁷ MD 291. Vgl. dazu Colombier 57 f., Salzman 24. Über die sprichtwörtliche
Verwendung Panofsky 1970, 26, 93, Anm. 9.

²¹⁸ »... Jam designabat in mente« und »coepit operari consilio manuum suarum«
(M 258 f.).

²¹⁹ »ut enim faber volens aliquid fabricare prius illud in mente disponit, postea,
quaesita materia, juxta mentem suam operatur.« Die Stelle, auch übersetzt, bei
Assunto 152.

²²⁰ Über diese Metapher vgl. Curtius 527 ff., Simson 50 ff., RAC Bd. 1, Sp. 1271 ff. und Gaus, in Binding 1974, 42 ff.

²²¹ Robert Grosseteste hat in einem Brief an »Adam Rufum magistrum« 1210 die augustinisch-platonischen Implikate des Motivs entwickelt: »Imaginare itaque in mente artificis, artificii fiendi formam, utpote in mente architecti, formam et similitudinem domus fabricandae, ad quam formam ex exemplar solummodo respicit, ut ad eius imitationem domus faciat. Et imaginare cum hoc per impossibile ipsius architecti volentis domum fabricare voluntatem ita potentem, quod se sola applicet, materiam formandam in domum formae in mente architecti, qua applicatione figuraretur in domum« (LBE Nr. 5086). In einem Brief von 1239 an das Kapitel in Lincoln dient Robert die Bausituation als Vergleich für das Verhältnis des Bischofs zu seinen Geistlichen: »In omnibus artificiis artificii et artificum magister libere potest sicut debet materierum artificii sui, et ipsius constructionis artificii, instrumentorum quoque necessariorum in artificio, proprietates, differentias, modos, et circumstantias investigare et perscrutari summa diligentia, et de ipsorum ministrorum peritia, diligentia, et fidelitate experientiam sumere, ut si quid sit vitiosum et mendosum, corrigat; nec hoc solum per alios, sed cum expedire viderit et per seipsum« (LBE Nr. 5087; Übersetzung bei Assunto 173 f.). Die Bestimmung taucht dann bei Meister Eckhart, Bonaventura und Dante wieder auf und nähert sich bei Albertus Magnus († 1280) der Definition der Baukunst als einer Ars liberalis (vgl. Assunto 175, 179 ff., Harvey 1972, 22 ff., de Bruyn 172 ff.). Inwieweit sich Albertus Magnus dabei auf eine »feststehende Tradition des Mittelalters« hat »berufen« können, ist mir unerfindlich (Assunto 19 f.). Es gibt vielmehr stets auch Widerstände, wie die angeführten Satiren zeigen. Wenn das Kapitel zu Chartres 1215 mit einem Zimmermeister einen Vertrag abschließt, wonach der Zimmermeister seine Arbeiten für den Bischof »in propria persona« erledigen soll (MD 221), dann wird damit die handwerkliche Vertretbarkeit eher abgewehrt. Auch praktische Nachteile werden etwa für Beverley in der 2. Hälfte des 13. Jahrhunderts benannt: »Artifices qui praeerant operi, non tantum quantum oporteret circumspecti; non tam prudentes quam in arte sua subtiles; magis invigilabant decori, quam fortitudini; magis delectationi, quam commodo stabilitatis« – mit der Folge, daß »tam cleri quam plebis desisteret pars magna ab ingressu ecclesiae« (LBE Nr. 343, 344). Zugleich jedoch erscheint der Architectus-Geometricus an den Kathedralzyklen, er erhält sein Grabmal und sein dädalisches Labyrinth, vgl. Aubert Bd. 119, 9, Colombier 71 ff., Kronjäger 138.

²²² Vgl. RDK Bd. 1, Sp. 1004 ff., Harvey 1972, 21 ff., 101 ff., Colombier 62 ff.

²²³ »fieri faciant« – »videant et disponant«, s. o. S. 121.

²²⁴ Vgl. Morgan 41 ff.

²²⁵ Die in den Close Rolls und Liberate Rolls notierten Transaktionen zeigen, daß faktisch bei weitem nicht alle königlichen Bauunternehmungen über das neue Bauamt erledigt wurden, daß vielmehr das alte System weithin wie zuvor gehandhabt wurde. Die Funktion Johns und Alexanders kann etwa so erscheinen: »De maerennio ad operaciones Windes' –. Cum rex fieri preceperit per consilium magistrorum Johannis de Glouc' et Alexandri Carpentarii quamdam decentem cameram ad stagium in superiori ballio castri Windes' ad opus regine ... mandatum est

Godefrido de Liston', custodi foreste Windes', quod custodes operacionum castri predicti capere permittat in eadem foresta maeremium quantum necesse fuerit ad cameram illam faciendam« (*Close Rolls* 69 f.; es handelt sich um Windesores 1257). Oft werden John oder Alexander ausgeschickt mit Befehlsgewalt gegenüber lokalen Beamten: So erhalten Baillis Geld angewiesen »ita quod eedem operaciones fiant per ordinacionem magistrorum Johannis de Gloucester et Alexandri carpentarii regis« (ebd. 144). Gegenüber den Sheriffs scheinen sie dagegen nur als Berater aufgetreten zu sein: So soll 1256 der Sheriff von Kent die Kastelle in Dover und Rochester reparieren aufgrund des ›Rates‹, den Alexander ihm gibt. Der Sheriff von Hants soll persönlich mit den entsandten John und Alexander zu einem königlichen Kastell reisen, die Schäden besehen und Handwerker im Akkord anheuern, wie es John und Alexander angeben (*Liberate Rolls* 304, 310; vgl. 342, 406, 428).

[226] Trotz des transitorischen Charakters der frühen Spitzenämter, wird die Hofrolle der Architekten in der Formulierung von Pevsner 1930/31, 108 zu sehr als eine Nebenerscheinung bewertet: »In der Hütte irgendeines großen Kirchenbaues lernen sie und steigen dann dank besonderer Begabung und Familientradition über ihre Genossen empor, ohne aber – außer etwa an einem Hofe wie dem französischen – deshalb sozial grundsätzlich von diesen differenziert zu werden.«

[227] Das Schreiben an die Wardrobe vom Jahre 1257, das die Roben anweist, lautet: »Cum rex concesserit magistro Alexandro carpentario duas robas singulis annis percipiendas de garderoba sua quoad vixerit cum pellura quales familiares milites regis percipiunt, mandatum est Petro de Rivallis quod eidem Alexandro faciat habere pelluram qualem dicti milites regis et magister Johannes de Glouc', cementarius regis, percipiunt de garderoba predicta« (*Close Rolls* 177). Die entsprechende Anweisung für 1259 verwendet dann die Formel: »sicut habere consueverunt« (ebd. 429). Wie später noch öfters, erhält 1257 auch die Frau Alexanders »robam cum pallio« (ebd. 56). Das Jahr 1257 hat mehreren Künstlern am englischen Hof Roben erbracht: Besonders interessant die Erteilung an »magistro Petro de Ispannia, pictori regis, faciant habere unam robam sibi convenientem« (ebd. 176), weil es sich um die früheste Erwähnung eines »pictor regis« handelt, eine Entwicklung, auf die hier nicht eingegangen werden soll. Dem »magistro Johanni de Sancto Albano, sculptori imaginum regis, faciat habere unam robam hac vice de gracia regis«, was sich 1258 für ein geliefertes »candelabrum« wiederholt (ebd. 179, 217). Eine ganze Reihe von Handwerkern an Westminster erhalten 1257 Roben, so »magistro Odoni carpentario, Eduuardo vitreario, magistro Henrico fabro ... de dono regis sicut eas prius habere consueverunt« (ebd. 159, auch 218 f.). Hier handelt es sich um Gnadengeschenke (de gracia, de dono), bei John und Alexander dagegen um eine lebenslängliche Versorgungsanweisung.

[228] Abgebildet etwa bei Binding 1972, Nr. 24, vgl. unsere Abb. 9 Über die Robenverteilung am Hof, deren Wert und Entlohnungsfunktion vgl. Stenton 33 f., 79 ff. Der Architekt von Westminster, Henry, hatte schon 1243 eine »tunica et supertunica« erhalten, vgl. Salzmann 47. – Über die Zahlungsweisen allgemein vgl. Aubert Bd.119, 297 ff., Salzmann 68 ff., Knoop/Jones 98 ff.

[229] ». . . cum omnibus libertatibus et liberis consuetudinibus ad domos illas pertinentibus« (*Close Rolls* 70, Urkunde vom 27. 6. 1257).

[230] Vgl. Colvin Bd. 1, 103.

[231] Dazu den Aufsatz von Post. Zum Verhältnis der Ritter zur körperlichen Arbeit vgl. van Luyn 41 f.

[232] Vgl. Boileau 112: »Le mestre qui garde le mestier de par le Roy est quite du gueit pour le service que li li feit de garder son mestier.« Vgl. dazu auch Gimpel 72.

[233] Vgl. dazu Schadek 226 ff.

[234] Vgl. Haseloff 160 ff., Schulz Bd. 3, 100 f., 110 f.

[235] Die Ernennungsurkunde Giottos zum Familiaris bei Schulz Bd. 4, 163. Vor Giotto waren 1311 Montano d'Arezzo, 1326 der Zimmermeister Gregorio da Siena in Neapel zum »familiaris« ernannt worden, vgl. Schulz Bd. 2, 302, Bd. 3, 134.

[236] Simone Martini war 1315 am Neapolitaner Hof. Es ist nicht sicher, ob er identisch ist mit dem dort erwähnten, namensgleichen »miles«.

[237] Vgl. das Vorwort der ersten Auflage von Heinrich Wölfflin, *Kunstgeschichtliche Grundbegriffe*. München 1915.

[238] Vgl. dazu Irene Below, »Probleme der ›Werkbetrachtung‹. Litchwark und die Folgen«. In: I. Below (Hg.), *Kunstwissenschaft und Kunstvermittlung*. Gießen 1975, 90 ff. (= Kunstwissenschaftliche Untersuchungen des Ulmer Vereins, Bd. 5).

[239] Etwa in Chartres die Nutzung des Kirchenraumes als Verkaufshalle oder die Funktion des Kirchturms als Wachturm, der Krypta oder anderer Gemächer als Schatzkammer.

[240] Aby Warburg, ›Bildniskunst und Florentinisches Bürgertum‹, in: Warburg, *Gesammelte Schriften*. Nendeln 1969 (Reprint), Bd. 1, 100 f. hat diese Formulierung, die er auf die Frührenaissance bezieht, so begründet, daß er ihr wohl auch eine allgemeinere Gültigkeit zugesprochen hätte; sie taucht wieder auf bei Besprechung der Wandbilder im Hamburgischen Rathaus, ebd. Bd. 2, 581.

Abbildungen

Abbildung 1

Der Turmbau zu Babel und der Befehl an Noah, die Arche zu bauen.

Miniatur aus einem Psalter, vielleicht aus Gloucester.
München, Bayerische Staatsbibliothek, Cod.lat.835, fol. 10r.
Erstes Viertel des 13. Jahrhunderts.

Die bildlichen Darstellungen des Turmbaus zu Babel, die oft Einzelheiten des zeitgenössischen Bauwesens schildern, setzen im 11. Jahrhundert ein: Das Thema rückt den Großbau in eine kritische Sicht. Der Maler dieses Blattes läßt, entgegen der biblischen Ereignisfolge, den Turmbau (1. Mos. 11,1–9) vor dem Befehl an Noah (1. Mos. 6,14–16) stattfinden. Damit rückt der Turmbau neben die Verfluchung Kains (fol. 9r), also auf die Schuldseite der Menschheit, während der Archenbau, dem das Ende der Sintflut folgt, den Beginn eines neuen Zeitalters bezeichnet. Den Bau des klein gegebenen Turmes besorgen sechs Männer. Vier Handlanger tragen zwei Maurern, die auf einer Rampe stehen, über zwei Holztreppen Mörtel und Steine hoch. Auf der linken Treppe steht der Architekt. Mit gelbem Schultertuch und rotbraunen Strümpfen bekleidet, wendet er Bau und Betrachter den Rücken zu; seine Befehlsstellung zum Bau wird durch den Gestus der rechten Hand deutlich und durch sein Pendant auf der Gegenseite, den Hilfsarbeiter mit dem Quader auf der Schulter, unterstrichen.

Die Stellung des Architekten nimmt in einer ausgeprägteren Gewichtung auf dem unteren Bild Gottvater ein. Er gibt die Weisung, die Noah aufnimmt und an die Zimmerleute weitergibt, die bereits den Rumpf des Schiffes bearbeiten. Für die Befehls- und Gehorsamsgebärden Gottes bzw. Noahs stehen dem Miniator altüberlieferte Bildschemata zur Verfügung; deshalb weiß er hier die Umrißlinien und die modellierende Binnenzeichnung sicher zu setzen. In der Wiedergabe der Arbeitsvorgänge dagegen werden Unsicherheiten spürbar, die sich in gelegentlich verzerrten Proportionen und in einer zerfahreneren Binnenzeichnung äußern.

Literatur: Binding 1972, Nr. 22 für das obere Bild.
Bildnachweis: Bildarchiv Foto Marburg 102326.

194

2326

Abbildung 2

Erzbischof Anno II. von Köln mit seinen fünf Kirchengründungen.

(St. Michael in Siegburg, St. Georg und St. Maria ad Gradum in Köln, Kloster Saalfeld in Thüringen und Grafschaft im Sauerland)

Miniatur, einer Vita Annos vorgeheftet.
Darmstadt, Hessische Landes- und Hochschulbibliothek Hs 945.
Um 1183.

Anno war Kriegsmann gewesen, bevor er ein Studium aufnahm und über den Dienst am Hof des Königs in die kirchliche Spitzenstellung gelangte. Gegen ihn hat 1074 die kölnische Bürger- und Kaufmannschaft erfolglos einen der frühesten Aufstände gegen einen Stadtherren unternommen. Etwa hundert Jahre nach Annos Tod betreibt der Abt Gerhard von Siegburg dessen Heiligsprechung. Zu diesem Zweck und zur Vorlage in Rom ließ er eine Vita zusammenstellen, die das Leben Annos als einen Tugendweg und seine geistliche Amtsführung als eine Folge von Fürsorge- und Wundertaten schilderte. Die Heiligsprechung erfolgte 1183. Erst danach wird die Miniatur entstanden sein, da sie Anno bereits mit Nimbus zeigt.

Die Darstellung sieht in den Kirchengründungen die Hauptleistung des Erzbischofs. Die Fünfzahl der Kirchen nutzt der Zeichner, jeder Hand und jedem Fuß des Kirchenfürsten einen Bau zuzuordnen. Es sind Phantasiebauten. Eine Beischrift kennzeichnet den Bau hinter Annos Haupt als Siegburg, wo Anno begraben worden war: Die Gesamterscheinung der Figur erinnert an eine Grabfigur. Die kunstgeschichtliche Stilsituation teilt dem differenziert gezeichneten Gesicht und den leicht kontrapostisch versetzten Füßen belebende Elemente mit, zwingt aber die Figur insgesamt in ein streng gehandhabtes Liniensystem und in eine starre Frontalität. Das Thema des kirchentragenden Bischofs begegnet auch sonst in der Buchmalerei der Zeit. Auch ein Wandgemälde in St. Maria ad Gradum zu Köln, das Anno ähnlich wie in dieser Miniatur gezeigt haben muß und von dem wir nur aus einer Nachricht des 16. Jahrhunderts wissen, bezeugt die Bedeutung, die die Bautätigkeit für das Urteil über einen Kirchenfürsten gewinnen konnte.

Literatur: Ausstellungskataloge »Rhein und Maas«, Köln 1972, S. 312, J 47, und »Monumenta Annonis«, Köln 1975, A 20 (mit Farbabbildung).
Bildnachweis: Bildarchiv Foto Marburg 235227.

196

Sanctus episcopus · Anno coloniensis

Ecce sacerdos ...

Abbildung 3

Aeneas zeigt seinen Gefährten den Berg (Montealbano), den er befestigen lassen will. Der Bau der Burg.

Federzeichnung zu Heinrich von Veldekes »Eneit«. Regensburg-Prüfeninger Malschule. Berlin, Stiftung Preußischer Kulturbesitz, Staatsbibliothek, ms.germ. 2° 282, fol. XXIX. Um 1210–1220.

Die Eneide hat Heinrich von Veldeke zwischen 1170 und 1190 verfaßt. Die Zeichnung gehört zu den frühesten Illustrationen des Epos. Sie schildert zwei Szenen, die sich kurz nach der Landung des Aeneas in Latium ereignet haben: Aeneas sucht einen günstigen Platz für ein befestigtes Schloß, findet den »Weißen Berg«, konsultiert seine Leute, die in kürzester Zeit die Festung bauen. Virgil hatte dem Schloßbau nur drei Zeilen gewidmet (VII, 157–159). Der um 1160 entstandene französische »Roman d'Énéas«, der von Veldeke als Vorlage diente, hatte den Burgenbau in neun Versen beschrieben (3155–3163). Von Veldeke jedoch schildert die Bauvorgänge in 38 Versen (4047–4105). Anders als seine Vorlagen, läßt er vor Baubeginn eine Beratung stattfinden: Aeneas fragt seine Gefolgsleute, »of et sî goet dochte. doe dochte et si alle ensamen goet«. Diese Beratungsszene ist in der oberen Bildhälfte dargestellt. Die Folgewirkung wird unten geschildert, dem »consilium« folgt »auxilium«, ein allgemeiner Baueifer setzt ein. Drei Männer schleppen auf Tragbahren und auf ihren Schultern Quadersteine heran, die dann von zwei bärtigen, d. h. älteren, Hüte tragenden Männern mit Kelle und Justierbrettchen zur Mauer zusammengefügt werden. Durch eine Randepisode verdeutlicht der Zeichner auf seine Weise den Eifer der Leute: Ein Mann fällt dem Maurer rechts in den Arm, so als wolle er die Kelle auch einmal haben; der Maurer verteidigt seinen Arbeitsplatz durch einen Griff an den Kopf des Übereifrigen. Der Zwischenfall deutet auf konkurrierende Anteilsansprüche am Bau. Nach dem Kragensaum zu schließen, müßte es sich bei dem Eindringling um jenen Mann handeln, der auf dem oberen Bild gleich hinter Aeneas steht. Auch sonst deutet die Beobachtung von Unterschieden in Kleidung, Physiognomien und Körpergrößen bei den Leuten darauf hin, daß der Zeichner die verschiedenen Positionen und Funktionen auf den Bauplätzen der Zeit kannte.

Literatur: Margareta Hudig-Frey, Die älteste Illustration der Eneide des Heinrich von Veldeke. Straßburg 1921 (= Studien zur deutschen Kunstgeschichte, Heft 219), S. 71, 111.
Bildnachweis: Bildarchiv Foto Marburg 251159.

Mont alban

Mont alban

Abbildung 4

Nach einem Wunder des Apostels Matthäus erbaut die Menge eine Kirche.

Federzeichnung zu den »Vitae et passiones apostolorum«. Regensburg-Prüfeninger Malschule.
München, Bayerische Staatsbibliothek, Cod.Clm.13074, fol. 90′.
Um 1270–1280.

Nachdem der Apostel Matthäus den Sohn des Königs Eglippus und der Euphinissa vom Tode erweckt hatte, erbaut die durch dieses Wunder zum Glauben bekehrte Menge binnen dreißig Tagen eine Kirche: »intra XXX dies sexaginta milia hominum sanctam ecclesiam consummaverunt« (Bild links oben). Es erfolgt auch die Taufe des Königs Eglippus (Bild rechts oben). Da aber Matthäus der Tochter des Königs, Iphigenia, die bereits den Schleier genommen hatte, den Rat gibt, die Hand des – rechts erscheinenden – Königs Hirtacus auszuschlagen (Bild links unten), wird er auf Veranlassung jenes Hirtacus vor einem Altar erstochen (Bild rechts unten). – Die Bauszene ist den Szenen mit den Tugendleistungen des Apostels gleichgestellt. Der Mann, der die vorgearbeiteten Steine setzt, ist figural dem Matthäus in den übrigen Szenen angeglichen. Werkzeug und Material werden dem Maurer bereitgehalten von einem vornehmer gekleideten Mann, der hier wohl eine Demutstat vollbringt. Nur der kniende Steinmetz, der die Deckplatte eines romanischen Kapitells bearbeitet, wirk professionell; die Figuration von Stehen und Knien, von Übergeordneten und Untergeordneten wiederholt sich in jedem Bildfeld. Für die Verbildlichung der Szenen aus dem Leben des Matthäus lag keine ältere ikonographische Tradition vor, so daß der Zeichner sie selbständig konzipieren mußte. Dies hat es gewiß erleichtert, in die Szenenfolge die vielleicht einzige Darstellung eines spontan vom Volke errichteten Kirchenbaus aufzunehmen.

Literatur: Albert Boeckler, Die Regensburg-Prüfeninger Buchmalerei des XII. und XIII. Jahrhunderts. München 1924, S. 52.
Binding 1972, Nr. 31 (für das Bild oben links).
Bildnachweis: Bildarchiv Foto Marburg 108428.

Abbildung 5

Über dem Grab der Heiligen Dionysius, Rusticus und Eleutherius wird eine Kirche errichtet, die Bischof Regulus weiht.

Miniatur zur »Légende de St. Denis«.
Paris, Bibliothèque Nationale, Cod.fr.2092, fol.75v.
Um 1317.

Der hl. Dionysius oder Denis soll um das Jahr 250 in Paris missioniert und dort zusammen mit seinen Gehilfen Rusticus und Eleutherius den Märtyrertod erlitten haben. In die Gestalt des Heiligen wurden im Laufe der Zeit die Biographien anderer gleichnamiger frühchristlicher Männer eingearbeitet, so daß eine Idealfigur entstand, die die Funktion eines Schutzheiligen der französischen Monarchie übernehmen konnte. Diese Rolle wurde von Suger, dem Abt der mächtigen Abtei von St. Denis, für die er den ersten gotischen Sakralbau errichtete und ausführlich kommentierte, planmäßig forciert. 1124 erklärte sich König Ludwig VI. zum Lehensmann des hl. Denis und konnte dadurch in einer kritischen Situation alle Großen Frankreichs, auch solche, die ihn bekämpften, zur Hilfe an die Krone verpflichten. Seitdem war St. Denis das Symbol der Einheit Frankreichs unter der Monarchie.

Schon Suger hatte in seinem Kommentar zum Bau von St. Denis die Bescheidenheit des Vorgängerbaus erwähnt; Bernhard von Clairveaux beobachtete mit Skepsis den Aufwand, den Suger mit seinem Neubau betrieb. Diese Miniatur erinnert ebenfalls an die Bescheidenheit der Anfänge: Die Körper der drei Märtyrer waren durch die List einer edlen Frau namens Catulla gerettet und auf einem Acker beigesetzt worden. Nach dem Tod des christenfeindlichen Kaisers Domitian kann Catulla vom Volk über dem Grab der Märtyrer eine Kirche errichten lassen. Sie war aus Holz und die Beischrift bemerkt, daß dies den Ansprüchen der Zeit genügte: »Supra sanctorum tumulos a plebe piorum/ Fit domus ex lignis, curis pro tempore dignis«. Bischof Regulus, der zuvor Catulla getauft hatte, weiht das Kirchlein. Deren Bau über dem Dreiergrab besorgen bei Laternenschein Zimmerleute, während Catulla mit einem Spruchband hinzutritt und den ihr zugewandten Architekten dazu mahnt, zu Ehren der Heiligen (nicht also der Menschen) tätig zu sein. Die überdeutlich gezeigten Reliquiengräber werden als die eigentliche Motivation der Bauanstrengungen herausgestellt.

Literatur: Légende de St. Denis. Ed. Henry Martin, Paris 1908, S. 62. – Pierre du Colombier, Les Chantiers des Cathédrales. Paris 1973 (2. Auflage), S. 178.
Bildnachweis: Bildarchiv Foto Marburg LA 749/7.

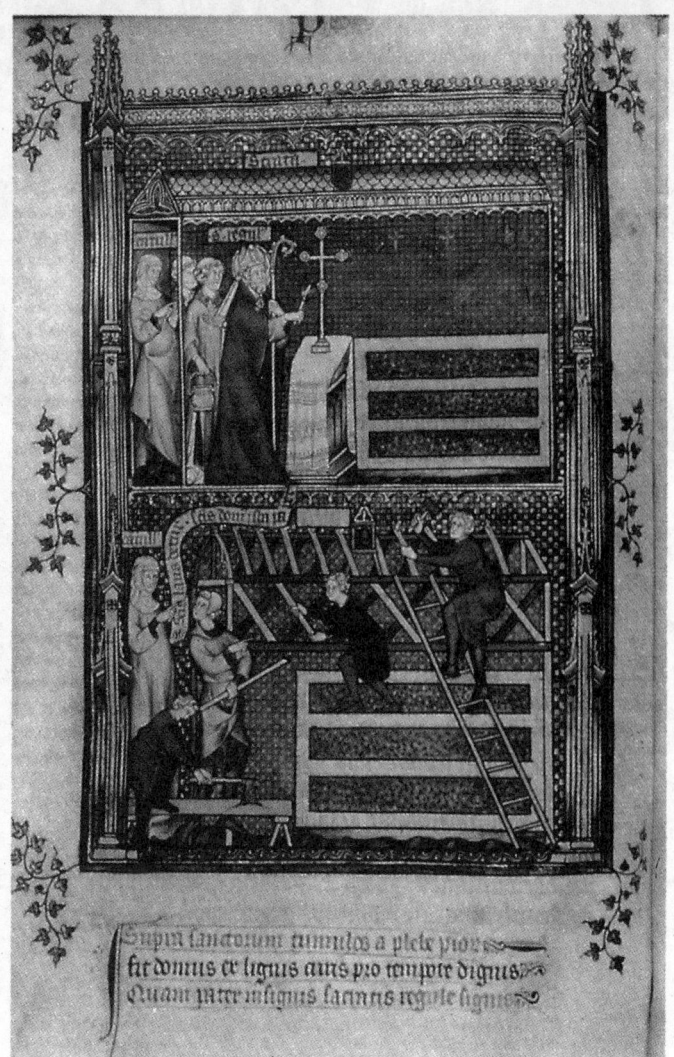

Supra sanctorum tumulos a plebe priore
fit domus ex lignis aris pro tempore dignis
Quam pater insignis sacratis regule signis

Abbildung 6

Richard I., Fürst von Capua, und Erzbischof Hildebrand von Capua tauschen zwei Kirchen.

Miniatur zum »Registrum S. Angeli ad Formam«.
Montecassino, Archivio della Badia, Regesto 4, fol.17r.
Zweite Hälfte des 12. Jahrhunderts.

Im Jahre 1065 hatte der Normannenfürst Richard mit Erzbischof Hildebrand für eine Johanneskirche die vor Capua gelegene Kirche St. Angelo in Formis getauscht. 1072 übergab der Fürst die erworbene Kirche dem Abt Desiderius von Montecassino, der im Jahre 1059 dem Normannen die päpstliche Legitimation für die Herrschaft über die eroberten süditalienischen Gebiete vermittelt hatte, indem Richard sich und seine Gebiete unter die Lehensherrschaft des Heiligen Stuhles stellte. Desiderius hat der offenbar unscheinbaren Kirche die heutige architektonische Gestalt gegeben; nur die Vorhalle ist im späten 12. Jahrhundert neu errichtet worden. Vielleicht ebenfalls noch unter Desiderius ist der umfangreiche Freskenzyklus gemalt worden, durch den St. Angelo in Formis heute das am besten erhaltene Beispiel für eine vollständig ausgemalte frühmittelalterliche Kirche darstellt. In der Apsis ist der Abt wiedergegeben, wie er dem thronenden Christus das Modell der Kirche darbringt.

Um 1150 hatte das Kloster offenbar Anlaß, jenen Tausch zwischen dem Fürsten und dem Erzbischof durch ein Bild neu beurkunden zu lassen. Der Erzbischof überreicht den Bau in der architektonischen Form, die Desiderius ihm gegeben hatte; so gewinnt man den Eindruck, er mache einen schlechten Tausch. Außerdem überreicht der Erzbischof mit der Rechten eine Rolle, wohl eine Urkunde. Da ein Kirchentausch wesentlich Besitz- und Einkunftsrechte betraf, wäre er als Urkundentausch gewiß ausreichend charakterisiert gewesen. Daß er hier als ein Austauschen von Kirchenmodellen verbildlicht wird, darf man wohl so deuten, daß die Bauerscheinung wichtig geworden war und daß Ansprüche der weltlichen Gewalt gegenüber der Kirche sich vor allem auch über Bauhilfen realisierten. Beide Amtsträger werden von einem weltlichen bzw. geistlichen Gefolge begleitet. Die Zeremonie erscheint aufgelockert durch die lebhafte Gestikulation der Hauptpersonen, die an ein »Architekturgespräch« denken läßt, von dem die Quellen gelegentlich berichten.

Literatur: Janine Wettstein, Sant'Angelo in Formis. Genf 1960, S. 14, 16 Anm. 17.
Bildnachweis: Bildarchiv Foto Marburg 231454.

Abbildung 7

Romulus und Remus lassen Rom erbauen. Cyrus zerstört Babylon.

Zeichnung zu Otto von Freising »Chronicon sive Historia de duabus civitatibus«.
Jena, Universitätsbibliothek, Codex Jenensis Bose q 6, fol.20a.
Drittes Viertel des 12. Jahrhunderts.

Die Illustrationen des Jenenser Codex der Weltchronik Ottos von Freising sind wahrscheinlich Nachzeichnungen nach den Illustrationen desjenigen Codex, den Otto seinem Neffen, dem Kaiser Friedrich Barbarossa, im Jahre 1157 überreicht hatte. Die Bildauswahl wäre dann unter Anleitung Ottos getroffen worden. In prägnanten Bildantithesen zeigt sie den Grundgedanken der Chronik, in der Geschichte ein Werden und Vergehen großer Reiche ist. Dieses Blatt schildert, »wie das römische Reich entstanden ist, während das babylonische mit Recht unterging« (Chronik II,2). Babylon ist für Otto auch der Inbegriff der vergänglichen »civitas mundialis«, der das unvergängliche und beständige Jerusalem als einer »civitas caelestis« gegenübersteht (Chronik II,11 und Prolog). Der zeitgenössische Betrachter konnte auch an die zahlreichen Stadtneugründungen seit dem 11. Jahrhundert denken, denen eine ebenso häufige Zerstörung von Burgen und Städten gegenüberstand. Cyrus führt in dieser Zeichnung Ritter gegen Babylon, die die Rüstung des 12. Jahrhunderts tragen, so daß eine Aktualisierung nahelag. Die Ritter bestürmen das Stadttor, das von zwei ungepanzerten Männern verteidigt wird; einer ist mit dem Torflügel zu Boden gestürzt.
Das obere Bildfeld zeigt die Zwillingskönige in unmittelbarem Kontakt mit der Bauszene. Während ein Steinmetz einen in Schräglage gestellten Quader bearbeitet, trägt ein breitschultriger, von hinten gesehener Hilfsarbeiter einen fertigen Quader zur Baustelle, wo ein zweiter Hilfsarbeiter den Stein entgegennehmen will. Zu dem mittleren Steinträger bemerkt Scheidig: »Bei der Zeichnung seines Gesichtes wurden Augenbrauen und Oberlid so herabgezogen, wie es sonst bei Darstellungen des Schmerzes geschah; wahrscheinlich soll in diesem Gesicht Anspannung ausgedrückt werden«. In die Darstellung der Arbeitswelt gehen offensichtlich erste emotionale Regungen ein.

Literatur: Werner Scheidig, Der Miniaturenzyklus zur Weltchronik Ottos von Freising im Codex Jenensis Bose q 6. Jena 1928, S. 13 ff.
Binding 1972, Nr. 29 (für das obere Bild).
Bildnachweis: E. Polaczek, Die Bilder im Cod. Jenensis Bose q 6. In: H. Bloch, Die Elsässischen Annalen der Staufenzeit. Innsbruck 1908 (= Regesten der Bischöfe von Straßburg, Bd. 1), S. 203, Tafel II.

Abbildung 8

Entwürfe zu Baumaschinen und anderen Geräten.

Aus dem Skizzenbuch des Villard d' Honnecourt.
Paris, Bibliothèque Nationale, Ms.fr.19093. Um 1235.

Das Blatt aus dem Sizzenbuch des französischen Baumeisters ist eine Inkunabel für die
Geschichte der Arbeitsgeräte und der technischen Zeichnung.
Oben links ist eine Maschine wiedergegeben, die, laut etwas späterer Beischrift, »eine
Säge von selbst sägen« machen kann. Der Zeichner macht in Aufriß und Aufsicht, Teile
des Gerätes sichtbar: Durch einen Wasserstrom wird das große Rad mit der Treibwelle
bewegt. An der Treibwelle sitzt ein Zahnrad, das den Balken gegen das Sägeblatt schiebt.
Dieses wird durch eine Verbindung mit überkreuzten Stäben am Ende der Treibwelle
nach unten, und durch einen federnden Ast wieder nach oben gezogen. Da die Maschine
so nicht funktionieren kann – das Wasserrad müßte in die entgegengesetzte Richtung
laufen – kann es sich nur um ein Modell handeln, das Villard kopiert hat. – Rechts neben
der Maschine eine Armbrust, damals eine moderne, oft verbotene Waffe. An ihr wird
demonstriert, wie man zu Übungszwecken auf eine Zielscheibe schießen und den
abgeschossenen Pfeil mit Hilfe einer in den Boden gesteckten und am Pfeil befestigten
Schnur zurückholen kann, ohne immer wieder zur Zielscheibe gehen zu müssen. – Das
Gerät links in der Mitte des Blattes soll einen Engel tragen, der, »seinen Finger immer
der Sonne zu hält«: Es ist dies das früheste Uhrwerk mit Rädern (Hahnloser). Es
funktioniert so, daß der Gewichtstein rechts die an ihm befestigte Schnur im Laufe von
24 Stunden von den Rädern links abzieht und dabei die vertikale, oben einen Engel
tragende Achse mitdreht. – Das Gestell rechts ist »eine der stärksten Maschinen zum
Heben von Lasten, die es gibt«. Für die zum Transport notwendige Anhebung großer
Lasten wird vorgeschlagen, eine Stange in der oberen Hälfte mit Winden zu versehen
und sie von unten durch eingesteckte Holzgriffe drehbar zu machen. Durch die Drehung
wird eine in die Winde eingesetzte Schraubenmutter an zwei geraden Führungen entlang
hochgedrückt. An der Mutter sind Schlaufen mit Haken oder Zangen befestigt, an denen
die Last hängt. – Der Adler schließlich soll dem Diakon in der Kirche den Kopf
entgegendrehen, »wenn er das Evangelium liest«. Solche Tiere, die ihre Flügel, den Hals
oder Schwanz bewegen und dabei auch Schreie ausstoßen können, sind in Einzelexem-
plaren auch erhalten geblieben.
Das Blatt zeigt, daß der neue Bauboom auch die technische Phantasie angeregt hat.
Diese richtet sich bereits auf Maschinen, bei denen menschliche Arbeitskraft nicht mehr
benötigt wird. Die technische Zeichnung wird ein eigenes Demonstrationsmittel. Solche
technischen Maschinen haben in der damaligen Baupraxis wohl noch keine große Rolle
gespielt. Die Quellen berichten vom Einsatz großer Maschinen im militärischen Bereich,
etwa bei der Zerstörung von Burgen.

Literatur und Bildnachweis: Hans R. Hahnloser, Villard de Honnecourt. Kritische
Gesamtausgabe des Bauhüttenbuches. Wien 1935, S. 133–138, Tafel 44.

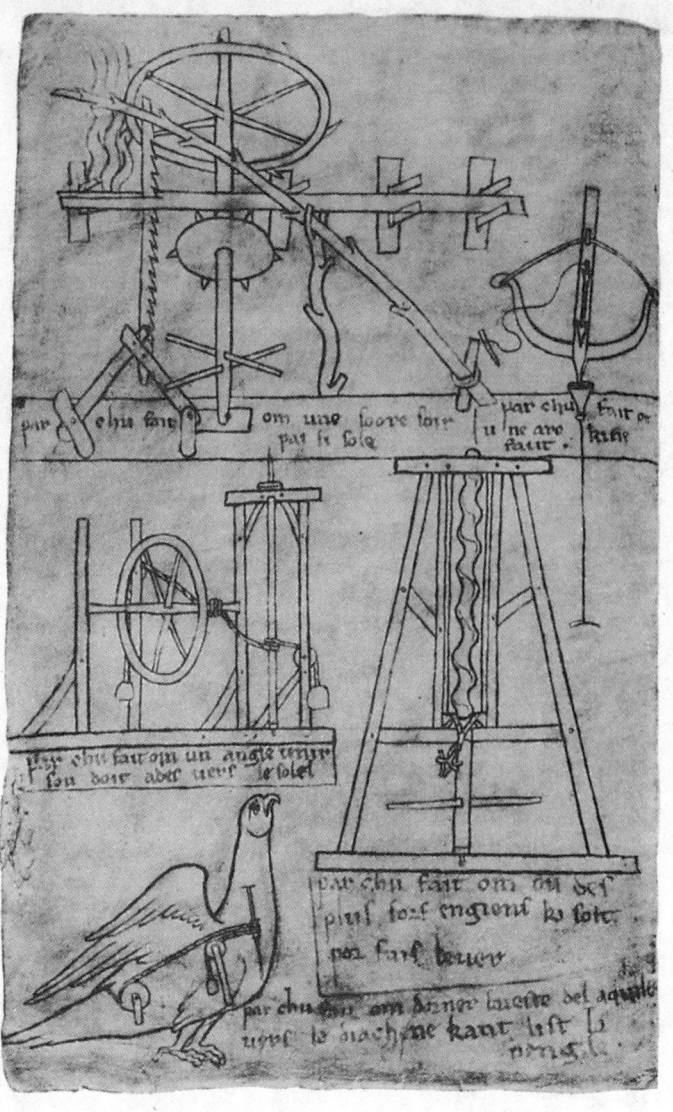

par che fait... om une foere... par chu fait or une avo kine

par chu fait or une avo kine

par chu fait om un angle tenir fon dois adef uert le blet

par chu fait om du def plus fort engiens ke foit por furt leuer

par chu fait om diuer lucite del aquile uers le machine kant left li euangile

Abbildung 9

König Offa berät mit einem Architekten und einem Beamten über den Bau einer Kirche.

Miniatur zu Matthew Paris »Life of the Offas«.
London, British Museum, Ms. Cotton Nero D I, fol.234.
Um 1300.

Die Zeichnung ist um 1300 dem Manuskript des Matthew Paris hinzugefügt worden. Sie lehnt sich kompositionell und inhaltlich eng an eine Illustration, die Matthew Paris schon um 1260, wohl unter dem unmittelbaren Eindruck des neu geschaffenen Amtes eines Hofarchitekten, für sein Manuskript gezeichnet hatte. Während jedoch Paris den König direkt auf den Bau zu agieren und den Architekten sowie den Beamten nur beratend und bekräftigend von links hinzutreten läßt, tritt der Architekt hier zwischen den König und den Bau, so daß er ein größeres Gewicht und eine eigene Kompetenz bekommt. In den Arkaden der bereits weitgediehenen Hochschiffwand bearbeiten Handwerker Quadersteine, Kapitelle oder sind an einem Seilaufzug beschäftigt, durch das die Materialien hochbefördert werden. Auf der Wand prüft der linke Maurer die Wand mit einer Bleiwaage. Bei der Wiedergabe der Bauarbeiten finden sich die engsten Anlehnungen an die ältere Vorlage; hier hinkt die zeichnende Hand stilgeschichtlich etwas nach. Demgegenüber entfaltet sie an der Gruppe um den König die schwingende Eleganz des hochgotischen Lineaments.

Literatur und Bildnachweis: Pierre du Colombier, Les Chantiers des Cathédrales. Paris 1973 (2. Auflage), S. 58, 184, fig. 58.

Abbildung 10

König Salomo beim Bau des Tempels von Jerusalem.

Miniatur von Raoulet d'Orléans zum »Miroir historial« des Vincent de Beauvais, geschrieben für Louis, Duc d'Orléans.
Paris, Bibliothèque Nationale, Cod.fr. 312, fol. 102v.
1396

Im 14. Jahrhundert häufen sich die Darstellungen zum Baubetrieb und allgemein zu handwerklichen Arbeiten. Es ist das Jahrhundert der Zünfte und Zunftaufstände, mit denen neue Mittelschichten in den Städten an die Macht drängen. Die Könige haben die Zünfte vielfach gefördert und nicht selten auch politisch mit ihnen koaliert, wenn es darum ging, adlige oder patrizische Machtstellungen zurückzudrängen.

Die Miniatur zeigt ein auffallend gelockertes und direktes Verhältnis des Königs zu den Bauhandwerkern. Der König sitzt vor dem Bauwerk und spricht einen Maurer an, der die Kelle gerade beiseite gelegt hat, um mit dem Lot die Mauer zu prüfen. Der Maurer reagiert ganz unbefangen auf die Ansprache des Königs. Auch stilistisch wird mit dieser Zeichnung in der Welt der höfischen Miniatur, die gerade um 1400 einen Höchstgrad an esoterischer Eleganz erreicht, ein derber und realistischer Ton vernehmbar.

Literatur: Henry Martini, La Miniature française du XIIIe au XVe siècle. Paris/Brüssel 1923, S. 99.
Bildnachweis: Bildarchiv Foto Marburg LA 750/14.

les champs qui sont plains despines
et de chardons quant ilz sont estrepez
plaisent plus as laboure urs as quex
ilz rendent fruit a cent doubles q̃ ceulx
ou il not onques espines qui ne rendent
point de fruit. Ci apres c̃mence lyst̃
de salemon filz de dauid roy de ihe
rusalem et de la facon du temple que
il fist en iherusalem ◦◦◦◦◦ lxxvi.

Alemou c̃menca a
regner en lan du. ny.
aage. xl. et de lissue
degypte. cccc. lxxbi.
Et de la natiuite abra
ham neuf cens quatre vins et. l.
Et du comenceuient du monde. ny.q̃
ix. cens et. xix. et regna. xl. ans
espousa la fille pharaon roy degypte
la quele si c̃me aucuns dient nauoit
mga me. x. aus mesure quant il

Abbildung 11 und 12

Der Turmbau zu Babel.

Zwei Illustrationen zu Rudolf von Ems, Weltchronik.
Zürich, Zentralbibliothek, Rh 15, fol.6'. Zwischen 1340 und 1350.
Stuttgart, Landesbibliothek, Cod.bibl. 2° 5, vol.9v. 1383

Die im Auftrag des Stauferkönigs Konrad IV. (1250–1254) verfaßte Weltchronik des
Rudolf von Ems ist das ganze Mittelalter hindurch weit verbreitet gewesen und oft
illustriert worden. Den Turmbau läßt Rudolf, der seine Chronik als eine Art Fürstenspie-
gel anlegt, aufgrund eines Rates des Königs Nimrod (1. Mos. 10,8–12) stattfinden. In der
Bibel ist von dem König nicht die Rede; dort wird der Turmbau vielmehr aus dem
allgemeinen Wunsch heraus unternommen, zu verhindern, daß die Leute »in alle Länder
zerstreut« würden, also als Einigungssignal (1. Mos. 11,4).
Die Miniaturen aus der ersten und zweiten Hälfte des 14. Jahrhunderts illustrieren die
Stelle aus der Weltchronik sehr unterschiedlich. Die Miniatur stellt sich einen Turm aus
grimmigen Bossenquadern vor. Sie werden mit zwei mächtigen Seilaufzügen hochge-
hievt. Der König Nimrod, der von rechts herantritt, ist in ein lebhaftes Gespräch mit dem
Architekten verwickelt, der erhöht auf dem Sockel des Turmes steht. Auch die vornehme
Kleidung und Frisur setzt ihn von den übrigen Handwerkern ab.
Die fünfzig Jahre später am Mittelrhein für den Trierer Erzbischof Kuno von Falkenstein
angefertigte Illustration lehnt sich schon darin enger dem Bibeltext an, daß sie dem Turm
Elemente auch einer Stadtarchitektur beigibt, etwa in dem vorgesetzten Torbau. Der
Turm ist ein vielteiliges Gebilde, mit Geschossen und Gesimsen. Es erscheint auch kein
Architekt und kein König auf dem Bauplatz. Die Arbeitsvorgänge regulieren sich
gleichsam nach zünftigen Regeln. In der umliegenden Landschaft sind Arbeiter damit
beschäftigt, Mörtel zu mischen und Steine zurechtzuhauen. Die Materialien werden über
den Trog an einem mächtigen Seilaufzug hochgeschafft. Den Aufzug bedienen drei Arbeiter, von denen zwei oben das Seilrad bewegen. Auf der schmalen Arbeitsbühne sind
sechs Männer mit dem Aufbau der Mauer befaßt. Stilistisch hat die Miniatur den
feingliedrigen und linearen Stil der Züricher Handschrift hinter sich gelassen. Sie zeigt
kompaktere und derbere Figuren und schließt sich darin einer Stiltendenz an, die seit
der Jahrhundertmitte in ganz Europa ausbreitete. In den beiden Miniaturen stehen sich
unterschiedlich strukturierte Bauorganisationen gegenüber: Dort die höfische mit einer
klar geregelten Befehlsstruktur, hier die zünftige, die die Funktionen gemäß Satzungen
verteilt.

Literatur: Christine Kratzert, Die Illustrierten Handschriften der Weltchronik des Rudolf
von Ems. Diss. Berlin 1974, S. 31 (für Zürich). – Alfred Stange, Deutsche Malerei der
Gotik. Bd. 2, Berlin 1936, S. 112 ff. (für Stuttgart).
Bildnachweis: Fotothek des Kunstgeschichtlichen Seminars der Universität Marburg
(Zürich); Bildarchiv Foto Marburg 236531 (Stuttgart).

de wart nan jm do uf geleit
r untredichter kunderheit
es werkes si begunden
n den selten stunden
die lieten in der tage zil
es werkes gehes als vil
emacher diz er sich gerich
e dan nünff tüsent schiede höch
nd sehentzich und nün hundert
nde vier schiede uf gesundert
r zwein unde sehentzich elle war
er selbe turn als ich lar
anne der geselrie na der zal
ls ich hie was gesprochen han
ih hat die schrift uns kunt getan
az fünftzehen kunne schar
aphetes kunne gebaren
em der reine gute man
eten unde rwentzich sine gewan

Er unde mit ime sine kint
ie hie nog genennet sint
er tehelchs ein geslechte hier
ham trefflich sine tuaten hier
er nirhap an in wart genomen
on den war dreissich geslechte komen
eslehte der aller war nach der zal
wei unde sehentzich uber al
ie den tiern wolden han
emacher durch den munken wan
ier diz got zu in sande
ie tornschafte die in wande
ie uppighen hokfart
er ir dumheit zu nihte wart

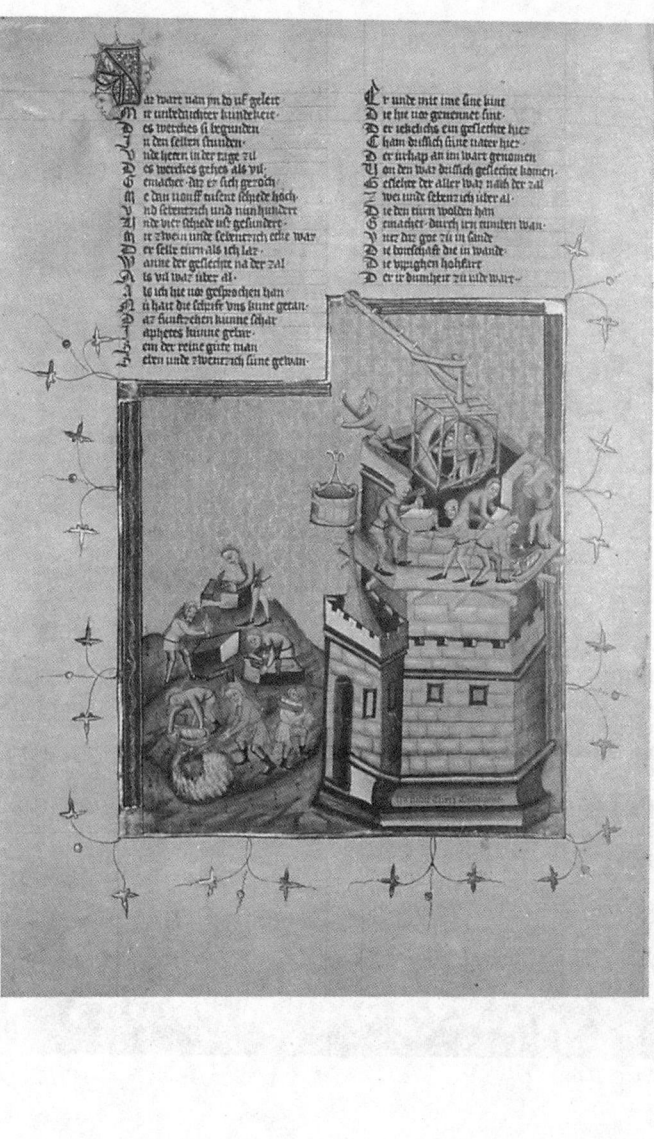

Literatur- und Abkürzungsverzeichnis

Adam	Ernst Adam, Baukunst des Mittelalters. 2 Bde., Frankfurt/ M.–Berlin 1963 (= Ullstein Kunstgeschichte Bde. 9 und 10).
Alberti	Leon Battista Alberti, Kleinere kunsttheoretische Schriften. Hg. von Hubert Janitschek. Wien 1877 (= Quellenschriften für Kunstgeschichte und Kunsttechnik des Mittelalters und der Neuzeit. Bd. 11).
Andrews	Francis B. Andrews, The Medieval Builder and his Methods. Wakefield 1974 (Neudruck; 1. Aufl. 1925).
Agnello	Giuseppe Agnello, Aspetti dell' attività edilizia frederician in Sicilia. In: Studi Medievale in onore di Antonino di Stefano. Palermo 1956. S. 1-24.
Assunto	Rosario Assunto, Die Theorie des Schönen im Mittelalter. Köln 1973.
Aubert	Marcel Aubert, La construction au Moyen Age. In: Bulletin Monumental, Bd. 118 (1960) S. 241-259, Bd. 119, S. 7-42, 81-120, 181-209, 297-323.
Baaken	Gerhard Baaken, Königtum, Burgen und Königsfreie. In: Vorträge und Forschungen, Bd. 6 (1961) S. 7-95.
Bandmann 1951	Günter Bandmann, Mittelalterliche Architektur als Bedeutungsträger. Berlin 1951.
Bandmann 1969	Günter Bandmann, Bemerkungen zu einer Ikonologie des Materials. In: Städel-Jahrbuch, N. F., Bd. 2 (1969) S. 75-100.
Behrends	F. Behrends, Two Spurious Letters in the Fulbert Collection. In: Revue Bénédictine, Bd. 24 (1970) S. 253-275.
Berges	Wilhelm Berges, Zur Geschichte des Werla-Goslarer Reichsbezirks vom neunten bis zum elften Jahrhundert. In: Deutsche Königspfalzen. Göttingen 1963, Bd. 1. S. 113-157 (= Veröffentlichungen des Max-Planck-Instituts für Geschichte, Bd. 11/1).
Bertau	Karl Bertau, Deutsche Literatur im europäischen Mittelalter. 2 Bde., München 1972-1973.
Beumann	Helmut Beumann, Zur Entwicklung transpersonaler Staatsvorstellungen. In: Vorträge und Forschungen, Bd. 3 (1956) S. 185-224.

Binding 1972	Günther Binding (Hg.), Romanischer Baubetrieb in zeit-genössischen Darstellungen. Ausstellungskatalog, Köln 1972.
Binding 1974	Günther Binding (Hg.), Beiträge über Bauführung und Baufinanzierung im Mittelalter. Köln 1974 (= 6. Veröffentlichung der Abteilung Architektur des Kunsthistorischen Instituts der Universität Köln).
Bloch	Marc Bloch, La société féodale. 5. Aufl., Paris 1968.
Boehm	Laetitia Boehm, Geschichte Burgunds. Stuttgart–Berlin–Köln–Mainz 1971.
Boileau	Etienne Boileau, Réglements sur Les Arts et Métiers de Paris. Hg. von G.-B. Depping, Paris 1837.
Bond	Shelagh Bond, The Medieval Constables of Windsor Castle. In: The English Historical Review, Bd. 82 (1967) S. 225-249.
Bosl	Karl Bosl, Die Reichsministerialität der Salier und Staufer. 2 Bde., Stuttgart 1950-1951 (= Schriften der Monumenta Germaniae Historica, Bd. 10).
Boussard 1956	Jacques Boussard, Le Gouvernement d' Henri II Plantagenêt. Paris 1956.
Boussard 1958	Jacques Boussard, Les institutions financières de l' Angleterre au XIIe siècle. In: Cahiers de Civilisation Médiévale, Bd. 1 (1958) S. 475–494.
Boutruche	Robert Boutruche, Seigneurie et Féodalité. 2 Bde., Paris 1968-1970.
Brandl-Ziegert	Renate Brandl-Ziegert, Die Sozialstruktur der Bayerischen Bischofs- und Residenzstädte Passau, Freising, Landshut und Ingolstadt. Die Entwicklung des Bürgertums vom 9. bis zum 13. Jahrhundert. In: Die mittelalterliche Stadt in Bayern, hg. von Karl Bosl, München 1974 (= Zeitschrift für Bayerische Landesgeschichte, Beiheft 6, Reihe B) S. 18-127.
Branner 1962	Robert Branner, La Cathédral de Bourges et sa place dans l'architecture gothique. Paris–Bourges 1962.
Branner 1965	Robert Branner, St. Louis and the Court Style in the Gothic Architecture. London 1965.
Branner	Robert Branner, Rezension zu du Colombier. In: Art Bulletin, Bd. 37 (1955) S. 61-65; dazu ders. in Erwiderung auf O. von Simson in: Art Bulletin, Bd. 37 (1955) S. 235-237.

Braunfels	Wolfgang Braunfels, Die Kirchenbauten der Ottonenäbtissinnen. In: Beiträge zur Kunst des Mittelalters. Festschrift für Hans Wentzel, Berlin 1975.
Brieger	Peter Brieger, English Art. Oxford 1957 (= The Oxford History of English Art, Bd. 4).
de Bruyn	Edgar de Bruyn, L' Esthétique du Moyen Age. Löwen 1947.
Buchner	M. Buchner, Einhards Künstler- und Gelehrtenleben. Bonn 1922 (= Bücherei der Kultur und Geschichte, Bd. 22).
Büttner	Frank Büttner, Die Galleria Riccardiana in Florenz. Diss. Kiel 1972 (= Kieler Kunsthistorische Studien, Bd. 2).
Bulteau	Abbé Bulteau, Monographie de la Cathédrale de Chartres. 3 Bde., 2. Aufl., Chartres 1887-1892.
Calendar	Calendar of the Liberate Rolls. Preserved in the Public Record Office. Bd. 4 (1251-1260) London 1959.
CEH	The Cambridge Economic History of Europe. Bd. 3: Economic Organization and Policies in the Middle Ages. Hg. von M. M. Postan, E. E. Rich, E. Miller, Cambridge 1971.
Cipolla	Carlo M. Cipolla (Hg.), The Fontana Economic History of Europe. Bd. 1: The Middle Ages. London–Glasgow 1972.
Classen 1963	Peter Classen, Bemerkungen zur Pfalzenforschung am Mittelrhein. In: Deutsche Königspfalzen, Bd. 1, Göttingen 1963, S. 75-96 (= Veröffentlichungen des Max-Planck-Instituts für Geschichte Bd. 11/1).
Classen 1966	Die Hohen Schulen und die Gesellschaft im 12. Jahrhundert. In: Archiv für Kulturgeschichte, Bd. 48 (1966) S. 155-180.
Close Rolls	Close Rolls of the Reign of Henry III. preserved in the Public Record Office, A. D. 1256-1259, London 1932.
Colombier	Pierre du Colombier, Les Chantiers des Cathédrales. Paris 1953.
Colvin	Howard M. Colvin (Hg.), The History of the King's Works. 2 Bde., London 1963.
Colvin 1971	Howard M. Colvin, Building Accounts of King Henry III. Oxford 1971.
Coulton	G. G. Coulton, Art and the Reformation. Hamden/Conn. 1969 (Reprint der Ausgabe von 1928).

219

Crozet   René Crozet, Le rôle du clergé épiscopal dans la vie
                   artistique en France (X°-XII° siècles). In: Akten des 21.
                   Internationalen Kongresses für Kunstgeschichte in Bonn
                   1964. Berlin 1967, Bd. 3, S. 19-29.

Curtius   Ernst Robert Curtius, Europäische Literatur und lateini-
                   sches Mittelalter. Bern–München 1967, 6. Aufl.

Davidsohn   Robert Davidsohn, Geschichte von Florenz. 4 Bde. Berlin
                   1896-1927.

Dehio   Georg Dehio, Geschichte der Deutschen Kunst. 6 Bde.,
                   2. Aufl. Berlin 1921.

Demus   Otto Demus, The Church of San Marco in Venice. Wash-
                   ington 1960.

DHGE   Dictionnaire d' Histoire et de Géographie Ecclésiastique.
                   Bd. 1 – (17), Paris 1909-(1970).

Dirlmeier   Ulf Dirlmeier, Mittelalterliche Hoheitsträger im wirt-
                   schaftlichen Wettbewerb. Wiesbaden 1966 (= Vierteljah-
                   resschrift für Sozial- und Wirtschaftsgeschichte, Beiheft 5).

Droege   Georg Droege, Die Ausbildung der mittelalterlichen ter-
                   ritorialen Finanzverwaltung. In: Vorträge und Forschun-
                   gen, Bd. 13 (1970) S. 325-345.

DRW   Deutsches Rechtswörterbuch. Weimar 1914-(1967), Bde.
                   1-(6), Weimar 1914-(1967).

Duby   Georges Duby, Medieval Agriculture 900-1500. In: Ci-
                   polla, S. 175-220.

Enlart   Camille Enlart, Manuel d' Archéologie Francaise depuis
                   les temps Mérovingiens jusqu'a la Renaissance. 2 Bde.
                   in 5 Teilen, 3. Aufl., Paris 1927-1932.

Ennen   Edith Ennen, Die europäische Stadt des Mittelalters. Göt-
                   tingen 1972.

Evans   Joan Evans, Art in Mediaeval France 987-1498. A Study
                   in Patronage. 2. Aufl., London 1952.

Favier   Jean Favier, Finance et Fiscalité au Bas Moyen Age. Pa-
                   ris 1971.

Feine   Hans Erich Feine, Ursprung, Wesen und Bedeutung des
                   Eigenkirchentums. In: Feine, Reich und Kirche. Neudruck
                   Aalen 1966, S. 157-170.

Fleury   André de Fleury, Vita Gauzlini Abbatis Floriacensis Mo-
                   nasterii. Hg. und übers. von Robert-Henri Bautier, Paris
                   1969.

Fleckenstein	Josef Fleckenstein, Die Hofkapelle der deutschen Könige. 2 Bde., Stuttgart 1959-1966 (= Schriften der Monumenta Germaniae Historica, Bd. 16, I/II).
Freising	Otto von Freising, Gesta Friderici I Imperatoris. Hg. G. Waitz, Hannover 1884 (= Scriptores Rerum Germanicarum, Bd. 46).
Frugoni	Arsenio Frugoni, »A Pictura Cepit«. In: Bullettino dell' Istituto Storico Italiano per il Medio Evo e Archivio Muratoriano, Nr. 78 (1967) S. 123-135.
Gantier	Odile Gantier, Recherches sur les possessions et les prieurés de l'abbaye de Marmoutier du Xe au XIIIe siècle. In: Revue Mabillon, Jg. 54 (1964) S. 15-24; 56-67; 125-135; Jg. 55 (1965) S. 33-71.
Gauert	Adolf Gauert, Zur Struktur und Topographie der Königspfalzen. In: Deutsche Königspfalzen, Bd. 2, Göttingen 1965, S. 1-60 (= Veröffentlichungen des Max Planck-Instituts für Geschichte, Bd. 11/2).
Gimpel	Jean Gimpel, Les Batisseurs de Cathédrales. Bourges 1961.
Glaber	Rodulfus Glabers Vita dommi Willelmi abbatis. Neue Edition nach einer Handschrift des 11. Jahrhunderts von Neithard Bulst. In: Deutsches Archiv für Erforschung des Mittelalters, 30. Jg. (1974) S. 450-487.
Le Goff 1965	Jacques le Goff, Das Hochmittelalter. Frankfurt/M 1965 (= Fischer Weltgeschichte, Bd. 11).
Le Goff	Jacques le Goff, The Town as an Agent of Civilisation. In: Cipolla, S. 71-106.
Graff	Theodor Graff, Kaiserurkunde und Eigenkirchenrecht. In: Mitteilungen des Österreichischen Instituts für Geschichte, Bd. 78 (1970) S. 63-72.
Grass	Nikolaus Grass, Zur Rechtsgeschichte der abendländischen Königskirche. In: Festschrift Karl S. Bader. Zürich–Köln–Graz 1965, S. 159-184.
Grinten	E. F. van der Grinten, Elements of Art Historiography in Mediaeval Texts. Den Haag 1969.
Grote	Andreas Grote, Der vollkommen Architectus. Baumeister und Baubetrieb bis zum Anfang der Neuzeit. München 1959.
Grundmann	Herbert Grundmann, Litteratus – Illiteratus. Der Wandel einer Bildungsnorm vom Altertum zum Mittelalter. In: Archiv für Kulturgeschichte, Bd. 40 (1958).

Guillaume de Poitiers	Guillaume de Poitiers, Gesta Gullelmi Ducis Normanno-rum et Regis Anglorum. Hg. von Raymonde Foreville. Paris 1952 (Les Classiques de l'Histoire de France au Moyen Age, Bd. 23).
Guillot	Olivier Guillot, Le Comte d' Anjou et son entourage au XIe siècle. 2 Bde., Paris 1972.
Hahnloser	Hans R. Hahnloser, »Magistra Latinitas« und »Peritia Graeca«. In: Festschrift Herbert von Einem, Berlin 1965, S. 77-93.
Haller	Johannes Haller, Das Papsttum. Idee und Wirklichkeit. 5 Bde., 3. Aufl., Hamburg 1965.
Harris	Brian E. Harris, King John and the Sheriff's Farm. In: The English Historical Review, Bd. 79 (1964) S. 532-542.
Harvey 1941	The Mediaeval Office of the Works. In: Journal of the British Archeological Association, Serie III, Bd. 6 (1941) S. 7-33.
Harvey	John H. Harvey, The King's Chief Carpenter. In: Journal of the British Archeological Association, Serie III, Bd. 11 (1948) S. 14-26.
Harvey 1972	John H. Harvey, The Mediaeval Architect. London 1972.
Haseloff	Arthur Haseloff, Die Bauten der Hohenstaufen in Unter-italien. Bd. 1, Leipzig 1920.
Hauck	Karl Hauck, Tiergarten im Pfalzbereich. In: Deutsche Kö-nigspfalzen, Bd. 1, Göttingen 1963, S. 30-74 (= Veröf-fentlichungen des Max-Planck-Instituts für Geschichte, Bd. 11/1).
Hauser	Arnold Hauser, Sozialgeschichte der Kunst und Literatur. 2. Aufl., München 1967.
Hausmann	Friedrich Hausmann, Reichskanzlei und Hofkapelle unter Heinrich V. und Konrad III. Stuttgart 1956 (= Schriften der Monumenta Germaniae Historica, Bd. 14).
Haussig	Hans-Wilhelm Haussig, Kulturgeschichte von Byzanz. 2. Aufl., Stuttgart 1966.
HDWS	Handbuch der Deutschen Wirtschafts- und Sozialgeschich-te. Hg. von Hermann Aubin und Wolfgang Zorn, Bd. 1, Stuttgart 1971.
Heers	Jacques Heers, Le Travail au Moyen Age. 2. Aufl. Paris 1968.
Heideloff	Carl Heideloff, Die Bauhütte des Mittelalters. Nürnberg 1844.

222

Herzog	Erich Herzog, Die Ottonische Stadt. Die Anfänge der mittelalterlichen Stadtbaukunst in Deutschland. Berlin 1964 (= Frankfurter Forschungen zur Architekturgeschichte, Bd. 2).
Hindenberg	Ilse Hindenberg, Benno II., Bischof von Osnabrück, als Architekt. Diss. Halle–Wittenberg 1920. Straßburg 1921.
Hinks	Roger Hinks, Carolingian Art. Toronto 1962.
Hirschfeld	Peter Hirschfeld, Mäzene. Die Rolle des Auftraggebers in der Kunst. München 1968 (= Kunstwissenschaftliche Studien, Bd. 40).
Holtzmann	Robert Holtzmann, Geschichte der sächsischen Kaiserzeit 900-1024. 6. Aufl., 2 Bde., München 1971.
Hourlier	Jaques Hourlier, Saint Odilon bâtisseur. In: Revue Mabillon, Jg. 51 (1961) S. 303-324.
HRG	Handwörterbuch zur Deutschen Rechtsgeschichte. Hg. von Adalbert Erler und Ekkehard Kaufmann. Bd. 1, Berlin 1964-1971.
Hunt	Noreen Hunt, Cluny under Saint Hugh 1049-1109. London 1967.
Hürten	Heinz Hürten, Die Verbindung von geistlicher und weltlicher Gewalt des mittelalterlichen deutschen Bischofs. In: Zeitschrift für Kirchengeschichte, Bd. 82 (1971) S. 16-28.
Hyde	J. K. Hyde, Society and Politics in Medieval Italy. London–Basingstoke 1973.
Jahn	Johannes Jahn, Die Stellung des Künstlers im Mittelalter. In: Festschrift für Friedrich Bülow, Berlin 1960, S. 151-168.
Jolliffe	J. E. A. Jolliffe, The ›Camera Regis‹ under Henry II. In: The English Historical Review, Bd. 68 (1953), S. 1-21, 337-362.
Keller	Harald Keller, Reliquien, in Architekturteilen beigesetzt. In: Beiträge zur Kunst des Mittelalters. Festschrift für Hans Wentzel. Berlin 1975, S. 105-114.
Knoop/Jones	Douglas Knoop/G. P. Jones, The Mediaeval Mason. Manchester–New York 1962, 3. Aufl.
Krautheimer	Richard Krautheimer, Introduction to an ›Iconography of Medieval Architecture‹. In: Journal of the Warburg & Courtauld Institute, Bd. 5 (1942) S. 1-33.
Kroeschell	Karl Kroeschell, Deutsche Rechtsgeschichte. 2. Bde., Hamburg–Reinbek 1972-1973.

223

Kronjäger   Jochen Kronjäger, Berühmte Griechen und Römer als Be-
                   gleiter der Musen und der Artes Liberales in Bildzyklen
                   des 2. bis 14. Jahrhunderts. Diss. Marburg/L. 1973.

Kulischer   Josef Kulischer, Allgemeine Wirtschaftsgeschichte des
                   Mittelalters und der Neuzeit. Bd. 1, 4. Aufl. Darmstadt
                   1971.

Lancaster   R. Kent Lancaster, Artists, Suppliers and Clerks. The Hu-
                   man Factors in the Art Patronage of King Henry III. In:
                   Journal of the Warburg & Courtauld Institutes, Bd. 35
                   (1972) S. 81-107.

LB   Otto Lehmann-Brockhaus, Schriftquellen zur Kunstge-
                   schichte des 11. und 12. Jahrhunderts für Deutschland,
                   Lothringen und Italien. 2. Bde., Berlin 1938.

LBE   Otto Lehmann-Brockhaus, Lateinische Schriftquellen zur
                   Kunst in England, Wales und Schottland vom Jahre 901
                   bis zum Jahre 1307. 5 Bde., München 1955-1960 (= Ver-
                   öffentlichungen des Zentralinstituts für Kunstgeschichte,
                   Bd. 1).

Leesch   Wolfgang Leesch, Das Corveyer Pfarrsystem. In: Kunst
                   und Kultur im Weserraum, Bd. 1, Corvey 1966, S. 43-76.

Lehmann-Brockhaus Otto Lehmann-Brockhaus, Die Kunst des X. Jahrhun-
1935   derts im Lichte der Schriftquellen. Straßburg 1935 (=
                   Sammlung Heitz, III. Reihe, Bd. 6).

Lot/Fawtier   Ferdinand Lot/Robert Fawtier (Hg.), Histoire des Insti-
                   tutions Françaises au Moyen Age. 3 Bde., Paris 1957-
                   1962.

LThK   Lexikon für Theologie und Kirche. 3. Aufl., Bd. 1-10,
                   Freiburg 1957-1965.

van Luyn   P. van Luyn, Les milites dans la France du XIe siècle. In:
                   Le Moyen Age, Bd. 77 (1971) S. 5-51; 193-238.

Luzzatto   Gino Luzzatto, Breve Storia Economica dell' Italia Me-
                   dievale. 7. Aufl., Turin 1958.

M   Victor Mortet, Recueil de Textes relatifs a l'histoire de
                   l'architecture et a la condition des architectes en France,
                   au Moyen Age, XIe-XIIe siècles. Paris 1911.

Maurer   Hans Martin Maurer, Bauformen der hochmittelalterli-
                   chen Adelsburg in Südwestdeutschland. In: Zeitschrift für
                   die Geschichte des Oberrheins, Bd. 115 (1967) S. 61-116.

Mayer   Ernst Mayer, Deutsche und französische Verfassungsge-
                   schichte. 2 Bde., Leipzig 1899.

MD
: Victor Mortet et Paul Deschamps, Receuil de Textes relatifs à l'histoire de l'architecture et à la condition des architectes en France, au Moyen Age, XII°-XIII° siècles. Paris 1929.

Ménager
: Léon-Robert Ménager, L'institution monarchique dans les Etats normands d'Italie. In: Cahiers de Civilisation Médievale, Bd. 2 (1959) S. 303-331; 445-468.

van der Meulen
: Jan van der Meulen, Recent Literature on the Chronology of Chartres Cathedral. In: Art Bulletin, Bd. 49 (1967) S. 152-172.

Meyer
: Alfred Gotthold Meyer, Oberitalienische Frührenaissance. 2 Bde., Berlin 1897-1900.

Millar
: Fergus Millar, Das Römische Reich und seine Nachbarn (= Fischer Weltgeschichte Bd. 8) Frankfurt/M. 1966.

Miller
: Edward Miller, Government Economic Policies and Public Finance 1000-1500. In: Cipolla, S. 339-373.

Mitteis
: Heinrich Mitteis, Der Staat des Hohen Mittelalters. 8. Aufl., Weimar 1968.

Moore
: John C. Moore, Papal Justice in France around the Time of the Pope Innocent III. In: Church History, Bd. 41 (1972) S. 295-306.

Morgan
: B. G. Morgan, Canonic Design in English Mediaeval Architectural Design in England, 1215-1515. Liverpool 1961.

Mundy
: John H. Mundy, Europe in the High Middle Ages 1150-1309. London 1973.

Musset
: Lucien Musset, Les conditions financières d'une réussite architecturale: les grandes églises romanes de Normandie. In: Mélanges offerts à Robert Crozet. Poitiers 1966, Bd. 1, S. 307-313.

Mütherich 1963
: Florentine Mütherich, Ottonian Art: Changing Aspects. In: Romanesque and Gothic Art. Acts of the Twentieth International Congress of the History of Art, Princeton 1963, Bd. 1, S. 27-39.

Mütherich 1965
: Florentine Mütherich, Die Buchmalerei am Hofe Karls des Großen. In: Karl der Große. Lebenswerk und Nachleben. Hg. von W. Braunfels, Düsseldorf 1965, Bd. 3, S. 9-53.

Näf
: Werner Näf, Frühformen des ›modernen Staates‹ im Spätmittelalter. Zuerst in: Historische Zeitschrift Bd. 171 (1951), wiederabgedruckt in: Die Entstehung des moder-

nen souveränen Staates. Hg. von H. H. Hofmann, Köln–Berlin 1967, S. 101-114.

Noppen   J. G. Noppen, Building by King Henry III. and Edward, son of Odo. In: Antiquity Journal, Bd. 28 (1948) S. 138-148.

Panofsky 1970   Erwin Panofsky, Gothic Architecture and Scholasticism. Cleveland–New York 1970, 13. Aufl.

Panofsky 1946   Erwin Panofsky, Abbot Suger on the Abbey Church of St.-Denis and its Art Treasures. Princeton 1946.

Paulus   Nikolaus Paulus, Geschichte des Ablasses im Mittelalter vom Ursprunge bis zur Mitte des 14. Jahrhunderts. 3 Bde., Paderborn 1922-1923.

Petersohn 1967   Jürgen Petersohn, Überlieferung und ursprüngliche Gestalt der Kurzfassung von Herbords Otto-Vita. In: Deutsches Archiv für Erforschung des Mittelalters, Bd. 23 (1967) S. 93-115.

Petersohn 1971   Jürgen Petersohn, Bemerkungen zu einer neuen Ausgabe der Viten Ottos von Bamberg. In: Deutsches Archiv für Erforschung des Mittelalters, Bd. 27 (1971) S. 175-194; Probleme der Otto-Viten und ihre Interpretation. Ebd. S. 314-372.

Petit-Dutaillis   Charles Petit-Dutaillis, La Monarchie féodale en France et en Angleterre (Xᵉ-XIIIᵉ siècle). 2. Aufl., Paris 1971.

Pevsner 1930/31   Nicolaus Pevsner, Zur Geschichte des Architekturberufs. In: Kritische Berichte zur Kunstgeschichtlichen Literatur, Jg. 1930/31, Heft 4, S. 97-122.

Pevsner 1942   The Term ›architect‹ in the Middle Ages. In: Speculum, Bd. 17 (1942) S. 549-562.
Terms of Architectural Planning in the Middle Ages. In: Journal of the Warburg & Courtauld Institutes, Bd. 5 (1942) S. 232-237.

PL   Jacques Paul Migne, Patrologiae cursus completus . . . Series latina. 221 Bde., Paris 1844-1865.

Planitz   Hans Planitz, Die deutsche Stadt im Mittelalter von der Römerzeit bis zu den Zunftkämpfen. Graz–Köln 1954.

Pochno   Joachim Pochno, Das Schreiber - und Dedikationsbild in der deutschen Buchmalerei. Leipzig–Berlin 1929.

Poschmann   Bernhard Poschmann, Buße und letzte Ölung. In: Handbuch der Dogmengeschichte, Bd. 4, Faszikel 3. Freiburg 1951.

226

Post	Gaines Post/Kimon Giocarinis/Richard Kay, The Medieval Heritage of a Humanistic Ideal: ›Scientia Donum Dei est, Unde Vendi non Potest‹. In: Traditio, Bd. 11 (1955) S. 195-233.
RAC	Reallexikon für Antike und Christentum. Hg. von Theodor Klauser. Bd. 1-(8), Stuttgart 1950-(1970).
RDK	Reallexikon zur Deutschen Kunstgeschichte. Bd. 1- (6), Stuttgart 1937-(1975).
Rey	Raymond Rey, Les Vieilles églises fortifiés du midi de la France. Paris 1925.
Richard	J. Richard, Châteaux, châtelains et vasseux en Bourgogne aux XIᵉ et XIIᵉ siècles. In: Cahiers de civilisation médiévale, Bd. 3 (1960) S. 433-447.
Roehl	Richard Roehl, Patterns and Structure of Demand 1000-1500. In: Cipolla, S. 107-142.
Rieckenberg	Hans Jürgen Rieckenberg, Der erste Kölner Dombaumeister Gerhard. In: Archiv für Kulturgeschichte, Bd. 44 (1962) S. 335-349.
Riedmann	Josef Riedmann, Studien über die Reichskanzlei unter Friedrich Barbarossa 1156-1166. In: Mitteilungen des Instituts für Österreichische Geschichte, Bd. 76 (1968) S. 23-105.
Rörig	Fritz Rörig, Die europäische Stadt und die Kultur des Bürgertums im Mittelalter. Göttingen 1955, 3. Aufl.
Roloff	Gustav Roloff, Hauptstadt und Staat in Frankreich. In: Das Hauptstadtproblem in der Geschichte. Festschrift für Friedrich Meinecke. Tübingen 1952, S. 249-253 (= Jahrbuch für Geschichte des deutschen Ostens, Bd. 1).
Salzman	Louis Francis Salzman, Building in England Down to 1540. 2. Aufl. Oxford 1967.
Sauerländer	Willibald Sauerländer, Cluny und Speyer. In: Vorträge und Forschungen, Bd. 17 (1973) S. 9-32.
Schadek	Hans Schadek, Die Familiaren der sizilischen und aragonesischen Könige im 12. und 13. Jahrhundert. In: Spanische Forschungen der Görresgesellschaft, Bd. 26 (1971) S. 201-348.
Schl. 1892	Julius von Schlosser, Schriftquellen zur Geschichte der Karolingischen Kunst. Wien 1892 (= Quellenschriften für Kunstgeschichte und Kunsttechnik des Mittelalters und der Neuzeit, N. F., Bd. 4).

Schl. 1896   Julius von Schlosser, Quellenbuch zur Geschichte des
                    abendländischen Mittelalters. Wien 1896 (= Quellenschrif-
                    ten für Kunstgeschichte und Kunsttechnik des Mittelalters
                    und der Neuzeit, N. F., Bd. 7; Sonderausgabe).

Schlosser   Julius von Schlosser, Beiträge zur Kunstgeschichte aus den
                    Schriftquellen des Frühen Mittelalters. Wien 1891 (= Sit-
                    zungsberichte der Kaiserlichen Akademie der Wissen-
                    schaften in Wien, Philos.-Histor. Klasse, Bd. 123, 2. Ab-
                    teilung).

Schramm   Percy Ernst Schramm, Das Herrscherbild in der Kunst des
                    Frühen Mittelalters. In: Vorträge der Bibliothek Warburg
                    1922/23, S. 145-224.

Schramm/Mütherich   Percy Ernst Schramm/Florentine Mütherich, Denkmale
                    der deutschen Könige und Kaiser. München o. J. (1962)
                    (= Veröffentlichungen des Zentralinstituts für Kunstge-
                    schichte, Bd. 2).

Schulte   Aloys Schulte, Der Adel und die deutsche Kirche im Mit-
                    telalter. 3. Aufl. Darmstadt 1958.

Schulz   Heinrich Wilhelm Schulz, Denkmäler der Kunst des Mit-
                    telalters in Unteritalien. 4 Bde., Dresden 1860.

Sedlmayr   Hans Sedlmayr, Die Entstehung der Kathedrale. Zürich
                    o. J. (1950).

Shelby   L. R. Shelby, The Role of the Master Mason in Medieval
                    English Building. In: Speculum, Bd. 39 (1964) S. 387-403.

Simson   Otto von Simson, Die gotische Kathedrale. 3. Aufl.,
                    Darmstadt 1968.

Spörl   Johannes Spörl, Das Alte und das Neue im Mittelalter.
                    In: Historisches Jahrbuch der Görresgesellschaft, Bd. 50
                    (1930) S. 298-524.

Stenton   Doris Mary Stenton, English Society in the Early Middle
                    Ages (= The Pelican History of England, Bd. 3), Her-
                    mandsworth 1971, 4. Aufl.

Stiennon   Jacques Stiennon, Hézelon de Liège, architecte de Cluny
                    III. In: Mélanges offerts à René Crozet. Poitiers 1966, Bd.
                    1, S. 345-358.

Strayer   Joseph R. Strayer, On the Medieval Origins of the Mo-
                    dern State. Princeton 1970.

Stutz   Ulrich Stutz, Die Eigenkirche als Element des mittelalter-
                    lichen germanischen Kirchenrechts. Neudruck, Darmstadt
                    1955.

Suger	Abt Suger von St. Denis, Vita Ludovici Grossi Regis. Hg. von Henri Waquet. Paris 1929 (= Les Classiques de l'histoire de France au Moyen Age, Bd. 11).
Szainert	Willy Szainert, Die Entstehung und Entwicklung der Klosterexemtion bis zum Ausgang des 11. Jahrhunderts. In: Mitteilungen des Instituts für Österreichische Geschichte, Bd. 59 (1951) S. 265-298.
Thieme – Becker	Allgemeines Lexikon der Bildenden Künstler von der Antike bis zur Gegenwart. Begründet von Ulrich Thieme und Felix Becker, fortgeführt von Hans Vollmer. 37 Bde., Leipzig 1907-1950.
Thrupp	Sylvia Thrupp, Medieval Industry 1000-1500. In: Cipolla, S. 221-273.
Ullmann	Walter Ullmann, Individuum und Gesellschaft im Mittelalter. Göttingen 1974.
Uslar	Raffael von Uslar, Studien zu frühgeschichtlichen Befestigungen zwischen Nordsee und Alpen. Köln–Graz 1964 (= Beihefte der Bonner Jahrbücher, Bd. 11).
Vaccari	Pietro Vaccari, Pavia nell' alto medioevo. In: La città nell' alto medioevo. Settimane di studio del Centro Italiano di Studi sull' Alto Medioevo, Bd. 6, Spoleto 1959, S. 151-192.
Ven	Frans van der Ven, Sozialgeschichte der Arbeit. 3 Bde. München 1971-1972.
Verbeek	Albert Verbeek, Die architektonische Nachfolge der Aachener Pfalzkapelle. In: Karl der Große. Das Nachleben. Hg. von Wolfgang Braunfels, Bd. 4, Düsseldorf 1967, S. 113-156.
Vitruv	Vitruv, De Architectura Libri Decem. Hg. von Curt Fensterbusch. Darmstadt 1964.
White	Lynn White jr., Medieval technology and social change. London–Oxford–New York 1970, 4. Aufl.
White 1972	Lynn White jr., The Expansion of Technology 500-1500 In: Cipolla, S. 143-174.
Whitelock	Dorothy Whitelock, The Beginnings of English Society. Hermandsworth 1971 (= The Pelican History of England, Bd. 2).
Wipo	Wiponis Gesta Chuonradi II. Imperatoris. Darmstadt 1961, Freiherr vom Stein-Gedächtnisausgabe, Bd. 11.

Register

Die *Stichworte* im Register sollen es ermöglichen, zu bestimmten Sachverhalten eine erweiterte Informationsgrundlage zu gewinnen. Die Aufnahme eines *Orts*- und *Personen*namens in das Register erfolgte nur, wenn dadurch ein Minimum an Information geboten werden konnte. Die *kursiv* gesetzten Zahlen bezeichnen die Nummer der Anmerkung.